나라의 정화(精華), 조선의 표상(表象)

―일제강점기 석굴암론

강희정

서울에서 태어나 서울대학교 고고미술사학과를 졸업하고, 같은 대학 대학원에서 『중국 고대 관음보살상의 도상 연구』로 박사학위를 받았다. 서울대학교 인문학연구원 선임연구원, 같은 대학 박물관 객원연구원을 거쳐 현재 서강대학교 동아연구소 교수로 재직하고 있다. 저서로 『동아시아 불교미술 연구의 새로운 모색』(2011), 『동아시아 구법승과 인도의 불교유적』(공저, 2009), 『동남아시아의 박물관』(공저, 2011), 『외부세계와 동남아』(공저, 2011) 등이 있다.

서강학술총서
045

나라의 정화(精華), 조선의 표상(表象)

일제강점기 석굴암론

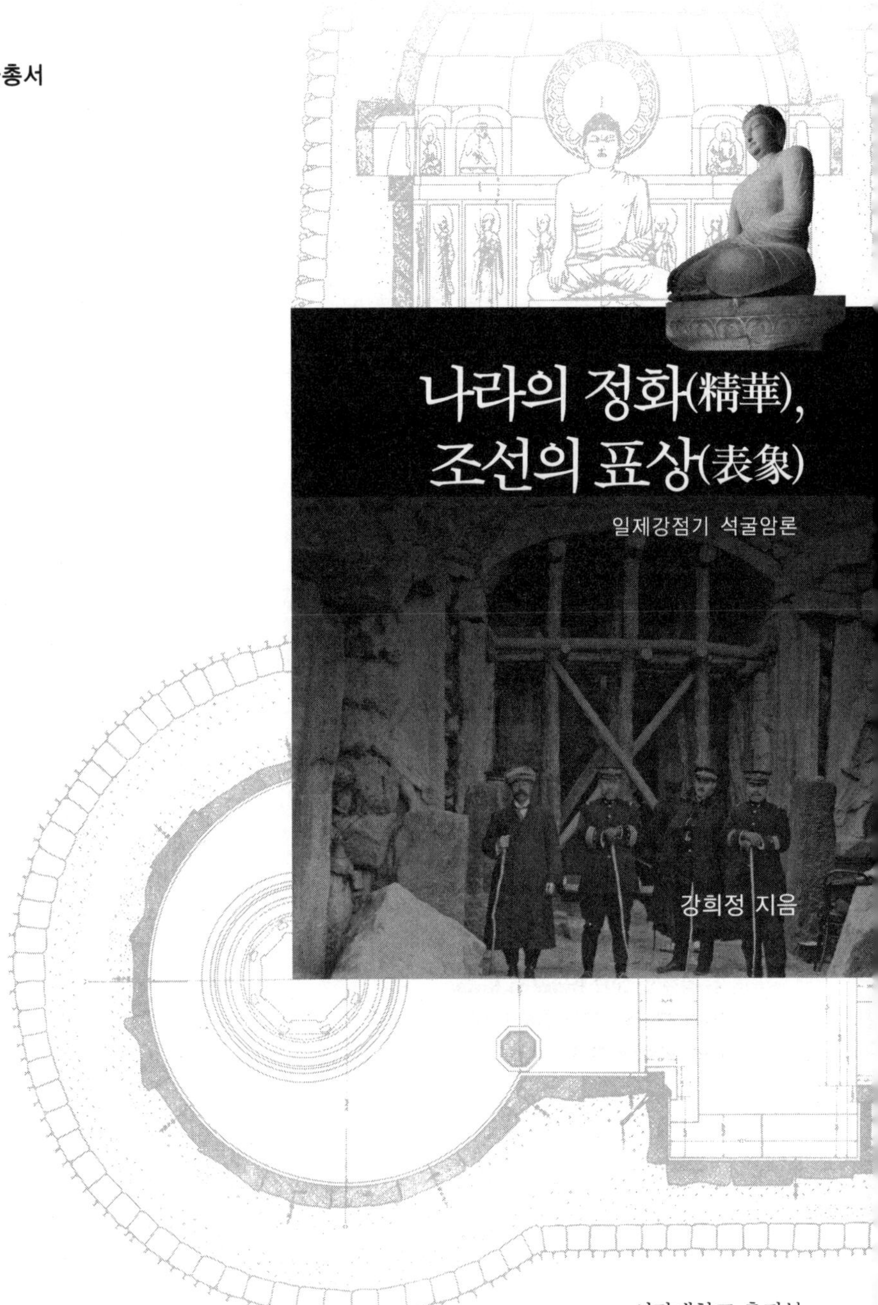

강희정 지음

서강대학교 출판부

서강학술총서 045

나라의 정화(精華), 조선의 표상(表象)
—일제강점기 석굴암론

초판 1쇄 발행 | 2012년 12월 11일
3쇄 발행 | 2022년 5월 25일

지 은 이 | 강희정
발 행 인 | 심종혁
편 집 인 | 주세형
발 행 처 | 서강대학교출판부
등록번호 | 제2002-000170호

주 소 | 서울특별시 마포구 백범로 35번지(신수동)
전 화 | (02) 705-8212
팩 스 | (02) 705-8612

ISBN 978-89-7273-216-7 93910
ISBN 978-89-7273-139-9(세트)

값 18,000원

* '서강학술총서'는 SK SUPEX 기금의 후원으로 제작됩니다.

책머리에

아무것도 몰랐다. 석굴암은 우리나라의 자랑, 민족의 보배라고만 생각했다. 그렇게 배웠고, 알았다. 마치 포스터 속 문구처럼 '민족의 보배 석굴암'은 익숙했다. 강의 중에 반드시 학생들에게 물었다. 얼마나 여기에 동의하는지, 왜 그런지. 뜻밖에도 답은 그다지 긍정적이지 않았다. 그냥 그렇게 배웠을 뿐이다. 안타까웠다. 이것은 암기나 마찬가지이다. 보고, 감상하고, 느낀 것이 아니라 글로, 문자로 익힌 것이다. 그렇다고 해서 석굴암이 우리의 보물이 아니라는 말인가? 각자 본인들의 깊은 생각 끝에 나온 결론이 아니었기 때문에 이렇게 되지 않았을까? 물론 어떻게 고민을 했어도 위의 결론에 다다랐을 것이다. 석굴암은 대단한 조형물이고 위대한 우리 민족의 유산이다. 그런데 언제부터 그런 생각을 하게 됐을까?

베네딕트 앤더슨의 『상상의 공동체』를 읽고서였다. 필자의 고민이 깊어진 것은. 동남아시아 식민지에서 서구 제국주의가 어떻게 문화유산을 발견하고 이를 활용하여 식민지의 상징으로 삼았는가를 확인함으로써 필자의 생각은 다르게 뻗어갔다. 시작이 좀 늦었을 뿐, 같은 식민지의 경험을 공유한 나라로서 조선이 비슷한 길을 걸었던 것은 아닐까? 인도네시아의 보로부두르, 캄보디아의 앙코르 와트가 그랬듯이 석굴암도 같은 과정을 거쳐 조선을 대표하게 된 것은 아닐까? 도대체 문화재라는 개념은 어떻게 시작됐고, 어떤 과정을 거쳐 지금에 이르게 됐을까? 역사적으로 무수한 불교신자들에게 열렬한 숭모의 마음을 일깨운 석굴암이 보호되어야 할 문화재로 바뀐 것은 일제강점기가 아니었을까? 스스로에게 던진 질문은 끝없이 이어졌다. 이를 확인하기 위해 석굴암에 관한 기록들을 뒤졌다. 잘 알려진 대로 『삼국유사』 이후 오랜 세월 동안 석굴암에 대한 기록은 나오지 않는다. 조선 전기의 대표적인 지리서인 『동국여지승람』이나 『동경잡기』에도 아무런 언급이 없었다. 김대성의 석굴암, 불국사 창건설화나 경덕왕대의 건립 이야기는 통일신라의 것이지만 『삼국유사』가 13세기인 1281년경에 저술된 것이니만치 일연이 책을 썼던 고려 후기까지는 분명 석굴암과 불국사에 관해 잘 알고 있었음이 분명하다. 그러나 어이없게도 17세기의 몇몇 선비들이 석굴암에 올라가서 남긴 기행문과 시가 나오기까지 약 400년간 석굴암과 관련된 기록은 전무하다. 그리고 다시 공백이 이어지다가 일본인들에 의한 '근대적 발견'담이 갑자기 나타난다. 우리 역사 속에서 석굴암은 그렇게 단편적인 기록만으로 존재했다. '근대적 발견' 이후 사정은 달라진다. 석굴암에 대한 관심은 비약적으로 높아지며 1930년대에는 신문을 비롯하여 엄청나게 많은 인쇄매체 속에서 언급된다. 한마디로 붐이 일어난 것이다. 어쩌면 석굴암에 대한 관심은 일제강점기 한국(조선) 속의 '한류'였는지 모른다.

이 책은 우리의 근대에 대한 연구이기도 하지만 아니기도 하다. 대부분의 모든 학문처럼 문화유산을 다루는 고고학이나 미술사도 일제강점기에 외부로부터 들어온 근대적인 학문이다. 석굴암에 대한 인식의 기초를 살펴봄으로써 그 패러다임의 형성 과정을 고찰한다는 점에서 우리의 근대를 다뤘다고 볼 수 있다. 반면 석굴암을 둘러싼 인식의 단초들이 강점 이전과 어떻게 달라졌는지를 살폈다는 점에서, 그리고 그 인식의 전환 과정과 의미를 짚어보려고 했다는 점에서 반드시 근대에 국한된다고 보기는 어렵다. 그런 의미에서 이 책은 일제 강점과 함께 가속된 근대의 시작을 석굴암에 관한 인식 변화의 기점으로 삼은 셈이다. 인식의 전환을 주도한 것은 세키노 다다시와 같은 일본 관학자들이었다. 이는 '동양'이라는 새로운 범주의 세계와 그에 맞는 세계관을 더욱 확고하게 만들기 위해서였다. 역사라는 시간의 틀, 동양이라는 공간의 틀, 이런 시공의 틀 속 어디엔가 석굴암은 놓여야 했다. 그 위치는 일본인들이 정했다. 그 와중에 조선인들은 새롭게 '보는 법'을 익혔다. 조선의 문화유산은 전부 그렇게 가치를 평가받고, 이전에는 없었던 전혀 새로운 이름을 얻게 되었다. '문화재'라는.

새로 이름을 얻고 문화재로 분류된 조선의 유물 가운데 단연 으뜸으로 친 것은 석굴암이었다. 석굴암은 이내 조선을 대표하는 문화재로, 누구나 가봐야 할 관광명소로 자리 잡았다. 처음에는 가난하고 불쌍한 식민지 조선의 영화로웠던 과거를 상징하는 유산이 되었으나 점차 조선인을 하나로 묶어주는 조선의 정신, 조선 자아의 지향점이 되었다. 이 책은 바로 이러한 인식 과정의 작용과 반작용을 다룬 것이다. 요컨대 문화재라고 불리는 근대적인 인식의 전환은 일본인에 의해 주도되었으나 그에 대한 반작용으로 석굴암은 조선의 정신을 하나로 모아주는 민족정기의 상징이 되었다고 판단한다. 이 과정을 살펴보면서 어느 한쪽에 치우치지 않으려고 노력했다. 분명 인식 전환의 계기는 일제 강점이라는 민족 수난의 시기에 외부로부터 주어졌다. 그러나 '역사'라는 시간과 '동양'이라는 공간에서 차지하는 석굴암의 위상은 민족 차원에서의 반작용을 불러일으키기에 충분했다. 이때의 작용과 반작용을 남과 나, 타자와 자기 정체성(identity)의 문제로 파악했다. 일제의 작용과 조선인의 반작용, 일본이 바라본 타자인 조선과 조선인이 만들어간 자기 정체성으로. 다소 이분법적인 사고라고 생각할 수도 있다. 그러나 당시는 그런 시대였고, 석굴암을 둘러싼 인식틀 역시 거기에서 자유로울 수 없다고 본다. 결국 단순하게 말하면 인식틀(paradigm)에 대한 문제제기에서 시작해 정체성(identity) 확립 문제로 귀결한 셈이다.

석굴암이 근대적으로 재발견된 이후, 한국미술의 정점이라는 위상을 갖게 되고, 인도에서 중국을 거쳐 전해진 석굴사원이자 불교미술의 꽃이라고 일본에 의해 규정되어 타자 조선을 대표하게 되었다는 내용이 이 한 권의 책으로 만들어지기까지 필자로서는 꽤 오랜 시간 고민을 했고, 여러 갈래로 생각을 펼쳤다. 역사든 문학이든 분야를 가리지 않고 다양한 문헌들을 뒤졌고, 매체를 불문하고 사진 자료를 모았다. 그러나 출간은 또 다른 문제였다. 계속 미루고 차일피일하던 차에 서강학술총서로 출간할 수 있는 기회를 얻어 이런 생각들을 다시 정리할 수 있게 되었다. 출간에 도움을 주신 분들께 감사한다. 또 일제강점기의 출판물 이외의 사진들을 제공해주신 분들께도 감사드린다.

차례

일러두기

* 본문의 사진은 대부분 일제강점기의 것으로 당시의 사진기술과 시각을 그대로 전달하기 위하여 디지털 보정을 보거나 따로 편집을 하지 않았다.
* 본문에서 인용한 일제강점기의 신문·잡지에 실린 우리글 1차 사료는 가독성을 높이기 위해 최대한 현대 표준어에 가깝게 바꿔 실었다.
* 본문에서 인용하거나 참고한 같은 시대의 일본어 자료 역시 되도록 현대 우리글로 무리 없이 이해될 수 있도록 번역했다.
* 주석의 혼동을 피하기 위하여 바로 위의 글을 참고할 때는 '위의 글'로 쓰고, 같은 글이 다시 인용될 때는 글의 제목을 추가로 썼으며, 서지사항은 반복하지 않았다.
* 대장경은 대정대장경에서 인용했으며 T로 썼다. 이어지는 숫자는 경전의 번호, 대장경 권수, 쪽수의 순이다. [예] T경전번호, 권: 쪽.

제1장

석굴암의 근대

우리나라 최초의 미술사학자 우현 고유섭은 "영국이 인도를 버릴지언정 셰익스피어를 버리지 못하겠다고 했는데, 우리에게 무엇보다 귀중한 보물은 석굴암 불상"이라고 했다.[1] 1934년의 일이다. 한국미술사의 큰 틀을 잡은 일제강점기 조선인으로서 그가 중요하게 생각한 것이 석굴암만은 아니었다. 그러나 셰익스피어에 비견될 만한 나라의 보물로 석굴암을 언급한 그의 발언은 직접적으로 표현하진 못했다고 해도 당대 조선인들이 석굴암에 대해 마음속에 품고 있었던 생각을 드러낸 것으로 보아도 크게 틀리지 않을 것이다. 그런데 일제강점기 조선 사람들이 생각하고 있었던 '석굴암'에 관한 인식은 조선에 태어났기 때문에 자연스럽게 갖게 되는 생래적(生來的)인 것이 아니다. 이와 같은 인식은 일관된 억불숭유(抑佛崇儒) 정책을 기반으로 조선시대부터 이어져온 전통적인 인식과도 다르다. 오히려 우현과 당대 조선인들이 지니고 있었던 석굴암에 대한 관심은 조선시대부터 계속된 생각과는 전혀 다른 새로운 성격의 것이며,

1 고유섭, 「신라의 조각미술」, 『韓國美術文化史論叢』(通文館, 1966), p. 72.

근대라는 시간 속에서 형성된 것이라고 보아야 한다.

필자는 조선시대의 생각과는 다른 방향으로 석굴암을 인식하게 된 출발점이 일본에 의한 조선 강점에서 비롯된다고 보고, 이를 '석굴암의 근대'라고 규정하고자 한다. 이 책은 우현이 말한 바와 같이 석굴암이 조선의 보물로 인식된 계기가 일제와 밀접한 관련이 있다는 데서 시작한다. 나아가 일본제국주의가 석굴암을 식민지 조선의 표상으로 만든 방식과 경위를 역추적하여, 석굴암이 오늘날 민족적 자아를 상징하는 시각 이미지로 굳어지게 된 과정을 종합적으로 재검토함으로써 '경계를 넘는' 인식의 전환을 모색하고자 한다.

'나라의 정화(精華): 조선의 표상(表象), 일제강점기 석굴암론'을 책제목으로 삼은 이유는 다음과 같다. '나라의 정화'[國の精華]는 일본미술과 문화재 연구의 기초를 닦은 오카쿠라 덴신(岡倉天心)이 한 말이다. 덴신은 메이지 유신 이후, 자신의 일본 각지의 미술을 조사하면서 '모범'이 되는 미술을 찾는 목적이 '나라의 정화'를 확인하기 위해서라고 했다. 이는 일본이 근대국가 성립기에 천황제의 정통성을 주장하기 위해 '국체'(國體)를 만드는 데 미술을 이용했던 것과 깊은 관련이 있다. 한편 '조선의 표상'에서 '표상'은 베네딕트 앤더슨(Benedict Anderson)이 썼던 'Regalia'의 개념을 끌어들인 것이다. 우리말로 '기장'이라고 번역되기도 했지만, 앤더슨의 'Regalia'는 본디 제국주의자들이 식민지를 대표하는 시각 기념물(visual monument)을 그 나라의 상징 · 표상으로 삼았다는 의미로 쓰였다. 엄밀히 말하면 정화와 표상의 함의가 같지는 않다. 그러나 필자는 여기서 보이지 않는 추상적 개념인 나라 · 국민 · 민족을 역사적 공동체로 묶어주는 시각적 상징이라는 의미로 정화와 표상을 표제로 삼았다. 이는 일제강점기에 형성된 석굴암 이미지의 성립 배경과 의미를 설명하는 데 가장 적합하다는 판단을 했기 때문이다(도 1-1).

[도 1-1] 석굴암 본존불, 1910년대.

석굴암은 1995년에 세계문화유산으로 지정됐고, 일제에 의해 근대적으로 다시 '발견'된 지도 100년이 넘었다. 하지만 석굴암의 발견과 복원, 공론화의 과정에 대한 우리의 연구는 일천하다. 일반적인 미술과 달리 석굴암과 같은 건축이자 조각인 모뉴먼트는 이동이 불가능하다. 그런 의미에서 보면 석굴암은 처음 건립된 이래 전혀 움직여지지 않고, 항상 본래 있었던 그 자리에 있었다. 석굴암의 미적 가치나 종교정 의미가 변하는 것은 그를 바라보는 우리들의 시선이 바뀌기 때문이다. 그러나 석굴암의 공론화 과정에 대한 조명이 이뤄지지 않은 것은 물론이고, 일본인이 발견했다는 식의 '발견 신화' 역시 일본의 수탈과 위선의 측면에서만 논의되었을 뿐, 체계적 · 비판적으로 검토되지 않았다. '발견 신화' 이후에 굳어진 석굴암에 대한 인식의 기본틀과 전제에 대해 진지하고도 충실한 재검토가 이뤄지지 않은 것이다. 석굴암에 대한 연구는 『삼국유사』(三國遺事)에 나오는 문헌사와 불교사의 접근에서 도상과 양식, 조형원리에 이르기까지 다방면에서 진행되었으나 어쩌면 가장 중요할 수도 있는 '인식의 전제', 즉 패러다임(paradigm)과 관련한 연구의 진척은 더디기만 하다.

석굴암의 원형과 신앙의 역사를 짐작하게 해주는 문헌 기록은 『삼국유사』의 <대성효이세부모>(大城孝二世父母) 조(條)를 비롯해 정시한(鄭時翰)의 『산중일기』(山中日記), 『불국사사적기』(佛國寺事蹟記)와 일부 문인들의 시문(詩文) 정도에 불과하다. 그렇다면 창건 당시의 석굴암과 오늘날의 석굴암은 과연 같은 것인가? 그렇지 않다. 여러 차례에 걸쳐 보수와 복원의 과정을 거쳤기 때문에 물리적으로도 다를뿐더러 석굴암에 대한 인식도 같지 않았다. 대한민국의 국민으로 태어난 사람은 누구나 아무런 교육을 받지 않아도 석굴암에 대해 잘 알고, 이를 자랑스러워하는가? 이 또한 답은 '아니다'이다. 오늘날 석굴암에 대한 우리의 인식과 자긍심은 선험적인 것이 아니다. 그것은 교육되고 학습된 것이다. 그렇다면 창건 이후 약 1,200여 년간 석굴암을 둘러싼 우리의 인식은 어떻게 변화해왔는가? 석굴암은 어떻게 우리 문화의 신화(神話)가 되었을까? 이 책은 이러한 물음에 답하기 위한 첫 단계로 일제강점기의 석굴암 인식을 살피고자 한다.

1909년 일본에 의해 근대적으로 '재발견'된 이후, 석굴암은 문헌사·불교사·건축사·미술사 등 다양한 분야의 많은 이들에 의해 다각도로 탐구된 연구 대상이었다. 미술사의 경우도 도상과 양식이 중심이 되는 전통적 방식으로는 새로운 연구 성과를 기대하기 힘들 정도로 석굴암에 대한 연구는 폭과 깊이를 더해왔다. 석굴암에 관한 현재까지 우리 학계의 연구는 크게 두 가지 전제를 바탕으로 전개되었다. 하나는 '석굴사원(石窟寺院)으로서의 석굴암' 인식이고, 다른 하나는 인도에서 중국을 거쳐 한국으로 전해진 불교미술이라는 '전파론'(傳播論)이다. 필자는 우리나라 근현대사에서 석굴암에 관한 인식과 연구가 모두 이 두 가지 기반(fundamental) 위에 세워졌다고 생각한다. 두 가지 전제 내지 기반을 바탕으로 석굴암 연구의 인식틀(paradigm)이 형성됐다고 보는 것이다. 학문 연구에서 인식틀, 혹은 패러다임은 대다수 연구자가 암묵적으로 용인하는 전제나 기반에 동의한다는 가정을 바탕으로 구축된 학문적 토대를 가리킨다. 필자는 석굴암 연구에서 나타나는 기본적인 패러다임이 우리 내부에서 자생적으로 발전된 것이 아니라 일제강점기에 외부로부터 주입된 것으로 판단하고, 이 시기에 성립된 석굴암 인식틀을 본격적으로 되짚어 보고자 하는 것이다.

문화유산 석굴암은 일본에 의하여 보호되어야 할 식민지 조선의 미술로 '재발견'됨으로써 조선 사람들에게 이전과는 다른 새로운 의미로 다가서게 되었다. 하지만 '재발견'된 석굴암은 김대성이 처음 건축했을 때의 종교적 맥락을 잃어버린 채, 감상의 대상으로, 보호되어야 하는 문화유산으로 인식되었다. 이때 문화유산의 개념과 내용 역시 '국가', '민족'이라는 근대적 개념과 함께 서구로부터 일본을 거쳐 조선으로 이식되었다. 석굴암에 관한 인식론적 접근은 석굴암을 둘러싼 담론의 형성 과정과 학문적 전제들이 구축된 과정을 점검하려는 문제의식에서 비롯되었다. 이는 우리가 의식하지 못한 채, 당연하게 여겼던 문제들을 새로운 시각으로 생각할 수 있는 기회를 줄 것이다. 석굴암이 근대적으로 발견되어 한 세기가 흐른 만큼 이를 둘러싼 역사적 · 미술사적 개념과 의미, 그 패러다임을 객관적으로 검토하고 성찰할 시점이 되었다. 석굴암에 대한 근대의 인식이 어떤 과정을 거쳐 변모되었는지를 되짚어본다는 의미에서 이 연구는 '지식의 고고학'을 자처한다.

잘 알려진 대로 '미술'(美術, fine art)이라는 용어는 그 자체가 근대 일본의 신조어(新造語)이다.[2] 조선 병탄(倂呑) 이전까지 오늘날 미술로 불리는 것들은 조선에서 미술이라는 이름으로 범주화(範疇化, categorization)되지 않았다. 물론 서화(書畵)는 사대부(士大夫)의 여기(餘技)이자 묵희(墨戲)로 특별하게 여겨졌지만, 건축(建築)이나 조각(彫刻), 공예(工藝)는 그렇지 않았다. '미술'의 자리에 앉음과 더불어 우리나라의 종교미술은 새로 만들어진 조선미술사에서 성스러운 예배의 대상으로서의 자리를 잃고 말았다. 일제는 석굴암이 마치 이전에 없었던 것인 양 자신들이 '발견'했다고 선전하면서, 동시에 통일신라 문화의 절정을 시각적(視覺的)으로 보여주는 '예술'이라는 새로운 지위를 부여했다. 더욱이 일본은 이를 대대적으

2 1873년에 '미술'의 용어가 처음 나오며, 이는 약 10여 년간 시와 음악을 포함하는 용어로 쓰였다. 현재와 같은 의미에서의 미술은 메이지 20년대에 이뤄진 것이며 일본 정부는 1887년에 프랑스 미술성을 모방하여 궁내부에 미술국을 설치했다고 한다. 사토 도신, 『明治國家と近代美術』(吉川弘文館, 1999), p. 44.

로 복원하여 관광지로 탄생시켰고, 조선인이건 일본인이건 누구나 한번쯤 가봐야 하는 성공적인 식민 지배의 상징으로 만들었다. 달리 말해 식민지 조선의 영화로웠던 과거를 상징하는 석굴암은 최신 문명의 기술을 지닌 식민본국 일본에 의해 되살려지고, 쇠락한 조선의 현실을 대비하게 만드는 '나라의 정화'(國の精華)가 됐다.[3] 일제에 의해 '발견'되면서 예배의 대상에서 미술로 탈맥락화된 석굴암은 다시금 일본의 성공적 식민지인 조선의 표상(表象)으로 재맥락화된 것이다. 물론 석굴암만 그랬던 것은 아니다. 조선의 불교미술, 가령 굴불사지 사면석불(掘佛寺址 四面石佛)이나 분황사 모전석탑의 경우도 다르지 않았다. 또 일반 유물은 골동품(骨董品)이나 예술(藝術)이라는 이름으로 수집되어 박물관에 진열됨으로써 '공공(公共)의 완상(玩賞)'을 위한 대상이 되어 일제강점기 내내 도굴(盜掘)과 암거래의 표적이 되었다. 그러나 그 중에서도 '한국 역사에서 가장 빛났던 시기인 통일신라'를 대표하는 위대한 표상은 석굴암이었다.[4] 일제는 바로 이 도식을 조선과 일본에서 의제화하고, 널리 선전했다.

조선 병탄 이전부터 계속된 조선의 고적 · 유물 조사를 통해 발견되고 발굴된 것들은 조선미술사의 기초 자료가 되기는 했지만, 일제에 의한 보존과 복원의 과정을 거쳐 '취미'(趣味)와 '관광'(觀光)의 대상으로, 나아가 문명국 일본의 '시혜'(施惠)를 입은 식민지 조선의 표상으로의 역할을 하게 되었다.[5] 이는 앤더슨이 적시한 식민지의 레갈리아(Regalia)와 다를 바가 없다.[6] 동시에 일제는 조선인들에게 관광을 독려하고, 문화재에

---

3 오카쿠라 덴신(岡倉天心), 「「國華」發刊の辭」, 『天心全集』3(東京: 平凡社, 1979), pp. 22~28.

4 윤선태, 「통일신라의 발명과 근대 역사학의 성립」, 『신라의 발견』, 동국대학교 출판부, 2008.

5 박소현, 「제국의 취미」, 『미술사논단』 제18호(한국미술연구소, 2004), pp. 143~169.

6 Benedict Anderson, 윤형숙 역, 『상상의 공동체: 민족주의의 기원과 전파에 대한 성찰』(나남,

대한 교육을 통해 자신의 입론(立論)을 대중화(大衆化)하고 공론화(公論化)했다. 이와 같이 일제가 시행한 보이지 않는 세뇌는 식민지 '국민'에겐 피할 수 없는 현실이 됐다. 수학여행을 비롯해 답사와 관광을 대중화하고, 유물과 유적의 역사적 · 사상적 맥락을 제거하여 단순한 볼거리이자 관광의 대상으로 전락시킨 것은 일본의 의도에 따른 것이다. 특히 불교미술은 신앙의 대상으로써 신도들에게 영험을 보여주는 신령한 존재였으나 일제강점기에 들어 '관광'과 '교양'의 대상으로 바뀌었다. 이때의 교양은 새로이 유입된 근대적인 문화의 일환으로 '만들어진' 것이며 일제강점기에 주입된 가치관에 기초한 것이다. 일본과 조선을 각기 문명과 야만으로 대비시킬 수 있었던 것은 단순히 '현재'의 문제가 아니었다. 과거를 적절하게 포장해서 보여주는 것 역시 이러한 인식에 기여하는 방법 중 하나였고, 일제는 이를 적극적으로 활용했다.

1910~1920년대에 석굴암은 석굴사원이란 점이 부각되었고, 대대적인 보수와 복원 과정을 거쳐 대중에게 널리 알려졌다. 이 시기는 일본에서 메이지시대 이래 구축된 일본미술사가 학문적으로 성립되고, 조선에서도 일본의 강점과 함께 조선미술사의 전반적인 틀이 짜인 때이기도 하다. 오카쿠라 덴신이 규정한 이후, 일본은 스스로를 '아시아 미술의 보물창고'라고 주장했다. 그 보물창고에 들어 있었던 것은 바로 '미술'이며, 이 미술은 아시아의 모든 문명을 집대성하여 일본에서 꽃피운 것이라는 입론(立論)으로 이어졌다. 따라서 일본에 전해진 불교와 그 미술이 위대할수록 일본의 '현재'는 위대한 것이라고 주장할 수 있었다. 그리고 일본 고대 불교미술에 막대한 영향을 미친 삼국시대 · 통일신라시대

2005) 참조. (원저 Benedict Anderson, Imagined Communities-Reflections on the Origin and Spread of Nationalism, London: Verso, 1991).

미술의 우수성을 강조함으로써 자신의 이론을 뒷받침하는 근거로 삼았다. 인도에서 시작된 불교미술의 중요한 형식이라는 점에서, '석굴사원'을 강조할수록 인도미술과의 친연성이 분명해지고, 일본이 불교미술의 정수(精髓)를 계승했다고 주장할 수 있었다. 그러므로 일본에는 석굴사원이 없음에도 불구하고 일본으로 전해진 조선 불교미술의 정점을 '석굴사원 석굴암'에 둔 것은 당시 일본 학자들로서는 당연한 일이었다. 이러한 인식틀은 다양한 경로를 통해 조선의 지식인들에게 주입되었다. 가령 당시의 국어학자 안확(安廓)이나 철학자 박종홍(朴鍾鴻)이 우리의 미술에 관해 쓴 글에서 세키노 다다시(關野貞, 1867~1935)로부터 조선미술과 그 흐름에 대한 설명을 들었다거나, 야나기 무네요시(柳宗悅)의 글을 읽었다는 내용들이 나온다. 그들이 말하는 '석굴사원 석굴암'을 정점에 두고 조선미술의 역사를 '탄생-성장-쇠퇴-소멸'의 관점에서 재구성한 조선미술사의 인식틀은 세키노 다다시와 하마다 고사쿠(賓田耕作), 이토 츄타(伊藤中太)에 의해 이뤄진 동아시아에서의 불교미술사 인식 및 서술과 일맥상통한다.

한편 일제는 식민 초기에 석굴암을 비롯한 조선의 유적을 집중적으로 조사·수리·복원하고 홍보하면서 '제국의 치적'을 대대적으로 광고했다. 조선미술 도록(圖錄) 발간은 물론이고, 각종 사진집·엽서·매스미디어를 동반한 이미지의 공공연한 대중화를 통해 인식의 공공성을 강화했다. 필자는 조선을 상징적으로 대변하는 '문화유산 표상화' 작업을 대표하는 가장 중요한 예로 석굴암에 주목하고 다음과 같은 내용을 담아내려고 했다.

첫째, 일본인은 석굴암을 발견했는가? 석굴암의 '발견' 경위와 과정은 어떻게 전개되었으며, 일본의 '발견'은 세계사적으로 어떤 의미가 있는가?

현재는 다소 퇴색됐지만 조선 병탄 이전에 우편배달부가 산중에서 우연히 석굴암을 발견했다는 이야기는 프랑스의 앙리 무오가 캄보디아에서 앙코르 와트(Angkor Wat)를 발견한 것에 견줄 만한 유명한 일화이다. 곧이어 당시 신문에는 당시 총독 데라우치 마사타케(寺內正毅, 1852~1919)가 석굴암을 방문하고 이를 전면적으로 보수하라는 명을 내렸다는 기사가 나온다. 이처럼 '만들어진' 발견의 신화가 알려주는 진의는 일본 제국주의가 조선에 식민지의 표상을 만들고자 했다는 생각이다. 그 이면에는 메이지 이래 '나라의 정화(精華)'를 찾아 '미술의 모범'을 세우려고 했던 관(官) 주도의 일본문화사가 있다. 일본은 석굴암을 '발견'한 뒤, 『삼국유사』를 통해 원래 명칭이 석불사(石佛寺)였다는 것을 알았음에도 불구하고 '석굴'을 강조하면서 세 차례에 걸쳐 대대적인 보수를 하고 이를 '대일본제국의 자랑'이라고 홍보했다. 이는 20세기 초에 서구 열강이 서역과 중국에서 잇달아 '석굴'을 발견한 일에 크게 고무된 데서 비롯되었다. 오카쿠라 덴신의 용문석굴 답사로부터 시작하여 오렐 스타인, 스벤 헤딘 등에 의한 중앙아시아 탐사와 돈황 막고굴 장경동의 발견, 이토 츄타의 운강석굴 발견, 세키노 다다시의 천룡산 석굴 발견이 이어졌던 시대적 상황과 맞물려 있다. 이에 일본은 '새로운 석굴의 발견'을 홍보함으로써 서구 열강과 어깨를 나란히 하고자 하였다. 오늘날 문화유산(cultural property)으로 불리는 이들 석굴사원들은 '발견한 자'와 '발견된 문화재'로 대별(大別)되어 원래 이들 사원들을 만든 사람과 그들의 역사 · 전통에서 유리된 채, 새로운 맥락에서 인류의 인식 속에 자리하게 되었다. 석굴사원 석굴암의 근대적 발견과 탈맥락 · 재맥락화의 전 과정 역시 이와 같은 세계사적 흐름에서 조명될 필요가 있다.

둘째, 일본인들에 의한 석굴암의 복원과 조사 · 연구가 어떤 과정을 거쳐 조선을 대표하는 문화유산으로서의 석굴암이라는 이미지를 형성하게 되었으며 그 의미는 무엇인가? 석굴암에 대한 일본인들의 설명을 검토하여 그들이 석굴암에 부여한 가상의 이미지를 어떤 식으로 구체화했는지 알아보게 될 것이다. 일본인들의 복원과 보수, 관광지화 이면에는 제국주의적 의도가 숨어 있으며 이는 물질적 복원을 통한 근대적 성격에 관한 고찰을 통해 확인될 수 있다. 이 복원으로 특별한 가치를 부여받게 된 '위대한 신라'의 유산 석굴암은 식민지 조선의 불우하고 척박한 환경과 대조되는, 과거의 영화(榮華)를 상징하는 기념물의 위치에 올랐다. 이는 당시의 조선인들이 별로 관심을 두지 않았던 봉인된 과거를 찬미함으로써 식민의 현실을 정당화하고, '취미'와 '미술'을 소유한 당대 일본의 우월성을 광고하려는 의도에 따른 것이었다. 이 점에 대해서는 수리 전후 석굴암에 대한 일본인들의 언급, 미술사 연구서, 사진 등을 통해 '문화유산으로서의 석굴암'이라는 이미지와 그 토대가 어떤 과정을 거쳐 형성되었는가를 통해 살폈다. 또 조선총독부의 문화재 정책과 그 시행 과정에서 '위로부터', 혹은 '외부로부터 주어진' 시각과 관점이 '문화유산' 석굴암을 어떻게 강제했는지를 들여다봤다.

셋째, 일본이 만든 '석굴암 인식틀'은 어떤 경로로 조선인들에게 주입된 것일까? 일본의 지식인이 남긴 기행문과 당시 조선 지식인의 문헌을 비교, 검토함으로써 석굴암 인식틀의 형성 과정을 짚어볼 수 있다. 일본 지식인이 경주와 석굴암을 관광하고 남긴 여행기는 후발 제국주의 국가의 지식인이 석굴암으로 대표되는 식민지 조선의 문화유산을 어떤 관점에서 보았는지를 드러내준다. 이들의 석굴암 인식은 이들과 직·간접적으로 교유를 맺었던 조선의 지식인에게 적지 않은 영향을 주었으므로, 양자의 인식을 보여주는 문헌을 조사하고 비교하는 일은 매우 의미 있는 작업이 될 것이다. 이들 가운데는 고바야시 히데오, 아오야마 지로 같은 근대 일본 문예비평가도 있고 야나기 무네요시 같은 미학자도 있다. 야나기 무네요시가 석굴암에 대해 경탄했다는 것은 잘 알려진 사실이며, 고바야시 히데오는 1939년에 경주를 여행하고 「경주」(慶州)라는 기행문에서 석굴암에 관해 '근대적'인 자신의 미의식을 드러낸 바 있다. 실제로 조선인뿐만 아니라 일본의 지식인들에게도 '근대'라는 시기는 겪어내기 어려운 혼돈의 시대였다. 이들은 백인이 아니고, 서구가 아니라는 점에서, 그럼에도 불구하고 동양의 '떠오르는 태양'으로서 '후진(後進) 동양'을 견인해야 한다는 중압감과 자신들의 정체성에 대한 혼란을 모두 가지고 있었다. 서구인에게 일본은 오리엔탈리즘의 대상이 되지만, 그들 스스로는 다시 서구인처럼 식민지 조선을 같은 시각으로 바라보는 이중성을 가지고 있었다. 그들은 자신의 정체성 위기를 '타자' 조선과 그 문화를 정의함으로써 극복하고자 했다. 조선의 과거 유적인 석굴암 역시 '타자'의 문화를 구성하고 대표하는 중요한 식민지의 과거 중 하나였다. 그런데 일본인들의 행로는 당시 일본 정부에서 적극 권장했던 관광과 밀접한 관계가 있다. 조선반도에 대한 각종 관광안내서, 철도 관련 정보지에 거론된 석굴암에 대한 정보를 살펴봄으로써 석굴암 인식이 어떻게 대중적으로 확산되었으며 그 의미는 무엇인가를 추적할 수 있다. 이는 근대적인 문화유산 개념의 '석굴암관'이 어떤 경로로 성립되어 확대 · 재생산되었는가를 확인하는 데 중요한 역할을 한다.

넷째, 석굴암에 대한 시각이미지의 생산과 대중적 확산은 어떤 방식으로 진행되었는가? 1902년 세키노 다다시가 조선 고적을 조사할 때, 이미 사진사를 대동하고 사진을 찍었으며 석굴암의 경우도 일찍부터 사진을 통한 이미지의 복제가 이뤄졌다. 국립중앙박물관, 서울대학교 박물관 등에는 석굴암 유리 원판 사진이 다수 남아 있다. 근대 기술이 발달하면서 사진 기술이 좋아지고, 석굴암 사진은 마침내 엽서 · 신문 · 잡지 등에 다양한 방식으로 실렸다. 이미지 대량 복제의 시대가 열린 것이다. 처음에는 총독부 관련 인사들이 사진을 독점한 것으로 보이지만 점차 개인들도 석굴암에서 기념사진을 찍었다. 관광과 함께 간과할 수 없는 것은 수학여행이다. 일본인만이 아니라 조선인들 사이에서도 석굴암이 널리 알려지게 된 중요한 계기의 하나가 수학여행이었다. 관광이라는 새로운 문화 행위의 등장은 복제된 이미지를 현장에서 직접 확인하고, 감상하는 답사로 이어졌다. '실물'을 보았다는 감격과 당위성의 확인은 다시 여행과 답사를 촉진하는 결과를 낳았다. 당시 수학여행으로 석굴암에 갔던 학생들이 남긴 기행문과 신문기사, 당시 총독부에 보고된 관계 자료는 석굴암에 대한 인식과 복제된 이미지의 확산과 대중화 과정을 보여준다.

이상과 같은 분석과 고찰을 통해 이 책은 석굴암이 식민지 조선의 영화로웠던 과거를 상징하는 중요한 '표상'이자 '나라의 정화'라는 위상을 갖게 된 사회적 배경과 맥락, 그 인식의 사적(史的) 전개 과정을 추적했다. 이 과정은 석굴암의 원래 맥락을 탈색시킨 탈맥락화를 거쳐 근대적 의미의 재맥락화로 전개된다. 이는 결과적으로 제국 일본과 식민지 조선 각각의 정체성을 확립시키는 기제 역할을 하게 되었음을 보여줄 것이다.

제2장

일제의 조선 고적조사와 석굴암의 '재발견'

1. 문명과 야만: 일제 조선 고적조사의 배경

일본은 조선을 병합하기 훨씬 전부터 식민지로 만들기 위한 사전 조사의 일환으로 조선 전역의 풍속·물산·문화재 등에 이르는 다양한 조사를 했다(도 2-1). 일제가 실시한 조선 고적조사는 여러 가지 관점과 각도에서 해석되었다. 근래에 출간된 연구서에서는 일제의 고적조사가 두 가지 측면에서 중요한 의미가 있다고 보았다. 그 하나는 일제가 조선을 강점하고 식민지로 삼은 것을 정당화하는 이데올로기를 만들어내기 위해 조선의 역사적 배경을 검토하려는 목적으로 고적조사를 했다는 것이다.[1] 다른 하나는 식민 통치의 문화적 성격을 과시하려는 시도였다는 지적이다.[2] 2010년에 방영된 모 방송에서는 '조선 고적조사사업은 식민사

1 이순자, 『일제강점기 고적조사사업 연구』(경인문화사, 2009), p. 3. 이는 조선 역사의 타율성을 증명하려는 조사로 이어졌다고 보았다. 이러한 필자의 입장은 책 전편에 걸쳐 일관되게 발견된다.

관을 고고학적으로 증명하기 위한 목적으로 시행한 총독부 핵심사업이었다'고까지 단언한다.[3] 이러한 견해는 일제에 의한 고적조사사업이 1916년에 시작되었다고 늦춰 보았기 때문에 가능한 것이다. 하지만 조선에서의 고적조사가 언제 시작되었는지, 그 출발점에 대한 논의부터 다시 검토하면 달라질 수도 있다. 『조선고적도보』(朝鮮古蹟圖譜)가 1915년부터 간행되기 시작한 것을 생각하면 1916년을 고적조사의 원년으로 보는 견해는 제고가 필요하다. 이와 같이 식민사관을 중심으로 한 논의는 대부분 일제가 어떻게 우리 문화재를 약탈하고 파괴했으며, 민족문화를 말살하는 수단으로 이용했는가를 확인하는 방향으로 이어진다.

공식적인 고적조사가 조선 강점 이후인 1916년에 처음으로 시작되었다고 하더라도 그 목적이 단지 '식민사관의 증명 및 이의 정당화'에 있다고 본다면 지나친 단순화가 아닌가 하는 의심을 떨쳐버릴 수 없다. 일제가 고적조사에 들였던 시간과 노력과 비용을 생각하면 이미 점령한 식민지에 대해 식민사관을 증명해보일 필요가 있었을까? 그들은 식민지 조선인들에게 식민사관을 증명하고 주입하려고 했던 것일까? 일제가 이를 과연 효율적인 방안으로 생각했던 것일까? 그보다는 일본제국의 우월성을 강조하고, 조선 사람으로 하여금 식민지의 열악한 현실을 비탄하게 하며, 외부적으로는 자신들의 치적을 홍보하기 위한 의도가 더 컸던 것은 아닐까? 일본은 조선고적조사를 포함한 문화정책으로 단지 식민지를 야만에서 벗어나게 한다는 자신들의 '문화적 통치'를 과시하는 데 그치지

2 이순자, 위의 글, pp. 3~4.

3 KBS 2010년 10월 30일자 방송은 낙랑의 지배와 임나일본부를 입증하기 위해 각각 평양과 가야 지역에 집중되었다고 했다.

않았다. 그들은 한편으로는 제국과 식민지의 동화를 촉진하고, 다른 한편으로는 식민지를 항구적으로 유지할 수 있는 정책을 세우려고 했다. 그들이 확보하고자 했던 정당성은 과거 자신들이 저지른 행위와 그 결과에 대해 설득하기 위한 것이라기보다는 그들의 현재, 그리고 미래를 위한 식민 정책의 토대를 마련하기 위한 것이었다고 생각한다. 바꿔 말하면 정당성 자체가 목적이 아니라 정책 수립을 위한 기초 조사라는 점에 방점을 두어야 한다.

그들 내부적으로야 어떤 생각을 하고, 그것을 실현에 옮기려고 했든지 간에 조선과 세계를 설득하기 위해 보여주려고 했던 정책의 핵심은 '문명의 이식'이었다. 식민본국과 식민지를 '문명과 야만'의 이분법으로 나누고, 침탈의 정당성을 강변하던 20세기 초반 제국주의 시대에, 스스로를 자랑스러운 문명국으로 설정했던 일본이 '야만'의 조선에 문명을 심어주어야 한다고 주장하는 것은 충분히 예상할 수 있는 전개였다. 여기서 한발 더 나아가 미개한 식민지에서의 성공적인 문명 이식을 과시하고 그로써 제국 일본이 행했던 식민의 정당성을 확보하려고 했으리라는 것은 추측하기 어렵지 않다. 정당성의 확보는 일본 내에서 다이쇼기(1912~1925)에 접어들면서 대두된 소위 '다이쇼(大正) 데모크라시' 시대의 사회적 변화와 그에 따라 정책 환경이 급변한 것과도 관련이 된다. 그러나 이것은 다이쇼기 이후의 일로서 『조선고적도보』를 편찬한 일과는 관계가 있겠지만 조선 고적조사의 근본적인 원인으로 보기는 어렵다. 반면 이 본격적인 고적조사 이전, 즉 한일 병탄 이전부터 조선 각지를 조사한 것은 식민정책을 효과적으로 세우기 위한 사전 조사의 성격이 강하다. 이는 만주를 점령하기 전에도 각계각층의 사람들을 보내 조선에서 했던 것처럼 여러 분야에서 현지 조사를 실시한 것을 보아도 알 수 있다. 이것이 효과적인 식민지 수립과 경영을 위한 조사였음에도 이를 '조선

고적조사'로 한정시켜서 파악했기 때문에 제한적으로 보일 뿐이다(도 2-1).

[도 2-1] 점선비(秥蟬碑), 1913년 세키노 다다시 조사, 평안남도 용강군 소재.

근대사에서 흔히 쓰이는 '문명'과 '야만'의 용어는 발달된 기술과 합리주의를 바탕으로 하는 서구와 그렇지 않은 비서구(非西歐), 즉 구미 제국(諸國)과 그들이 상정한 오리엔탈리즘의 대상, 혹은 백인(白人)과 비백인(非白人)으로 나누는 이분법(二分法)을 대표하는 상징적인 개념이다. 여기서 근대는 '새로운 시대에 대한 인식'이며, 자신들의 시대가 지나온 시간과는 전적으로 다른 더 나은 것이란 의미를 지닌다.[4] 그런데 조선의 경우는 딱히 서구와 대척되는 지점에서 오리엔탈리즘의 대상으로 중시되지도 않았고, 백인과 대비되는 유색인으로 주목받지도 않았다. 엄밀히 말하면 중국처럼 이와 같은 이분법적 구별에서 살짝 빗겨 서 있는 입장에 있었다고 해도 과언이 아니었다. 그렇다. 적어도 19세기까지의 조선은 그랬다. 이 시기는 인도, 동남아시아 대부분, 아프리카 일부가 식민지가 됐거나 식민지로의 행로를 밟고 있었던 때이다. 어찌 보면 여기서 말하는 이분법적 구분의 상당 부분은 이들 지역을 주요 대상으로 한 것으로 볼 수도 있겠다. 그러나 메이지 유신 이래 동아시아에서 유일하게 제국주의의 길을 택한 일본에 의해 조선은 위와 같은 이분법적 분류체계에 해당되지 않으면서도 실상은 여기서 자유로울 수 없는 역사적 과정을 거치게 되었다.

일본 근대화의 기수였던 사상가 후쿠자와 유키치(福澤諭吉, 1835~1901)의 주장대로 탈아입구(脫亞入歐)를 내세운 메이지(明治) 유신 이래의 일본은 서유럽의 발달상에 놀라 그들의 제국주의를 수용해야 한다는 주장에 따라 기존의 많은 제도와 관습 및 문화를 서구에 맞추는 동조화를 밀어붙였다. 후쿠자와는 영국식 입헌군주제를 지지하면서 당시까지

4 박지향, 『일그러진 근대』, 푸른역사, 2003.

현실적인 주권이 없었던 천황제를 중심에 세우고 싶어했으며, 적극적으로 서구식 제국주의를 받아들이자고 주장했다(도 2-2). 유길준의 스승 역할을 했던 그는 1882년 "조선인은 미개한 백성"이라고 했고, 1895년에는 마침내 "조선국은 문명의 관점에서 [보면] 사지가 마비되어 스스로 움직일 능력이 없는 환자"라고 강변했다.[5] 후쿠자와는 아주 간단하게도 '문명'의 관점에서 '미개'한 조선을 정의한 것이다. 그는 이미 문명국 일본에게 비문명국 조선을 계몽해야 할 당위가 있다고 주장한 셈이다. 일본 근대사상의 형성에 후쿠자와가 얼마나 중요한 역할을 했는지는 새삼 거론할 필요도 없을 것이다. 다만 여기서는 그의 입장이 조선 식민화에서 제국주의자들이 가질 수 있는 가장 명확한 테제(These)를 보여준다는 점을 지적하는 선에서 그치고자 한다. 문명국 조선으로 계몽해야 한다는 이 테제를 실현하는 방법 중의 하나가 조선의 역사와 미술을 자신들의 방식으로 재구성하는 것이었다. 일본이 19세기 이후 '만세일계(萬世一係) 천황의 황통(皇統)'을 내세우기 위해 자국의 역사와 미술사를 재구성했던 것은 잘 알려졌다. 오카쿠라 덴신(岡倉天心)은 1890년에 동경미술학교에서 '일본미술사'(日本美術史)를 강의하면서 "미술사를 연구하는 것은 가장 중요한 것이며 이는 과거를 기록하는 것에 그치지 않는다. 반드시 미래의 미술을 만들어가는 지점에 이르지 않으면 안 된다"라고 했다.[6] 그의 입장은 미술사의 대상이 되는 작품을 선정하는 데도 영향을 미쳤다. 이때 미술의 가치를 판단하고 사료를 선정하는 데 기준이 되었던 것은 <미술의 '모범'이 될 만한 작품인가?>였다.

5 야스카와 류노스케, 이향철 역, 『후쿠자와 유키치의 아시아 침략사상을 묻는다』(역사비평, 2011).

6 岡倉天心, 「天心講義ノート(1890)」, 『天心全集』4(東京: 平凡社, 1979).

당시 일본이 지향한 문명사가 단선적(單線的)인 진화론(進化論)의 입장이었음은 두말할 나위도 없다.

[도 2-2] 후쿠자와 유키치.

한편 메이지 유신 이래 끊임없이 서구의 제도를 수용하고, 정치 · 사회의 서구화를 꾀했던 일본은 스스로 자신들이 '문명'(文明)을 가진 제국(帝國)이라고 생각했다. 그들은 스스로가 심미적(審美的) 교육을 받은 사람들이므로 원래부터 미를 상찬(賞讚)할 수 있는 능력을 부여받았다고 주장했다. 일본 최초의 문부성 관료이자 지금의 동경국립박물관의 전신인 제국박물관(帝國博物館) 초대 총장(總長)을 지낸 구키 류이치(九鬼隆一, 1852~1931)는 일본인들이 '문명인'임을 강조하기 위해 자신들은 '이처럼 미를 감상하고 찬미할 줄 아는 능력이 있다'고 했다. 그와 동시에 그는

'미의 소양(素養)이 있는 일본인은 불교를 얻어 그 기량을 발휘할 기회를 얻었다'고 함으로써 무엇보다도 불교미술을 중시하는 입장을 분명하게 밝혔다.[7] 다시 말해서 일본인은 원래부터 우수한 혈통으로 미를 알고 즐길 수 있는 능력이 있는데, 인도에서 중국을 거쳐 불교가 전해짐으로써 불교미술을 통해 자신들의 위대한 능력을 발휘할 수 있었다는 것이다. 사상이자, 또한 종교로서의 불교와 함께 근대적 문화재 개념에서 전통시대의 불교미술을 우선시하는 경향은 이미 어네스트 페놀로사(Earnest E. Fenollosa)와 오카쿠라 덴신 이래로 일본 제국의 지식인들에게 학습되었던 것이다(도 2-3). 이 점은 당시 아시아에서 보면 발달된 기술과 물질문명을 지니고 있었던 서구와 그 정신적 지주인 기독교에 대응할 만한 이데올로기를 만들려고 했던 일본의 입장에서 피할 수 없는 일이었다. 무엇보다 불교는 기독교에 못지않은 뿌리 깊은 역사와 전통, 풍부한 사상을 가졌으면서 오늘날까지 이어지는 일본인들의 가장 중요한 종교라는 점에서 제국의 이론가들에게 충분히 매력적이었을 것이다. 그러므로 스스로 아시아의 견인차 역할을 해야 한다는 주장이 팽배했던 메이지시대 일본 지식인들에게 종교로서, 사상으로서 불교처럼 매력적인 것은 없었다.

후발 제국주의 국가로서의 한계와 이점을 동시에 가지고 출발한 일본제국은 서양과의 '관계'를 재설정하기 위해서 서구에 보여줄 '국가 일본'을 창출했다.[8] 한편으로는 아시아를 벗어나 서구에 들어간다는 '탈아입구'(脫亞入歐)를 기치로 '일본'이라는, 말하자면 새로운 국가와 민족의 정체성을 구축하면서 다른 한편으로는 일본보다 큰 세계로서 서구에 대응하는

---

7 九鬼隆一, 「序文」, 『眞美大觀』(審美書院, 1899).

8 이성시, 『만들어진 고대: 근대 국민국가의 동아시아이야기』(삼인, 2001), pp. 6~9. 머리말. 그는 일본이라는 개념이 그 자체로서 선험적으로 존재하는 것이 아니라 만들어진 것임을 일관되게 주장하고 있다.

'동양'의 개념을 창안하려고 했다. 이것은 일본이 처음에는 아시아를 부정했지만 곧 자기 스스로를 '동양'의 어딘가로 설정하고, 바로 그 동양을 이끌어나가는 선도자로서 '동양에서의 일본'이라는 스스로의 위상과 역할을 규정하려고 했던 데 기인한다. 일본은 자신들이 가장 발달된 문명을 지닌 선진국으로서 동양을 대표하는 위치에 있기 때문에 (서양에 비해 낙후된) 동양을 부흥시켜야 하는 거대한 임무를 띤 관리자라고 확고하게 믿었다.[9] 특히 일본 지식인들은 앞에서 거론한 대로 기독교가 서구 정신문명의 기초라고 믿고 그에 대응할 수 있는 동양의 우수한 사상으로 불교에 주목했다. 그들은 불교가 '국가 일본'의 정신적 토대이기 때문에 불교문화 역시 국가가 관리·감독해야 한다고 생각했다. 이로써 비단 불교문화만이 아니라 오늘날 우리가 유적·유물·문화재라고 일컫는 유형(有形)의 대부분이 국가의 관리, 감독 체계 안에 포함되는 계기가 되었다. 이는 그만큼 일본제국이 소위 '문화유산'에 주목하여 이전까지의 사회적 맥락에서 벗어나 새로이 '만들어진 국가'의 시책에 적극 호응할 수 있는 새로운 대상으로 의미를 부여했다는 것을 뜻한다. 1897년에 당시 일본정부에 제출한 <고사사보존회(古寺社保存會) 조직에 관한 건의>는 불교에 대한 당시 일본 관료들의 입장을 잘 보여준다. 이 건의문에는 '불교와 관련된 건축·불상 등 제반 보물은 국가 고유의 것으로 빛을 발하며, 후세 미술의 모범이 되므로 보존해야 한다'고 되어 있다.[10] 불교와 관련된 보물을 개별 사찰이나 종단이 아니라 국가 고유의 것으로 간주하고 이를 국가가 보존·관리해야 한다는 생각이 메이지시대 이후 정책적으로

9 '동양'의 창안에 대한 논의는 스테판 다나카, 박영재, 함동주 옮김, 『일본 동양학의 구조』(문학과지성사, 2004)를 참조하기 바란다.

10 高木博志, 『近代天皇制の文化史的硏究』(東京: 校倉書房, 1995), pp. 293~296.

권장되고 심지어 강제되었음을 보여주는 일례이다. 문화재 국가 귀속 문제는 일본의 지배 아래 있었던 조선에도 그대로 전해져서 오늘날까지도 문화재를 국가가 통합 관리한다는 유사한 원칙 속에 남아 있다. 정확하게 말하면 국가가 문화재를 환수하거나, 적어도 관리 · 감독하는 것은 프랑스 대혁명 이후 왕실의 보물들을 몰수하고, 궁전에 박물관을 지었을 때부터 시작된 것이며, 일본에서 처음 시도한 것은 아니다. 단지 일본은 일찍부터 이를 배워서 도입했을 뿐이다. 그것이 조선에도 그대로 적용되었다.

[도 2-3] 어네스트 페놀로사의 저서
Epochs of Chinese and Japanese Art, 1913.

동양과 불교, 이 두 가지를 화두로 삼아 일본을 아시아의 중심에 놓으려는 시도는 점차 강대해지고 있었던 일본의 세력 팽창에 힘입어 중국 중심의 화이적(華夷的) 세계관을 대체해나갔다. 그에 따라 '동양'의 관념이 확대 재생산되고 그와 동시에 불교미술의 근원지인 인도의 미술에 주목하게 된 것은 당연한 일이었다. 정신의 고향으로서의 인도와 그 불교미술에 대한 높은 관심은 일본미술사의 구축이라는 메이지시대의 당면 과제 수행에서 상당히 비중 있는 역할을 했다. 일본미술사의 기초 자료들은 페놀로사와 덴신의 고사사(古寺社) 조사 이후, 재평가되었던 것들이다. 그런데 일본에서 신사와 사찰을 포함한 고사사 조사에서부터 계속 이어졌던 일본 전통미술의 발견과 역사화(歷史化) 과정에서 빼놓을 수 없는 것은 일본 미술작품 개개의 가치를 일일이 평가하고 판단하여 적당한 등급을 매기는 일이었다. 이 평가 기준 중에서 무엇보다 중요하게 여겨졌던 한 가지가 인도미술과의 관련성이었고, 이 관련의 정도에 따라 일본 전통시대의 개별 미술작품이 일본미술사에서 어떤 위치에 놓일지가 결정되었다. 이와 같은 과정을 거침으로써 자국(自國)의 미술사를 구축하던 시기 일본은 인도에서 시작된 불교와 불교미술을 동양 문명의 정수라고 규정했다. 그러면 덴신에 의한 고사사 조사의 과정과 일본미술사 구축의 기본틀은 어떤 방식으로 연계되어 전개되었는가?

근대국가 '일본'의 기틀을 형성할 만한 사상을 제공하고, 또한 일본미술사의 기초를 닦는 데도 중요한 역할을 했던 오카쿠라 덴신은 일본이 아시아 문명의 진수(眞髓)인 고대 인도와 중국에서 전해진 불교 · 유교 · 예술을 모두 소유하고 보존하고 있기 때문에 '일본은 아시아 문명의 보고(寶庫)' 라고 주장했다. 그의 이 주장은 인도와 중국에서는 이미 이들 문명이 사라졌다는 전제 아래 제기된 것이었다. 그의 주장이 과연 타당한가를 논외로 하고, 아시아를 하나의 지리적 · 문화적 공동체처럼 범주화하려고 했던 그의 시도는 불교와 역사, 신화를 통해 서양과 전혀 문화적 전통이 다른 '동양'이라는 틀을 형성하는 데 크게 기여했다는 점을 인정하지 않을 수 없다.[11] 또한 일본의 불교미술이 서양의 기독교 문화에 견줄 만한 동양미술의 보고라는 그의 주장은 이전에는 그다지 주목받지 못했던 불교미술을 학계와 정계 모두가 중시하도록 만들었다.[12] 덴신은 아시아 문화는 인도에서 발생하여 중국을 거쳐 일본으로 왔다는 '전파론'적 관점을 견지하면서, 덴지(天智, 662~671) 시대를 중심으로 인도와 일본의 관계를 부각시키려고 했다.[13] 무엇보다도 그가 인도를 주목했던 이유는 불교의 발상지이지만 지금은 불교를 신봉하지 않는 인도를 중시함으로써 불교가 잘 남아 있는 일본이 '아시아 문명의 보고(寶庫)'라는 것을 확인시키기 위한 것이었다. 심지어 덴신이 인도나 중국을 여행하고 그 미술을 확인한 것도 인도와 중국 미술을 정확하게 이해하기 위한 목적이 있었던 것이 아니라 결과적으로 일본미술의 우수성을 확인하고자 한 것에 불과했다는 점도 이미 지적된 바 있다.[14] 페놀로사가 1889년에 일본에서는 처음으로 '미술과 미술사'라는 제목으로 동경미술학교에서 강의를

11 스테판 다나카, 「근대 일본과 '동양'의 창안」, 정문길 · 최원식 · 백영서 · 전형준 엮음, 『동아시아, 문제와 시각』(문학과지성사, 1995), p. 188.

12 기독교와 불교를 대비시키고, 기독교에 대한 불교의 우위를 일관되게 주장한 것에 대해서는 김용철, 「히시다 슌소(菱田春草)의 <염화미소>에 대한 시론」, 『미술사와 시각문화』 제4호(2005), pp. 252~254 참조.

13 덴신은 원래 미술사의 시대 구분을 하기 위해서가 아니라 자신이 조사했던 불교미술의 제작 연대를 확정하기 위해 연호를 썼던 것이 뒤에 시대구분론으로 바뀌었다고 보는 견해가 있다. 이에 대해서는 佐藤道信, 『明治國家と近代美術』(東京: 吉川弘文館, 1999), pp. 352~355.

14 김용철, 「오카쿠라 덴신의 중국 여행과 중국미술 인식」, 『안휘준 교수 정년퇴임기념논총: 미술사의 정립과 확산』(사회평론, 2006), pp. 728~730.

했고, 덴신이 그의 뒤를 이어 미술사를 가르쳤으므로 일본미술사의 기본적인 관점은 이들 두 사람에 의해 이뤄졌다고 해도 과언이 아니다.[15] 이들에 의해 형성된 일본미술사의 인식틀에서는 인도의 다른 어떤 미술보다도 유럽 문명의 모체로 간주되었던 그리스 · 로마의 영향을 받은 인도미술, 그 중에서도 간다라의 미술이 중요하게 여겨졌다(도 2-4).

[도 2-4] 미륵보살, 2세기, 간다라. 국립중앙박물관 소장(사진: 필자).

15 불교미술에 대한 페놀로사의 입장은 다음의 책에서 잘 드러난다. Fenollosa, Ernest F., *Epochs of Chinese and Japanese: An Outline History of East Asiatic Design Art*, Vol. 1(New York: Dover Publications, Inc., 1963[1913]). 참조. 이는 1913년의 재판본을 1963년에 복간한 것이다. (도 2-3) 참조.

물론 이는 19세기 후반 서구에서 간다라 문명에 대한 탐구열이 일었던 것과 무관하지 않다. 당시 시대상황에 비추어 정확하게 말하자면 이 시기 일본에서 중요하게 여겼던 것은 인도의 불교미술이라기보다는 간다라미술과 일부 인도 고대미술이라고 하는 편이 옳을 것이다. 이러한 시각은 오늘날까지 그대로 계승되어 우리나라와 일본 모두에서 실제 인도미술사의 큰 흐름에서는 약간 거리가 있는 불교미술에 집중하는 현상을 설명해준다.[16] 역사적 사실인가, 인도미술사의 큰 줄기가 무엇이고, 그 흐름의 큰 틀은 어디에 기반을 두었는가와 같은 문제는 중요하지 않았다. 일본인들은 자신들에게 중요한 부분을 의도적으로 취사선택함으로써 인도미술을 편향적으로 파악하는 일본 특유의 관점을 만들어내고 이를 효과적으로 교육하거나 강조했다. 그 경향이 사실상 오래도록 이어졌기 때문에 오늘날 우리가 알고 있는 인도미술은 심지어 인도 영토에 포함되지도 않는 간다라미술로 대표되고 있는 것이다. 이 점을 지금 이렇게 강조하는 것은 현재 우리 중·고등학교 사회과 교육에서 석굴암이 간다라 조각, 더 나아가 그리스 조각과의 연결선상에서 이해되도록 구성되어 있기 때문이다(도 2-5). 실제로 교과서에 게재된 사진을 보면 석굴암 본존불 조각과 간다라, 혹은 그리스의 조각들 간에는 거의 양식상의 유사성을 찾아볼 수 없다. 적어도 한눈에 이들 조각이 비슷하게 보이지는 않는다. 그럼에도 불구하고 오늘날 우리 중등교육 현장에서 이처럼 눈으로 확인되지도 않는 사진들을 나란히 실어서 마치 이들 사이에 공통의

16 사실상 인도미술사에서 주류라고 할 수 있는 것은 힌두교미술이라고 할 수 있다. 12세기에 이슬람 세력이 유입된 이후에는 이슬람 건축과 세밀화도 인도미술에서 중요한 자료이지만 이들은 당시 일본인들이 본 인도미술사에서 거의 도외시되었다.

특징이 있는 양 연결시키는 교육방식은 일제강점기 이래 이어져온 인식틀 때문이다. 그 근원은 메이지시대 이래 지속된 일본의 간다라미술 중심주의에 있다. 그리스-간다라-통일신라의 조각들은 지역적으로도, 시간적으로도 연결되기에는 너무나 멀다. 그들 간에 엄연히 존재하는 물리적 거리와 몇 백 년의 공백들은 어떻게 메울 수 있는가? 이들 사이에 보이지도 않고, 확인되지도 않는 연관성이 있다고 강변하는 것은 주입식 교육일 뿐이다. 스스로 보고, 알고, 느끼지 못하는 암기식 교육은 석굴암에 대해 진정한 감흥을 주지도 못할뿐더러 사고의 폭을 제한하는 역효과를 나을 뿐이다. 현재 우리 중등교육현장에서 사진을 통해 주입되는 전파론은 일제강점기까지 올라가는 뿌리 깊은 사고방식이다.

[도 2-5] "불상의 전파", 『중학교 사회』, p. 255.

여기 그치지 않고, 한 발 더 나아가 페놀로사와 덴신의 관점은 '중국, 한국을 경유하여 인도로부터 일본에 전해진 불교미술'이라는 전파론(傳播論)의 도식을 만들어내기에 이르렀다. 전파론적 관점 역시 서구에서 미술사 방법론이 발전하던 과정과 밀접하게 관련되어 있다. 인도에서 일본까지 문화가 전해졌다는 전파론에 입각한 인식틀은 초대 제국박물관장이었던 구키 류이치와 후쿠치 마타이치(福地復一, 1862~1909) 등에 의해 계승·발전되었고, 이들은 관(官) 주도로 이뤄진 최초의 일본미술사인 프랑스어판 *Histoire de L'Art du Japon* 편찬을 주도했던 인물들이다.[17] 잘 알려진 대로 파리만국박람회에 출품할 목적으로 만들어진 이 책은 무엇보다도 프랑스어로 먼저 쓰였다는 점에서 외국, 특히 서구에 보여주기 위해 '만들어진 일본'을 드러내기 위한 책이라고 할 수 있다. 프랑스어판 일본미술사를 1901년에 일본어로 번역한 『고본일본제국미술약사』(稿本日本帝國美術略史) 「서문」에서 구키는 '일본은 세계의 공원이며, 동양의 보고'라고 썼다. 일본이 아시아 문명의 보물창고라고 했던 오카쿠라 덴신의 말을 연상시키는 대목이라고 하지 않을 수 없다. 이어서 책은 '인도에 있었던 헬레니즘 문화의 영향이 지금은 사라졌으므로 이제 동양미술의 정화(精華)는 일본미술'이라고 일관되게 주장한다. 서구에서 시작된 전파론은 편리하게도 소위 '동양의 맹주'로서의 일본과 그 전통문화의 우월성을 뒷받침하는 이론틀의 역할을 하게 된 셈이다. 일본의 불교와 그 미술을 기준으로 하는 문화 전파의 도식은 근대에 이뤄진 '학습'된 미술사이자 동아시아 문화를 보는 시각이며 관점이다. 여기서 일본을 뺀 나머지 전파의 도식, 즉 인도-서역-중국-한국이라는 전파 경로는 오늘날에도 은연중에 다양한 방식으로 학습 및 교육되고 있다. 일본의 근대는 서구의 제도, 사상을 받아들여 이를 자기화하면서 급속하게 후발 제국주의의 길을 갔던 시기이다. 그들은 자신들이 채 발전하지 못한 동양을 이끌어갈 견인차 역할을 해야 한다는 데서 제국주의의 정당성을

---

17 이들은 덴신이 처음에 관여했던 Histoire de L'Art du Japon을 완성시켰던 인물들이다. 후쿠치 마타이치는 후에 덴신을 배척하여 그가 책의 편찬을 마무리하지 못하게 했다. 高木博志, 『近代天皇制の文化史的研究』(京都: 校倉書房, 1995), p. 350.

주장했다. 오카쿠라 덴신이 주창했던 '아시아는 하나'라는 명제는 역설적으로 결코 하나일 수 없는 아시아를 불교를 매개로 뭉뚱그린 '상상의 공동체'를 지칭한다. '전파론'의 틀 속에서 불교미술은 '상상'을 뒷받침했다.

2. 조선 고적조사와 조선미술사의 구축

1) 조선에서의 고적조사

일본은 후발 제국주의로서 서구의 정책들을 빠르게 습득하고 자신들의 방식으로 다시 연구하고 이를 실천에 옮겼다. 일본이 구미 선진 제국주의 국가에게 배웠던 식민지 침탈(侵奪) 방법 중에 제일 먼저 시행한 것은 효과적 식민 경영을 하기 위한 사전 조사였다. 주지하듯이 조선 병탄 이전부터 일본은 통감부(統監府) 관할로 조선 각지의 물산 · 풍물 · 고적조사를 했다. 일본이 조선에서 대대적으로 실시한 고적조사는 메이지 유신 이후인 1888년부터 1897년까지 자기 나라에서 실시했던 고사사(古寺社) 조사의 경험과 무관하지 않다. 당시 일본에서는 만세일계 천황의 혈통을 과시하고 천황제로의 회귀를 꾀하면서 서구에 못지않은 자신들의 유구한 전통을 자랑하기 위해 전국적으로 사찰과 신사의 문화재들을 모두 조사하여 각각의 작자(作者)와 연대를 비정하고, 등급을 매겼다. 이때의 경험과 자신감에 기초하여 조선을 병탄한 후에는 조선에서도 문화재 조사를 시행했고, 그 방법은 일본에서 행한 방식을 따랐다. 일본에 의한 고적조사는 무엇보다 이전까지 고유의 맥락과 기능을 가지고 있었던 이른바 문화유적과 유물을 '미술'이라는 이름으로 다시 규정하고, 광범위한

대중들에게 '조선'의 유산이라는 것을 인식시켰다는 데 의미가 있다.[18]

조선 고적조사에서 빼놓을 수 없는 인물은 동경제국대학의 야기 소자부로(八木奬三郞)이다. 야기에 의한 조사는 조선에서 가장 먼저 행해진 고적조사에 해당한다. 그는 메이지 유신 이후 서구에서 도입된 새로운 학문육성책의 일환으로 동경제대에 설치된 인류학 교실에서 조선으로 파견한 인물로, 그의 조사는 인류학적인 측면에 중점을 두었다. 여기서 말하는 인류학적 조사는 오늘날 이야기되는 민족학(Ethnography)에 가까운 것으로 조선 민족의 형질 · 풍습과 관련한 민속 및 원시적인 고고학의 성격을 고루 가지고 있었다. 야기 소자부로는 동경제대의 쓰보이 쇼고로(坪井正五郞) 문하에 있었던 인물로 세키노 다다시(關野貞) 등의 관학파(官學派)와는 다른 계보에 속한다고 할 수 있다.[19] 야기는 이미 1893년부터 조사를 시작한 것으로 알려져 있으며, 그는 이때부터 1910년경까지 경기도를 중심으로 조선의 고인돌과 삼국시대 고분들을 조사했다.[20] 그의 조사 역시 청일전쟁 전후 철도 부설 등으로 파괴되는 유적을 조사하면서 조선 침략을 준비하는 예비 민정 조사의 성격이 컸다고 알려졌다. 야기의 조사는 조선의 공식 문건으로도 확인된다. 1900년에 의정부의 찬정외부대신(贊政外部大臣)이었던 박제순(朴齊純)이 야기의 조사를 도와주라는 명을 내린 것이다.[21] 야기의 뒤를 이어 조선에서의 고적조사는 통감부(統監府), 그리고 탁지부(度支部)의 관할 아래 세키노 다다시(關野貞), 도리 류조(鳥居龍藏)를 거쳐 구로이타 가쓰미(黑板勝美) 등에 의해 계속되었다.

18 이 점에 대해서는 高木博志, 『近代天皇制の文化史的硏究』, pp. 264~344.

19 신숙정, 「우리나라 신석기문화 연구 경향: 1945년까지」, 『한국상고사학보』 12(1993).

20 신숙정, 「우리나라 신석기문화 연구 경향: 1945년까지」, p. 152.

21 이에 대해서는 강인욱의 연구를 참조하기 바란다. 姜仁旭, 「日帝强占期 咸鏡北道 先史時代 유적의 조사와 인식」, 『한국상고사학보』 제61호(2008), p. 12.

야기의 경우와 마찬가지로 외부대신 유기환(兪箕煥)이 1902년 7월 16일자 훈령으로 세키노 다다시에게도 각종 조사의 편의를 봐주라는 명을 내렸다.[22] 야기처럼 도리 류조 역시 동경제국대학 인류학 교실 소속으로 조선에 파견되어 조사를 나오기는 했지만 정식으로 서구식 고등교육을 받은 세키노 다다시 등과는 달리 무학(無學), 내지는 독학(獨學)에 가까운 특이한 배경을 가진 인물이다.[23] 여기서 도리를 주목한 이유는 그가 당시 초대 총독이었던 데라우치와의 개인적인 친분으로 인해 1910년에 처음 조선 땅을 밟았다는 점이다. 옛것을 좋아했던 호고가(好古家) 데라우치가 다량의 조선문화재를 수집했던 것은 잘 알려졌다. 그러므로 사적인 관계에 있으면서 동시에 공적인 성격을 갖게 된 도리와 데라우치의 관계는 조선 고적조사가 갖는 관(官) 주도 사업의 일면을 짐작하게 해준다. 이들에 의한 고적조사는 조선에서 이뤄진 문화유산 조사의 첫 번째 단계라는 점에서 충분히 주목할 만한 가치가 있다. 이 첫 단계에 조사하고 자료를 모았던 방식이 이후의 문화유산 조사의 방향을 제시했다고 생각하기 때문이다. 이미 지적되었듯이 이 단계에 이뤄진 한반도에 대한 인류학적 · 고고학적 조사의 기본 방향은 두 가지로 해석된 바 있다.[24] 식민지의 미개함을 확인하려는 일반 제국주의적 시각과 조선이 일본 야마토[大和] 민족의 기원이며 중국 문명의 통로라는 점을 보여주기 위한 시도라는 것이다. 이 두 방향은 실제 한반도에 이식된 모든 근대적 학문의 일반적인

---

22 국립중앙박물관, 『구조선총독부 건물 시측 및 철거보고서』 상(1997), p. 26.

23 도리 류조의 조선 조사와 접근에 대한 고고학사적 접근이 이뤄진 바 있다. 그에 따르면 조선에는 석기시대가 없다는 야기의 견해를 부정할 수 있었던 것은 도리가 1910년의 서울 방문 때 인천에서 수습한 석기를 봤기 때문이라고 한다. 도리의 자료 조사는 '미지의 땅'에 대한 백과사전적 지식의 습득이라고 평가되었다. 강인욱, 「鳥居龍藏의 한국 선사시대 조사와 그 영향」, 『동북아시아문화학회 2009년 국제학술대회 논문집』(2009), pp. 446~448.

24 강인욱, 위의 글, p. 441.

시각과 일치하며, 미술사의 경우도 여기서 크게 벗어나지 않는다. 단지 미술사에서는 식민 통치의 정당성을 홍보하기 위한 수단으로 학문의 목적이 더욱 확대됐다고 볼 수 있다.

병탄 이후인 1910년부터 좀 더 조직적으로 한반도 전역에서 조사가 이뤄졌다. 당연하게도 병합 이후 조사는 이전보다 가속화되었는데, 이 시기의 조사가 수탈을 하기 위한 토지 조사사업과 관계있다는 지적은 충분히 일리가 있다. 식민지 지형을 제대로 파악하기 위한 토지 조사에는 지도 제작이 수반되어야 했고, 지도에 필요한 기본적인 조사 중에 고적이 들어가기 때문이라는 지적이다.[25] 지도에는 특정한 지역의 자연지리적 특성만이 아니라 명승 · 고적이 포함되게 마련이다. 그러므로 효율적인 식민 지배를 위해서는 자연환경과 지형지물, 특산물과 고적이 들어가는 정확한 지도가 필요하지 않을 수 없다. 제국주의가 식민지에서 행한 '상상된 공동체', '공동체 만들기'에 지도가 들어가는 것은 이미 앤더슨이 지적한 바와 같다.[26]

야기 소자부로의 뒤를 이어 1902년부터 세키노 다다시는 조선의 고건축과 유적들을 조사했다. 1909년에는 탁지부(度支部)의 촉탁(囑託)을 받은 다니 세이치(谷井濟一), 구리야마 슌이치(栗山俊一)와 함께 조선의 고건축에 대해 조사하고 『조선예술지연구』(朝鮮藝術之硏究, 1910)라는 보고서를 냈다.[27] 1902년부터 병탄 때까지 세키노가 모든 조사를 한 것은 아니었고, 이마니시 류(今西龍) 등 주로 동경대학 인류학교실에서 파견한 여러 인사들이 조사를 하기도 했다. 세키노가 중심이 된 조사는 총독부(總督府)

25 신숙정, 「우리나라 신석기문화 연구 경향: 1945년까지」, p. 158.

26 베네딕트 앤더슨, 김형숙 역, 『상상의 공동체』(나남, 1992).

27 당시의 조사에 대해서는 「關野貞の朝鮮古蹟調査」, 『東京大學コレクションXX: 關野貞アジア踏査』(東京: 東京大學出版會, 2005) 참조.

내무부(內務部) 지방국(地方局) 지방과(地方科)의 주관으로 건축물 · 고적을 조사하고 고분에 등급을 매기며, 사료의 일차적인 자료가 되는 것들을 찾는 방향으로 진행되었다. 세키노 외에 중심이 되었던 인물은 도리 류조(鳥居龍藏), 구로이타 가쓰미(黑板勝美)였다. 한편으로 조사와 함께 사찰의 병합과 사찰 문화재의 이운(移運) 및 사찰 재산을 관리하기 위한 <조선사찰령>(朝鮮寺刹令)을 내려 주지가 사찰문화재에 대해 책임을 지게 한 것도 이 무렵이다. 동시에 1913년에는 석굴암, 수원 팔달문의 수리공사가 토목국(土木局) 영선과(營繕科)에서 집행되었고, 1915년에는 조선총독부 박물관이 경복궁에 개설되었다. 또 1916년에는 최초의 사적관련법(寺蹟關聯法)이라고 할 수 있는 <고분 및 유물 보존규칙>(古墳及遺物保存規則)을 내렸다. 일본에서 최초로 내려진 문화재 관련 법령은 1880년의 '사사보존내규'(寺社保存內規)였으나 이는 단순한 조사와 보존에 관계되는 것이었고, <고분 및 유물 보존규칙>과 유사한 본격적인 일본의 법은 1919년, 귀족원에 제출된 <사적명승천연기념물보존법>(史蹟名勝天然記念物保存法)이다. <고분 및 유물 보존규칙>이 일본보다 앞서 조선에서 먼저 제정 및 실행에 들어간 것으로 미루어볼 때, 아마도 일본에서의 법 제정에 앞서 조선에서 실험을 하고자 했던 것으로 생각된다. 1920년대까지 일제는 기본적인 고적조사와 이를 토대로 한 학문적인 재구성을 중심 과제로 삼았고, 1921년에 금관총이 발굴되면서 본격적으로 발굴을 중시하게 된다(도 2-6). 이 무렵에 고사사 · 고건축 보존 관련 업무가 학무국(學務局) 고적조사과(古蹟調査科)로 옮겨짐으로써 조사 대상은 보다 세분화되고, 제도화되었다. 이와 같은 과정을 거쳐 총독부 관할의 제도를 정비함으로써 비로소 대대적인 조선 고적의 조사 및 체계적인 관리 시스템이 만들어졌다. 이로써 조선의 고적 및 유물에 대한 관리 · 감독 체제가 제도적으로 정비되어 본격적인 '식민지 행정'에 포함되었다. 일제의 조선 고적조사에

대한 기존 연구는 이러한 식민지 행정, 법령 체계의 정비에 대한 비판적 검토에 초점을 둔 것이다.28

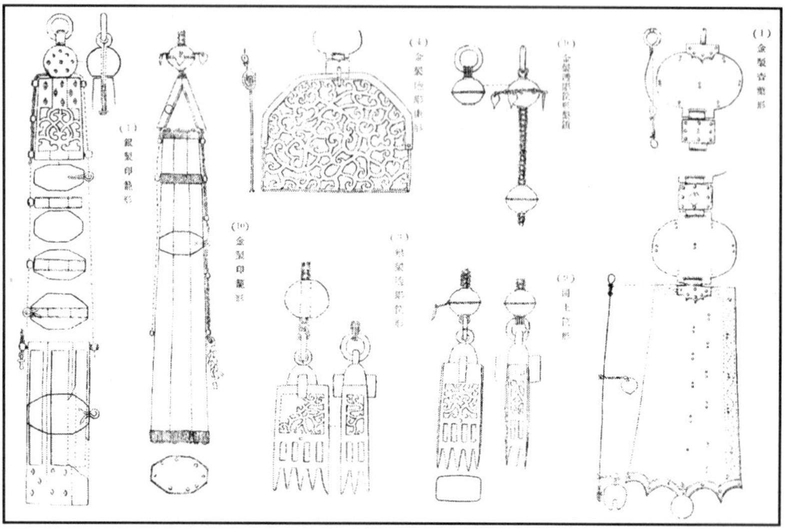

[도 2-6] 금관총 유물실측도.

2) 조선미술사의 성립과 석굴암

조선을 병탄하고 효율적인 식민지로 지배하기 위한 기초 자료수집의 일환으로 수행된 대표적 조사가 조선 고적조사였다. 조사와 함께 문명사(文明史)의 입장에서 조선의 역사와 미술을 재구성하는 일도 수반되었다.29 물론 이때의 문명사는 단선적(單線的)인 진화론(進化論)의 입장에

28 고적조사를 실행한 인물들과 1910년 이래 거의 해마다 이뤄진 조사 대상들에 대해서는 다음의 책에 도표로 잘 정리되었다. 이순자, 『일제강점기 고적조사 사업연구』 2장 및 3장 참조.

29 오카쿠라 덴신은 1890년에 동경미술학교에서 '日本美術史'를 강의하면서 "미술사를 연구하는 것은 가장 중요한 것이며 이는 과거를 기록하는 것에 그치지 않는다. 반드시 미래의

있는 것이었다. 다른 많은 학문들처럼 미술사 역시 근대와 함께 시작되었으며, 그런 의미에서 미술사는 명백히 근대의 세례를 입은 학문이다. 다만 조선에서는 미술사의 성립과 전개가 일제에 의해 방향성이 제시되었고, 이로 말미암아 왜곡이 불가피했다.

미술사도 일제 강점과 함께 이뤄진 사회 변화와 더불어 서구에서 일본을 거쳐 이식된 학문의 하나이다. 그런데 일제의 고적조사에 대한 연구에 반하여 고적조사를 토대로 한 '조선미술사'의 성립은 그다지 주목받지 못했다.[30] 일반적으로 현재 교육 과정이 서양미술사 중심으로 이뤄져 있어서 마치 서양미술사에 대한 이해를 전제로 조선미술사가 구성되었던 것처럼 생각하기 쉽지만 실상은 그렇지 않다. 우리나라에 서양미술사가 아니라 조선미술사가 먼저 정립되고 소개되었다는 점은 눈여겨볼 대목이다. 조선미술사의 성립은 조선의 문화재나 유물에 대한 조사와 이를 역사적으로 체계화하는 일, 그리고 홍보와 강연을 통한 교육이 수반되는 일이었으므로 단순히 외부에서 주어진 근대 학문의 이식이라는 차원에 그치지 않는다.

'미술'이라고 규정하고 그것이 다시 '사적(史的) 체계'를 갖춘 것을 미술사라고 할 때, 조선미술사의 시작은 세키노 다다시가 1910년에 낸 『조선예술지연구』(朝鮮藝術之硏究)라는 보고서에서 비롯되었다고 볼 수 있다.[31] '미술'이라는 용어가 근대의 신조어(新造語)라는 것은 앞에서 잠깐 언급한 바와 같다. 일본에서는 메이지 초기인 1872년에 독일어 번역문 가운데 처음 '미술'의 용어가 쓰인 예가 가장 이른 시기의 용례로

미술을 만들어가는 지점에 이르지 않으면 안 된다"라고 했다.

30 다카기 히로시, 「일본미술사와 조선미술사의 성립」(2004) 및 홍선표, 「"한국미술사" 인식틀의 비판과 새로운 모색」, 『미술사논단』 제9호(2000), pp. 291~304 참조.

31 이 보고서에 관해서는 다음 장에서 서술하겠다.

알려졌다.[32] 물론 이 용어가 오늘날 거론되는 미술과 같은 의미는 아니었다. 오늘날의 '예술' 개념처럼 독일어 번역문에 달린 일본어 주석에는 음악과 시학까지 포함하는 것을 미술로 포함시켰다. 그런데 이는 번역 과정에서 생긴 문제였다고 하며, 이후로 점차 오늘날 이야기되는 미술로 개념 정립이 이뤄졌다. 우리나라에 미술이라는 단어가 처음 보이는 것은 1884년의 『한성순보』(漢城旬報)이니 일본과 비교했을 때, 그다지 시차를 두지 않고 유입되었음을 짐작할 수 있다. 일본에서의 미술 개념은 당시 전 세계에서 우후죽순처럼 열렸던 박람회를 중심으로 서구의 기술을 경험하면서 탄생한 것이기 때문에 미술이라는 개념 자체가 '근대'라는 시공간과 밀접한 관련을 맺는 것으로 이야기된다.[33] 여기에서는 잠정적으로 근대에 성립된 '미술'의 개념을 선사까지 소급하여 그 개념에 적합한 조형물 가운데 일부를 골라 시간의 흐름에 따라 역사적으로 재구성한 것을 미술사라고 보려고 한다.[34] 이 점에 대해서는 이미 '국가'라는 관념을 여기 더하여 일본미술사 · 중국미술사 · 조선미술사와 같은 식으로 한 나라[一國]의 미술사로 '성립'시킨 것 역시 일본에서 체계를 세운 미술사 인식틀이라는 것이 지적된 바 있다. 일본미술사 역시 이러한 신조어의 개념과 밀접한 관련을 맺으면서 성립 · 발달했기 때문에 조선미술사도 여기서 크게 벗어나지 않는다. 이 시기에 성립된 조선미술사에서 이미 불교미술 중시 경향이 엿보이는 것은 앞에서 언급했듯이 서양의 기독교에

32 기타자와 노리아키, 「'美術' 개념의 형성과 리얼리즘의 轉位: 메이지 · 다이쇼期의 '미술' 인식에 대하여」, 『미술사논단』 제2호, pp. 44~46.

33 이에 대해서는 윤세진, 「근대적 미술 담론의 형성과 미술가에 대한 인식: 1890년경부터 1910년대까지를 중심으로」, 『미술사논단』 제12호, 한국미술연구소, 2001, pp. 7~34.

34 사토 도신, 「근대 일본미술사의 형성과 그 연구동향」, 『미술사논단』 제10호(2000), pp. 211~245.

대응할 동양 정신의 핵심을 불교에 두었던 일본의 입장에서 당연한 일이었다.[35] 이와 같은 태도는 오카쿠라 덴신 이래 시라토리 구라키치에 이르기까지 지속되었던 일본 관학파들의 입장이고, 이러한 입장이 당시 동아시아에서 일본 제국주의의 사상적 · 이념적 지주가 되었다.

동경제국대학 조가학과(造家學科) 교수였던 세키노 다다시는 1902년에 처음 조선을 조사하면서 먼저 고건축과 유적들을 조사하고 1904년에 『한국건축조사보고』(韓國建築調査略報告)라는 보고서를 냈다(도 2-7).[36] 『한국건축조사보고』에서 이미 그는 조선미술사를 '구축'(構築)하려는 시도를 보인다.[37] 세키노는 자신이 조사한 조선의 유적에 대한 보고를 하면서 지역으로 구분을 하지 않고, 시대로 구분을 했다. 그가 조선 각지를 조사할 때는 각 도별로 지역을 분류하고, 지역 중심으로 조사를 다녔지만 정작 보고는 시대별 분류를 기초로 했다. 전체 4편에 걸친 보고는 각 편을 총론과 신라시대 · 고려시대 · 조선시대로 나누어 쓰였다.[38] 각 편은 도성, 혹은 성곽이나 왕궁, 사원, 능묘, 기타 유물로 나누어 조사 · 분석되었다. 오카쿠라 덴신과 페놀로사에 의해 성립된 일본미술사의 서술 체계를 그대로 따랐던 셈이다. 즉, 한 나라의 미술사를 왕조의 흥망에 따라 시대 구분을 하고 그에 맞추어 유적과 유물을 분류하는 방식을 취했다. 명목상 건축을 조사하는 것이었지만 도성 · 사원 · 능묘와 같이 건축으로 분류하기 애매한 예도 포함되어 있었다. 이러한 분류는

35 기노시타 나가히로, 「오카쿠라 덴신과 미술사」, 『미술사논단』 제9호(1999), pp. 307~343.

36 아직까지 근대적 학문 분야들의 명칭이 확립되지 않았던 시기였기에 이 단계의 조가학과는 후에 건축학과로 명칭을 바꾸게 되었다.

37 다카기 히로시가 일본미술사를 구성하고 만들어냈다는 의미로 '구축'이라는 용어를 쓴 데서 따왔기에 인용부호를 썼다.

38 삼국시대나 통일신라시대가 없이 신라시대만 특별히 분류했다. 『韓國建築調査報告』(동경제국대학 공과대학, 1904) 목차 참조.

크게 변화되지 않고, 여기에 회화 · 조각이 추가되어 뒷날의 조선미술사로 이어진다. 이는 '미술'의 개념과 그 하위 범주로서의 '미술 장르'가 이 시기까지 여전히 명확하게 정립되지 않은 상태로 유동적이었음을 시사한다. 건축의 개념과 공예의 개념이 미술이라는 큰 범주에서 포괄적으로 이해되었던 것은 1900년대 이전으로 생각되지만 이들 용어가 개별적으로 쓰인 것은 좀 더 뒤의 일이다.39

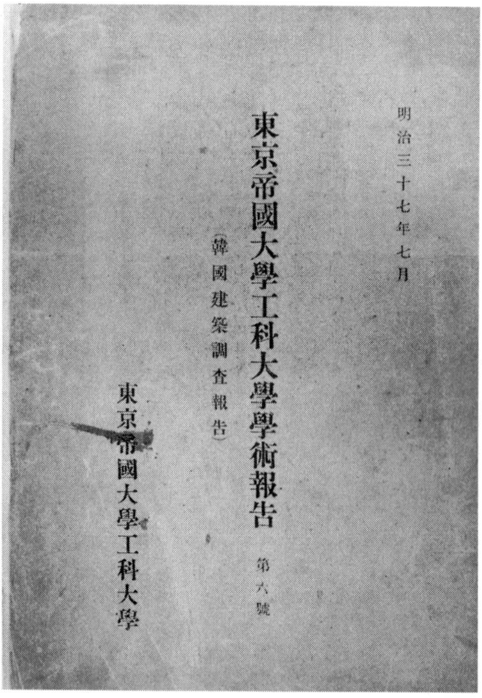

[도 2-7]『한국건축조사보고』 표지, 1904.

39 이와 관련해서는 青井哲人,「法隆寺と世界建築史」,『日本における美術史學の成立と展開』(東京: 東京國立文化財硏究所, 2001).

『한국건축조사보고』에 이어 세키노는 『조선예술지연구』(朝鮮藝術之研究)라는 제목의 보고서를 다시 냈고, 1909년에는 서울 종로 광통관(廣通館)에서 '한국예술의 변천에 대하여'(韓國藝術の變遷について)라는 제목으로 강연을 했다. 탁지부(度支部)에서는 그의 강연을 묶어 『한홍엽』(韓紅葉)이라는 제목으로 출간했다. 매우 소략하기는 하지만 이 책은 본격적인 한국미술사에 가까운 최초의 책이라는 점에서 그 의미를 찾을 수 있다(도 2-8). 여기에는 삼국시대의 유물로 고미야 미호마쓰(小宮三保松)가 소장하고 있었던 미륵상 1구가, 통일신라의 유물로는 역시 고미야 소장의 소동불(小銅佛) 3구와 분황사 9층탑, 불국사 다보탑, 불국사 대웅전 앞 석등롱(石燈籠), 경주 종각(鐘閣) 봉덕사종, 백률사 약사여래가 소개되었다. 책에는 오늘날 쓰이는 것과는 다른 명칭의 유물도 포함됐는데 여기에서는 원문을 따라서 그대로 쓰겠다. 가령 분황사 탑은 현재 3층밖에 남아 있지 않지만 책에는 9층탑으로 씌어 있는데 왜 9층이라고 했는지는 알 수 없다. 고려의 불교미술 중에는 묘향산 보현사 9층탑, 13층탑, 평양 정차장(停車場) 앞 13층탑, 평양 영명사(永明寺) 불감(佛龕), 개성 사현(沙峴) 미륵, 광주 천흥사(天興寺) 종, 개성 남대문 연복사 종, 전등사 향로가 포함되었다. 또 조선시대의 불교미술로는 경성(京城) 대리석13층탑, 정방산(正方山) 성불사(成佛寺) 응진전(應眞殿) 불상, 묘향산 보현사 대웅전 불상이 들어 있었다. 아마도 이들은 모두 당시에 금방 찾을 수 있는 곳에 있어서 조사하기가 쉽고 세간에 잘 알려진 것들이었을 것이다. 책에는 각 유물, 유적의 사진이 함께 실려 있어서 1900년대에 세키노가 조사를 할 때, 사진사가 동행하여 일일이 사진을 찍었음을 알 수 있다. 이 무렵 세키노 등이 조선에서 한 조사는 고분·건축·불교사원이 중심이었는데, 이들은 현지에 남아 있어서 접근이 용이하고, 바로 눈에 잘 띄는 조각(주로 불상)과 건축들이었다. 특히 건축물이 중시됐던 것은 조사를 담당한 핵심인물이었던 세키노가 건축을 전공한 것과 깊은 관련이 있다. 이와 같은 세키노의 강연과 출간은 조선의 역사에 대한 관심보다 미술을 통한 조선사의 구축에 더욱 관심을 기울였음을 말해주는 대목이다. '문명'의 제국으로서 미술을 활용하여 일본의 국체를 형성하려고 했던 일본의 당시 사회 분위기로 보면 자연스러운 일임이 분명하다. 다른 많은 학문들처럼 미술사 역시 근대와 함께 시작되었다. 그런 의미에서 본다면 미술사는 많은 연구자들이 생각하는 것보다 훨씬 명백하게 근대의 세례를 입은 학문이며, 근대의 담론에서 자유로울 수 없다. 그런데 유명한 문화재가 총망라된 『한홍엽』에 석굴암 항목은 없다. 아마도 이 당시에 세키노는 석굴암의 존재와 의미를 명확하게 알지 못했던 모양이다. 조선 각지를 여러 차례 조사한 경력에도 불구하고 세키노가 석굴암 발견담에서 특정한 역할을 하지 못한 것은 이 때문이다.

[도 2-8] 『한홍엽』 표지, 1909.

세키노가 조사하고, 만들어낸 조선미술사는 일본이 조선 각지 조사와 고분 발굴을 더욱 강화함에 따라 그 내용이 풍부해지고 다루는 범위와 대상도 확대되었다. 객관적으로 본다면 최초로 조선미술사를 강연하고 이를 책으로 묶어 출간한 인물은 조선 사람이 아니라 세키노 다다시(關野貞)이다. 『한홍엽』 이후 약 10여 년 만인 1923년에 세키노는 조선사학회의 청탁으로 조선미술사 강좌를 맡았다. 그리고 그때로부터 다시 10년이 지난 1932년에 그간의 조사와 발굴로 새로 밝혀지거나 알려진 자료를 더하여 『조선미술사』라는 이름으로 출간을 하게 된다.[40] 물론 에카르트를 비롯한 외국인들에 의해 씌어진 비슷한 제목의 책들이 있기는 하지만 조선인과 일본인 모두에 결정적으로 중요한 역할을 했던 것은 아무래도 세키노의 저작이라고 할 수밖에 없다. 그가 광통관에서의 첫 강연 이후 내용을 보강하여 체계적인 조선미술사를 성립시키는 데는 1915년부터 1935년까지 20년에 걸쳐 간행된 『조선고적도보』의 발간 작업도 중요한 역할을 했던 것으로 보인다. 1915년에 5권을 발간한 것을 시작으로 총 15권으로 완간되기까지 『조선고적도보』는 미술사적 해설로 보기는 부족하지만 일단 선사시대부터 조선시대까지 시간의 흐름에 맞추어 유적과 유물을 소개하는 방식으로 구성된 미술의 역사라고 할 수 있다. 이때 일제가 가지고 있었던 기본적인 사관(史觀)은 조선시대의 미술을 폄하하는 것이었음에도 불구하고 『조선고적도보』는 조선시대의 미술까지 모두 포함하여 간행되었고, 책의 편찬과 감수는 주로 세키노의 손에서 이뤄졌다.[41] 그는 이 전집을 출간한 공을 인정받아 프랑스학술원으로부터 정평

40 원본은 1932년에 조선사학회에서 간행했으며, 근래 우리말로 번역되었다. 關野貞, 심우성 역, 『조선미술사』(東文選, 2003).

41 『조선고적도보』는 물론이고, 『조선미술사』의 日文 서문에서도 확인된다.

있는 학술상인 스타니슬라스 줄리앙상을 받았다. 마치 오늘날 국제가요제나 영화제에서 우수상을 받은 것이나 마찬가지이므로 일본인들에게는 자부심을 갖기에 충분한 일이었다. 세키노가 식민지의 문화유산을 조사하여 15권의 도록 전집으로 간행한 것이 외국의 저명한 상을 받기에 합당한 일인가? 이는 무엇을 의미하는가? 일본과 같은 제국주의 국가인 프랑스가 식민지의 문화유산을 제국 본국에서 총괄, 관리하고 감독하는 일을 당연하게 여겨 전혀 문제 삼지 않고, 도록 발간을 성공적인 식민지배의 상징으로 간주했음을 명확하게 해준다. 오히려 이를 학술적으로 장려할 만한 일이자 그 성과라고 생각했기에 상을 수여했다고 보아야 한다.

3. 석굴암의 근대적 재발견

1) 근대적 발견에 주목하는 이유

불국사와 달리 석굴암은 토함산 깊이 자리 잡고 있어서 조선시대에 큰 관심의 대상이 되지 못했다. 석굴암, 혹은 석불사(石佛寺)에 대한 언급이 조선 전기의 대표적 지리책인 『동국여지승람』(東國與地勝覽)은 물론, 『동경잡기』(東京雜記)에도 보이지 않는다는 점은 이미 지적된 바 있다.[42] 현재까지 알려진 바로는 정시한(丁時翰)의 『산중일기』(山中日記)를 비롯한 17세기 후반의 문집에 나오는 단편적인 기록만이 석굴에 관한 몇 안 되는 언급일 뿐이다. 이 글들은 대개 '석굴에 갔다'라는

42 黃壽永, 「石窟庵修理工事報告書」(1965); 黃壽永, 『韓國의 佛像(下)』(黃壽永全集 2), 혜안, 1998, p. 286에 재수록.

정도의 짧은 말만 하고 있으며, 구체적으로 석굴에 관한 정보도 없고, 당대 조선 사람들이 석굴암을 어떻게 인식하고 있었는지 알려줄 수 있는 정도가 아니다. 그러나 이때로부터 불과 얼마 지나지 않아서 석굴암에 관한 조선인들의 인식은 전혀 예기치 않은 방식으로 바뀌었다. 일제강점기 격변하는 사회에서 석굴암이 우리나라 미술사에서 가장 주목받는 문화유산이자, 한민족의 '문화적 우월성'을 대표하는 미술로 인식된 것이다. 석굴암이 우리 문화의 대표적인 유산으로 인식된 배경에는 일제에 의해 재발견된 근대성이 숨어 있다. 일제강점기의 혼돈 속에서 조선의 석굴암을 누가, 왜, 어떻게 영국의 셰익스피어와 같은 위상에 두게 만들었는가? 이 장에서는 외부로부터 주어진 석굴암의 인식틀이 처음에 어떻게 시작됐는지를 확인하기 위해 근대적 '발견'에 초점을 두어 살펴보기로 하겠다.

사실상 석굴암에 관한 기존의 연구는 석굴암이라는 대상 자체를 중심으로 진행되었다. 석굴암 본존불의 존명(尊名) 문제라든가, 석굴암의 건립 배경과 의미를 풀어내기 위한 소의경전(所依經典)이나 사상적 배경, 신라 왕실의 원찰(願刹) 여부, 대왕암과의 관계 등을 중심으로 지난 반세기 동안 문화유산으로서의 석굴암에 대한 연구는 충분히 심도 있게 진행되었다. 이 책에서는 석굴암에 대한 기존의 연구 성과에 대한 찬반 논의를 다루려는 것이 아니다. 이 책의 목적은 석굴암 연구의 전제가 되었던 '인식' 내지 생각의 틀, 이른바 '석굴암 패러다임'이 존재한다고 보고 이를 정면으로 검토하는 데 있다. 기존의 한국조각사에서는 연구 대상에 관한 고찰을 중시하고, 여러 방면에서 괄목할 만한 성과를 냈지만, 대상을 바라보는 관점이나 시각에 대한 인식론적 접근은 상대적으로 소홀하였다. 이런 점에서 보면 석굴암이 사람들의 '시야'에 잡힌 근대 이후 100여 년간 그 인식의 기저에 깔린 기본적인 전제에 대해 관심이 없었다는 것은 다시 생각해볼 여지가 있다. 오히려 석굴암이라는 유적과 유물 자체에 대한 연구에서 한 발 물러나 석굴암을 보는 사람의 관점과 기억에 대해 조망함으로써 오히려 우리가 생각하지 못했던 또 다른 진실을 발견할 수도 있다. 이것이 이 책을 쓰게 된 동기이다. 물론 20세기 초 한국 근대미술사의 여러 담론 가운데 이와 같은 문제제기가 없었던 것은 아니다. 아울러 미술사 연구의 패러다임, 담론에 수반되는 논의가 미술의 외연을 넓히고 미술에 관한 시각을 풍부하게 해줄 수 있다는 기대 못지않게 미술의 주변에 머무르고 마는 담론이 되어버릴 위험이 있다는 지적 또한 무시할 수 없다.[43] 하지만 기존의 미술사에서 주력한 '보는 법'과 양식의 변화를 파악하고 사상적 배경을 고찰하는 연구가 미술사의 기본적인 접근법이며, 이것이 매우 중요하다고 해서 인식의 관점 이동에 대한 검토 필요성이 줄어드는 것은 결코 아니다. 석굴암에 대한 인식의 변화 추이를 고찰하려는 시도는 문화재라는 특정한 '대상'에서 멀찍이 떨어져 그 대상을 바라보는 '인간'을 객관화하여 연구의 대상으로 삼는 관점 변화의 계기를 제공할 것이다. 또한 한 나라의 역사, 혹은 정치사와 같은 개별 분야의 역사보다 동아시아라는 보다 큰 틀에서 객관적으로 이해하려는 근래 역사학계의 움직임처럼 미술사에서도 동아시아적인 사고 확장의 가능성을 탐색해볼 수 있겠다.[44] 동아시아적 시각과 관점에서 파악하려는 역사학계의 담론이 미술사에서도 의미 있는 역할을 하지 못할 이유는 어디에도 없다.

---

43 金英那, 「'동아시아의 근대' 특집 머리말」, 『미술사논단』 제12호(2001), p. 7. 회화사를 중심으로 한국미술사의 패러다임에 대한 원론적 접근으로는 홍선표, 「'韓國美術史' 인식틀의 비판과 새로운 모색」, 『미술사논단』 제10호(2002), pp. 291~304.

44 일본미술사에서 동아시아적 관점을 적용한 연구의 예로 김용철, 「일본미술사 연구에 나타난 동아시아적 관점에 대한 검토」, 『미술사와 시각문화』 제2호(2003), pp. 130~142 참조.

2) 석굴암 '재발견'의 경위

석굴암에 대한 오늘날의 인식과 공감대는 20세기에 들어서 비로소 축적되어온 것이다. 석굴암에 대한 학술적 연구가 20세기 초부터 비롯되었다는 것은 누구도 부정할 수 없을 것이다. 이는 석굴암이 일본인에 의해 발견됐다는 일화와 관계된다. 물론 일찍이 석굴암이 창건 이래 사운(寺運)의 변천을 겪고 구한말에는 폐사 지경에 이르렀지만 향도들의 정성과 중수로 유지되었으므로 일본인들이 석굴을 처음 발견한 것처럼 선전하는 것은 말도 안 된다고 지적됐다.[45] 그렇다 하더라도 석굴암에 대한 새로운 발견과 근대적인 재인식 과정이 조선인에 의해 이뤄진 것은 아니었다. 석굴암을 포함하여 이동성이 없는 불교조각과 사원들이 자생적으로 '학문'의 대상으로 자리 잡았다고 볼 수는 없다. 이들이 '문화재'로 규정되고 본격적으로 객관적 관심의 대상이 된 것은 일제강점기였다. 석굴암에 대한 학문적인 연구가 실질적으로 시작된 것도 이 무렵이었을 것이다.

석굴암이 일본인의 눈길을 끌기 시작한 시점은 대략 1907~1908년 무렵으로 알려져 있다. 1907년경, 특히 경주에 살고 있었던 일본인들 사이에 토함산 꼭대기 동쪽에 큰 석불이 파묻혀 있다는 소문이 퍼져 있었다고 한다.[46] 이보다 널리 알려진 설로는 우연하게 석굴암 부근에 가게 된 우편배달부에 의해 석굴암의 존재가 사람들에게 전해졌다는 구전(口傳)이 있다. 경주 우체국장 모리 바스케(森馬助)에게 우편배달부 김씨가 '석인이 많이 서 있다'고 말해서 일본인들이 알게 됐다는 것이다.[47]

---

45 황수영, 『韓國의 佛像(下)』, p. 275.

46 위의 책, p. 287; 이구열, 『한국문화재수난사』(돌베개, 1996), pp. 86~87.

통감부(統監府) 시대의 경주(慶州) 우체부가 경주에서 출발하여 불국사를 거쳐 토함산(土含山)의 동산령(東山嶺)을 넘어 동해안 방면으로 우편배달을 가다가 범곡(凡谷) 근처에서 능(陵) 같은 것을 발견한 것이 석굴암의 발견담이라는 것이다. 그가 봤을 때, 석굴암에는 입구에 문이 있고 천장이 무너져 있었으며, 내부 역시 흙 속에 묻혀 있었다고 전한다. 그가 우편배달을 마치고 3, 4일 뒤에 우체국으로 돌아와서 이 사실을 일본인 우체국장 모리 바스케에게 전하자 우체국장이 놀라서 얼마 뒤에 당시의 군수였던 양홍묵(梁弘默), 부(副)군수였던 일본인 기무라 시즈오(木村靜雄), 또 다른 일본인 고적애호가 모로가 히데오(諸鹿央雄), 일본인 사진사 타나카 카메쿠마(田中龜熊) 등과 함께 처음 답사를 했다고 알려졌다. 그 후 이 사실을 보고받은 통감 소네 아라스케(曾禰荒助, 1849~1910)가 직접 와서 보았고, 이후 얼마 지나지 않아 조선은 식민지가 되었다. 이 발견담에 대해서는 구전의 형식으로 그 내용이 이어진 듯하므로 전부를 신뢰할 수는 없다.[48] 군수 양홍묵은 1898년에 <협성회회보> 창간에 관여한 인물로 김해군수를 하기도 했던 사람이므로 이와 같은 발견담에 등장해도 이상할 것은 없다.[49] 다만 소네 아라스케가 석굴암에 올랐다고 알려진 것이 1909년 봄인데 기무라 시즈오가 기록에서 확인되는 것은 1911년에 경주군 군서기(郡書記)로 등재된 것이 최초이므로 소네와 기무라가 동행해서 석굴암에 올랐다는 것은 사실 믿기 어렵다.[50] 사람들의 입에서 입으로 전해지는

---

47 위의 책, p. 281. 같은 이야기가 <동아일보> 1961년 11월 2일자에도 실려 있다. 여기에는 메이지 42년(1909) '경주 인사'와 독일인 에카르트가 석굴암을 발견했다는 내용이 있다. 기사는 경주에서 나서 평생을 고적답사와 문화재 발굴에 바친 석당 최남주(石堂 崔南柱)라는 분의 이야기를 빌려 그가 전하는 구전을 채록한 것이다.

48 中村亮平, 『增補 朝鮮慶州の美術』(東京: 改造出版社, 1940), p. 63.

49 <대한매일신보>, 1907년 3월 19일자.

50 http://db.history.go.kr/url.jsp?ID=jw_1911_1064_0090 시즈오는 1912년 10월에 『경주지』(慶州

구전이기 때문에 우편배달부의 발견이 정확히 언제였는지도 명확하지 않으며, 말하는 사람에 따라서 때로는 1908년, 때로는 1909년, 혹은 1910년 등 다양하게 언급됐다.[51] 물론 석굴암 발견설은 그 자체가 일본인의 시각일 뿐이다. 조선 사람들은 석굴암의 존재를 익히 알고 있었으며 그들이 그때 처음 알았던 것이다(도 2-9).[52] 그리고 여기에는 분명하게 '경주석불'(慶州石佛)이라고 쓰였다. 비록 불국사에는 승려가 서너 명밖에 없었지만, 석굴암은 불국사와 함께 수호되고 있었으므로 우편배달부가 석굴을 발견했다고 선전하는 것은 사실의 왜곡이자 단지 조선총독부의 통치를 정당화하기 위한 핑계에 지나지 않는다고 본다. 이와 관련한 1960년대의 이야기로는 서너 명의 승려가 지키던 암자에 석가탄신일이 되면 수천 명의 군중이 운집했다고 거론되기도 했다.[53] 그러니까 우편배달부 발견설은 일본인이 석굴암을 알게 된 경위를 알려주는 것에 지나지 않는 셈이다. 우편배달부와 관련된 발견 이야기는 석굴암이 '근대적 공론(公論)'의 대상이 되는 첫 단계를 말해주는 것이라고 보아야 한다. 실제 일어난 사건인지 여부와 관계없이 누가 발견했는가를 둘러싼 논란은 단적으로 석굴암에 대한 '언급' 자체가 일본인에 의해 시작되었음을 시사한다.

誌)를 발행한 바 있다.

51 다양한 사람들이 주장한 석굴암 발견 연대 추정에 대해서는 한영대 · 박경희 역, 『조선미의 탐구자들』(학고재, 1997), p. 35. 그러나 이 책에는 분명한 주석이 없어서 연대와 사람들의 제설(諸說)에 대한 근거는 명확하지 않다.

52 황수영, 「石窟庵」, 『石窟庵』(예경산업사, 1989), p. 34.

53 황수영, 「石窟庵」, p. 34.

[도 2-9] 재발견될 무렵의 석굴암, 1909~1910년 추정.

일본인에 의해 석굴암의 존재가 재발견된 1909년 가을, 제2대 통감 소네 아라스케가 석굴암을 '초도순시'한 이후, 석굴암 내 유물도 약탈됐다고 전해진다.[54] 당시는 조선의 문화유산에 대한 약탈이 자행되었던 때이며, 주인 없는 많은 문화재가 거래됐다. 속설에는 석굴암 내에 안치되어 있던 소탑과 감실 안에 있던 석상 2구도 사라졌다고 전하지만 이 역시 확인되지는 않았다.[55] 조선 병탄 직후에는 총독 데라우치 마사타케가

54 그의 순시 이후 석굴암 내부에 있었던 대리석제 소탑이 없어졌다고 한다. 이에 관한 비교적 이른 시기의 기록으로는 오쿠다 테이(奧田悌), 『新羅舊都 慶州誌』(大邱, 玉村書店, 1920)를 들 수 있다. 일제강점기 경주박물관장을 지낸 諸鹿央雄도 같은 언급을 하였다. 諸鹿央雄, 「慶州の新羅遺蹟について」. 같은 기술이 야나기 무네요시의 언급에도 보인다. 柳宗悅, 「石佛寺の彫刻について」(1919). 역시 비슷한 내용이 中村亮平, 『朝鮮慶州の美術』; 이구열, 『한국문화재수난사』, pp. 83~90에 실려 있다.

경주에 와서 석굴암을 보고 서울로 돌아가서 "이런 보물을 산중에 방치하는 것은 아까운 일이다. 이것을 전부 들어 서울로 운반하라"는 명을 내렸으나 여러 가지 이유로 반대에 부딪혀 이를 실행에 옮기지는 못했다. 통감의 방문 이후, 세키노 다다시가 현지를 '학술적으로' 조사하여 석굴암의 예술적 · 역사적 가치를 최고라고 평가하자 통감부에서는 석굴암의 보수 및 보호 방법을 검토하게 되었다고 한다(도 2-10). 이리하여 총독부는 조선 병탄 후 불과 3년 만인 1913년 10월에 '석굴암' 수리공사를 착공하게 된 것이다. 이때의 완전한 해체 복원 이후 석굴암은 일제강점기에만 다시 크게 두 차례, 1960년대 한 차례에 걸쳐 대대적인 보수와 복원이 되었다. 물리적인 복원 및 도로 개설로 접근 편의성이 높아짐에 따라 석굴암을 방문하고 기록을 남긴 사람은 늘어갔고, 석굴암에 관한 다각도의 학술적 접근도 증가하게 되었다.

[도 2-10] 발견 이후의 석굴암 원경, <매일신보> 1912.

---

55 이 속전이 기록으로 확인되는 이른 예는 앞에서 언급한 기무라 시즈오의 글이다.

소네 통감의 석굴암 방문보다 훨씬 빠른 1902년 8월부터 세키노는 조선의 고건축과 고적 실태 조사를 한 바 있다. 이때, 문헌을 통해 경주 토함산 불국사에 대해 사전 지식을 가지고 있었던 그는 실제로 불국사 청운교·백운교를 보고 그 건축에 적용된 석조기술에 감탄하며 놀라움을 표현했다. 그러나 그게 다였다. 세키노는 석굴암에 대해서는 전혀 언급하지 않았다. 자신의 조사 결과를 정리해 1904년에 출간한 『한국건축조사보고』에도 석굴암에 관한 언급은 전혀 나오지 않는다. 세키노의 뒤를 이어 이마니시 류(今西龍)도 1905년에 경주를 방문했으나 석굴암에 대해서는 알지 못했기에 그 역시도 아무런 기록을 남기지 않았다. 그들은 아무도 석굴암에 대해 알지 못했던 것이다. 1910년에 간행된 『조선미술대관』(朝鮮美術大觀)에서야 비로소 석굴암에 관한 아주 간략한 언급과 사진이 실려 있는 것으로 미루어볼 때, 이 무렵에야 석굴암의 존재가 일본인들에게 알려졌던 것으로 생각된다(도 2-11). 『조선미술대관』에는 다음과 같이 쓰여 있다.

> 고서 및 전기 등에 기록이 전혀 없어서 창설연대 등을 확인할 길이 없지만 신라 최전성기에 제작된 것임은 의심할 여지가 없다. 연전에 소네 통감 일행이 이 굴에 와서 처음 이것을 발견한 것 외에 우리나라 학자 및 조사원 누구도 아직 발길이 닿지 못하였다. 조선의 석조각 불상 가운데 가장 오랜 걸작일 것이다.

아무 기록이 없다는 것은 『삼국유사』를 보지 못했거나, 그들이 봤더라도 자기들이 본 석굴이 『삼국유사』에 나오는 김대성의 석불사인지 몰랐다는 것을 의미한다. 적어도 이 시점에 세키노는 석굴암이 토함산에 있다는 것을 알기는 했지만 아무런 사전 조사도 없었고, 그에 대한 어떤 정보도 알지 못했다는 것을 알 수 있다. 소네 통감이 '발견'했을 뿐, 그 외에는 자신이 가장 먼저 본 사람이며, 또한 용감하게도 신라 전성기 작품이라고 단정할 뿐이다. 정말 아무 것도 몰랐으면서도 모른다는 사실에 별로 개의치 않고 『조선미술대관』이라는 책에 포함시켜 출간한 것이 놀라울 정도이다.

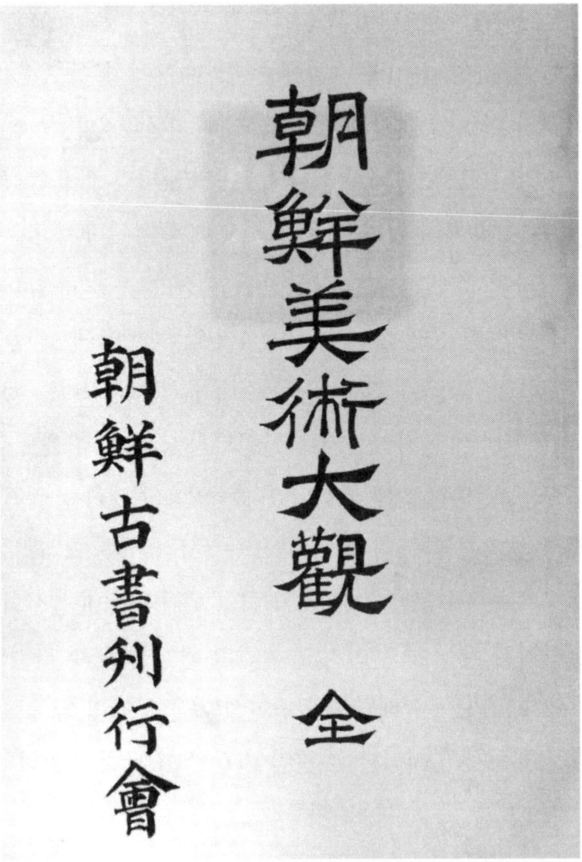

[도 2-11] 『조선미술대관』 내표지, 1910.

『조선미술대관』의 위 대목은 두 가지를 시사한다. 첫째는 책의 발간이 1910년 2월에 이뤄졌으므로 '발견' 시점을 추정하게 해준다는 점이다. 석굴암이 일본인에게 주목받게 된 시점이 이마니시 류가 경주를 방문한 1905년 이후에서 1910년 이전의 약 5년 사이의 일이라고 추정할 수 있다. 특히 "연전에 소네 통감 일행이 [……]"라고 한 구절은 일제에 의한 '석굴암의 발견'이 1909년경에 이뤄졌음을 보여준다. 1907년에 부통감이 되었던 소네는 1909년 6월에 이토 히로부미(伊藤博文)의 뒤를 이어 조선 통감이 됐지만, 1910년 1월에는 병 때문에 일본으로 돌아갔다. 만일 앞의 기록대로 소네가 통감이었을 때 석굴암을 방문했다면 그가 방문할 수 있었던 기간은 7개월에 불과했다. 그렇다면 소네 통감의 석굴암 방문은 1909년 6월 이후이며 겨울 이전으로 추정된다. 그러나 또 다른 기록에 의거하여 소네가 부통감이었던 시절 경주를 포함하여 부산·마산·원산 등지를 순방했던 1909년 4월경, 석굴암에 올랐을 것으로 추정되기도 한다.[56] 그러나 기사에서는 소네가 경주에 갔다는 것만 확인될 뿐, 그가 석굴암까지 올라갔는지는 확인되지 않는다. 다음으로 두 번째 시사점은 우편배달부에 의해 발견되었다는 일종의 일화를 빼면 석굴암이 알려지게 된 경위가 다분히 작위적이라는 사실이다. 지식인이나 학자, 혹은 시인 묵객, 어떤 개인도 아니고 권력의 핵심인 소네 통감의 방문으로 석굴암의 가치가 세상에 알려지고 세인의 관심을 끌게 되었다는 점에 주목할 필요가 있다. 우편배달부의 전언에 이은 통감의 방문으로 석굴암이 발견되었다는 것은 이러한 '석굴암 발견담'이 당시 일본의 고위 권력,

56 <황성신문>에는 그가 1909년 4월 18일부터 5월 9일까지 제법 긴 여정을 한 것으로 일정이 나온다.

즉 정권과 바로 연결되어 있다는 점에 방점을 두게 한다.

3) 복원, 그리고 상상의 공동체를 위한 상징으로

일본이 조선을 강점하고 얼마 지나지 않은 1912년에 조선총독부가 주도하여 경주 고적(古蹟)에 대한 현장 조사가 이뤄졌다. 총독부 소속 토목기사 기코 도모다카(木子智隆)는 석굴암을 조사한 이후, '긴급한 수리가 필요한 건조물(建造物)'이라고 보고했다(도 2-12). 1913년에 발족한 관의 사주를 받아 조직된 일종의 민간단체인 경주고적보존회(慶州古蹟保存會)는 초대 총독 데라우치 마사타게의 지시에 따라 석굴을 보존하기 위한 사업에 착수했다. 이는 1912년에 데라우치가 석굴암을 비롯하여 불국사와 황룡사지를 방문하고 난 후 총독부가 중심이 되어 경주 고적에 대한 긴급대책을 수립하도록 한 것과 관련이 있다. 구한말 경주에서 주석서기(主席書記)를 지낸 기무라 시즈오(木村靜雄)의 회고록 『조선에서 늙으며』(朝鮮に老朽して, 1924)에는 석굴암이 일본인에게 발견되고 세간에 알려지면서 석굴암을 완전히 해체하여 서울로 옮겨 재건하는 작업이 추진되었다는 이야기가 나온다. 당시 석굴암을 해체·반출하려던 일본의 계획은 경주 군수에게까지 전달되었으나 현지의 심한 반발로 총독부가 보류하면서 무산되었다는 것이다.[57] 이와 같은 여러 논란 속에서 석굴암의 중수(重修)도 이뤄지게 되었다.[58] 석굴암의 복원에 관해서는 여기서 더

57 황수영, 「石窟庵의 創建과 沿革」, 『歷史敎育』 8(1964); 황수영, 『韓國의 佛像(下)』(黃壽永全集 2), 혜안, 1998, p. 421에 재수록(주 23 재인용). 다른 일본인의 글 중에도 "경주 현지에 보존하는 것이 이상적이지만 위험할 수 있으므로 경성(京城)으로 옮기고자 하였다"는 이야기가 있다. 大坂六村, 『趣味之慶州』(황수영, 위의 논문, p. 421). 석굴암을 해체하여 감포에서 배를 통해 인천으로 옮기려고 했다는 것이다. 이구열, 앞의 책, pp. 89~90.

58 첫 번째 석굴암의 복원공사에 대한 전말은 황수영, 『韓國의 佛像(下)』, pp. 289~294.

이상 거론하지 않겠다. 다만 일본이 왜 3년에 걸쳐 막대한 비용을 들여 석굴암 중수에 나섰는가 하는 점은 지적하고자 한다. 일제강점기의 첫 번째 보수공사 때 의외로 석재가 많이 소요되어 예상치 못한 비용이 추가되어 3년에 걸친 총수리비용은 22,724원 54전이었다고 한다.[59] 이 금액은 이완용이 한일병탄의 공을 인정받아 일제로부터 은사금 15만 원을 받고, 송병준은 10만 원을 받았던 것을 생각하면 상당히 많은 액수임을 알 수 있다. 즉, 조선을 판 대가로 송병준이 받은 금액의 20%가 넘는 액수인 것이다. 이 정도의 비용을 들여서 석굴암을 수리한 이유가 무엇이었을까? 그만큼, 아니 그 이상의 가치가 있는 일이었음이 분명하다. 이 점에 대해서는 소네 통감에 의한 위로부터의 석굴암 발견설과 연관지어 생각하지 않으면 안 된다.

[도 2-12] 복원공사 이전의 석굴암.

59 황수영, 위의 책, p. 305.

1922년에 조선총독부 고적조사위원으로 조선에 왔던 후지타 료사쿠(藤田亮策, 1892~1960)는 총독부의 고적조사와 보존이야말로 일본인이 한반도에 남긴 매우 자랑스러운 기념비적 사업 가운데 하나라고 주장했다.[60] 후지타는 이마니시 류의 뒤를 이어 1932년부터 경성제국대학에서 조선사학(朝鮮史學) 제1강좌를 담당했던 인물이다. 조선의 고적조사와 보존사업을 총독부의 치적이라고 주장한 것은 후지타만이 아니었다. 나카무라 히데타카(中村榮孝) 역시 총독부 주관의 『조선사』(朝鮮史) 편수와 조선 고적조사를 '그 취지를 봐도, 그 성과를 봐도 영원히 기억되는' 조선총독부의 문화사업이라고 굳게 믿고 있었다.[61] 잘 알려진 대로 일본에 의한 조선의 고적조사와 보수작업은 일본이 조선을 강점하기 전부터 사실상 진행되고 있었다. 조사를 담당했던 대표적 인물인 세키노 다다시는 1902년부터 공식적으로 조선의 문화재를 조사했으며, 한일병탄 직전인 1909년에도 탁지부(度支部)로부터 조선의 고건축을 조사하라는 위촉을 받아 조사를 시작하여 1913년에 기초 조사를 완료했다. 이 무렵 조사의 기본 계획은 데라우치 마사타케 총독이 직접 세웠고 고적조사 담당기관은 내부 지방국 제1과 소관으로 격상되었다고 한다.[62] 당시 조사된 조선의 유적과 유물을 총망라하여 통사적으로 소개한 것이 1915년부터 간행된 『조선고적도보』(朝鮮古蹟圖譜) 전15권 전질이다.[63]

---

60 李成市, 박경희 역, 「구로이타 가쓰미를 통해 본 식민지와 역사학: 『조선사』 편수와 고적조사를 중심으로」, 『만들어진 고대: 근대 국민국가의 동아시아 이야기』(삼인, 2001), pp. 216~220, 주 16 참조.

61 李成市, 박경희 역, 위의 논문, p. 210.

62 李成市, 박경희 역, 「구로이타 가쓰미를 통해 본 식민지와 역사학: 『조선사』 편수와 고적조사를 중심으로」, pp. 216~220.

63 전집은 한 번에 출간된 것이 아니라 1915년에 2권, 1916년에 2권, 1917년에 통일신라편

조선총독부는 1916년 7월에 '고적 및 유물 보존규칙'(古蹟及び遺物保存規則)을 발표하고 고적조사위원회(古蹟調査委員會)를 조직했다. '고적 및 유물 보존규칙'은 사실상 일본인이 만든 최초의 사적보호법(史蹟保護法)이며, 일본보다 식민지 조선에서 먼저 시행된 문화재관련법(文化財關聯法)이다. 이처럼 본국보다 식민지 조선에서 먼저 문화재를 관리·감독하는 법령을 시행한 경험을 바탕으로 일본에서는 이를 더욱 발전시킨 '사적명승천연기념물법'(史跡名勝天然記念物法)을 1919년에 공포했다. 이 법안은 고적의 조사와 보존을 박물관이 주관하도록 만든 일본 최초의 통일적 문화행정으로 평가받는다.[64] 이러한 문화재 관련법을 입안하고 상정하는 데는 『대일본고문서』(大日本古文書)를 편찬하고, 『신정증보국사대계』(新訂增補國史大系)를 교정 · 출판하는 데 앞장섰던 구로이타 가쓰미(黑板勝美, 1874~1946)의 입김이 크게 작용했다. 구로이타는 일본고문화연구소(日本古文化研究所)를 창설하여 유적을 발굴 · 조사하고 문화재를 보존할 것을 강력하게 주장한 인물이다. 그는 1916년에 고적조사위원회를 발족시키고, 1931년에 조선고적연구회(朝鮮古蹟研究會)를 창설하여 이때부터 1945년까지 총독부의 고적 보존사업을 담당하기도 했다.[65] 구로이타가 사적을 조사하고 그것을 보존하기 위해 실행에 옮긴 여러 가지 방법은 대체로 조선에서 먼저 시행되고 나서 일본에서 행해졌다. 조선은 그를 포함한 일본인들에게 문화재 정책의 실험장이기도 했던 것이다.

구로이타가 문화재 관련법을 제정해야 한다고 생각한 것은 그의 유럽

1권으로 시대 순으로 해마다 한두 권씩 간행되었다.

64 이 법안의 제정은 구로이타의 주장을 따른 것이라고 한다. 李成市, 박경희 역, 「구로이타 가쓰미를 통해 본 식민지와 역사학: 『조선사』 편수와 고적조사를 중심으로」, pp. 216~220.

65 李成市, 박경희 역, 위의 논문, pp. 211~212. 구로이타는 일본사만이 아니라 『조선사』(朝鮮史) 편수에도 관여하여 1922년부터 1938년까지 16년에 걸쳐 『조선사』 전권을 간행하였다.

여행 경험에서 비롯되었다. 그는 1908년부터 2년간 유럽을 여행하면서 고대 문명을 발굴하고, 이를 보존하기 위해 유럽에서 만든 박물관 조직 등을 조사하면서 이른바 '식민지 고고학'의 실제를 익힐 기회를 가졌다. 이후 그는 동남아시아를 여행하면서 유럽의 제국주의자들이 이 지역의 식민지 문화유산에 대해 어떤 일을 했는지도 구체적으로 확인했다.[66] 서구 제국주의자들은 식민지의 문화유산을 복원함으로써 식민지 주민에게 그들이 과거에 일군 위대한 문화유산을 지킬 능력도, 그만한 업적을 다시 이룩할 능력도 없다는 것을 확인시켜주려고 했다. 유럽의 제국주의 국가를 몸소 체험하고 이를 배우려고 했던 구로이타나 데라우치가 '고적 및 유물 보존규칙'을 통하여 식민지 조선의 문화재를 현지에 보존하도록 고집한 이유는 명백하다. 그들에게 식민지 유물은 식민정책을 효과적으로 펼 수 있도록 식민지에 반드시 있어야만 되는 존재였다. 무능하고 열등한 식민지 주민이 자신들의 문화재를 통해 식민지로 전락한 초라한 현실과 과거의 영화를 대비하도록 하려는 속셈이었다. 그런데 일제강점기 조선에서의 문화재 조사와 복원작업은 단지 열등한 식민지의 현실을 보여주기 위한 것만도 아니었다. 그와 동시에 제국 일본에게 타자(他者)로서의 조선의 이미지를 구체화하는 역할도 했던 것이다. 나이토 고난(內藤湖南, 1866~1934)이 "조선은 정체되었고 가난하며, 앞으로도 적어도 한 세기가량은 스스로 발전을 도모할 능력이 없다"고 주장한 것은 이 시기 일본의 많은 지식인들의 태도를 단적으로 보여주는 것이다.[67] 그와 반대로

66 李成市, 박경희 역, 「구로이타 가쓰미를 통해 본 식민지와 역사학: 『조선사』 편수와 고적조사를 중심으로」, pp. 221~224.

67 스테판 다나카, 정문길 · 최원식 · 백영서 · 전형준 역, 「근대 일본과 '동양'의 창안」, 『동아시아, 문제와 시각』, pp. 352~353. 이들 민간 연구자들의 생각은 식민통치를 입안한 관료들의 생각과 똑같았다고 한다.

일본은 동아시아를 부흥시켜야 하는 거대한 임무를 지닌 관리자라고 스스로 확고하게 믿고 있었다. 따라서 그들에게 '어린 한국'은 아직 너무 어려서 스스로를 다스릴 능력이 없고, 그 때문에 어린 한국을 대신하여 자신들이 관리해야 한다고 보았다.

베네딕트 앤더슨은 『상상의 공동체』에서 기념비적 문화유산(cultural monument)의 건설자와 식민지의 주민이 어떤 위계질서 안에 놓여 있다고 설파했다. 그는 심지어 양자가 서로 아무런 관계가 없는 다른 인종인 것처럼 간주되어 식민지 주민에게는 세속적 허무주의가 생겼다고 지적했다.[68] 위대한 선조의 업적과 극단적으로 대비되는 빈곤한 식민지의 현실은 석굴암의 경우에도 마찬가지로, 일제강점기 조선인에게 그와 유사한 기억과 이미지를 형성하고 주입했으리라는 점은 상상하기 어렵지 않다. 『조선고적도보』, 『조선미술대관』의 발간과 석굴암 수리공사 사진들이 공개된 것은 사진이라는 매체를 통한 문화유산 이미지의 재생산에 해당한다. 시각문화의 관점에서 본다면 이들 사진이나 엽서는 석굴암에 관해 특정한 이미지를 형성했고, 이 이미지는 석굴암에 가보지 않은 사람에게도 무의식적인 선입견으로 작용했을 것이다. 앤더슨은 특정한 유적의 복원 과정을 보여주는 사진들로 이뤄진 고고학적 기록과 식민지에서 재건된 유적의 삽화를 포함한 책들을 통해 식민국가의 상징이 박물관화된 채로 재생산된다고 보았다.[69] 앙코르 와트(Angkor Wat), 보로부두르(Borobudur) 등 우리가 알고 있는 위대한 인류의 문화유산들이 바로 식민지배기에

68 Benedict Anderson, 윤형숙 역, 『상상의 공동체: 민족주의의 기원과 전파에 대한 성찰』, pp. 228~237.

69 번역문에는 식민국가의 기장(regalia)이라고 했으나 필자가 이를 상징으로 바꾸었다. Benedict Anderson, 윤형숙 역, 위의 책 pp. 232~233. 한편 베네딕트가 윗글과 같은 경우의 예로 든 것은 네덜란드 학자 Kempers의 Ancient Indonesian Art라는 점이 흥미롭다.

재발견되고 재인식됐다는 점이 이를 뒷받침한다(도 2-13). 네덜란드를 통하여 보로부두르가 식민지 인도네시아의 대표적인 표상이자 정체성(Identity)으로 자리 잡은 것처럼 석굴암은 일본을 통해 식민지 조선을 대표하는 하나의 상징이 된 것이다.

[도 2-13] 네덜란드가 보수한 20세기 초의 보로부두르 전경.

동남아시아의 경우, 19세기 초까지만 해도 유럽의 제국주의자들은 식민지의 문화유산에 대해 그다지 관심을 두지 않았다. 하지만 식민 지배가 점차 정교해지면서 고고학과 박물관 등 문화재와 관련된 분야에서 정치색이 강해지기 시작한 것으로 확인된다. 이와 관련해 앤더슨이 식민지의 명성이 식민 본국의 명성과 밀접하게 연결되었다고 한 것은 시사하는 바가 크다.[70] 앤더슨의 주된 연구 대상은 동남아시아였으나 이를 일본과 조선의 관계에 비추어도 같은 방식으로 이해할 수 있다. 일본이

70 Benedict Anderson, 윤형숙 역, 『상상의 공동체: 민족주의의 기원과 전파에 대한 성찰』, pp. 229~232.

본받고자 했던 것이 유럽과 유럽의 식민지 행정이었다는 점에서 보면 더욱 그러하다. 실제 유럽의 식민 행정은 약간의 시차를 두고 조선에서 거의 그대로 시행되었다. 앤더슨에 따르면 식민지에서 고고학 연구는 강점된 식민지의 주민에 대한 일종의 교육 프로그램이었다. 식민지 개척 초기에 정복자와 같은 성격을 강하게 가졌던 서구 열강들이 점차 자기 나라에서 시행한 것과 유사하게 보이는 합리적인 정책을 식민지에 시행하려고 한 것은 1919년 이후, 일본이 조선에서 썼던 문화정책과 본질적으로 다르지 않다.

후발 제국주의 국가인 일본에서도 식민지를 강점하기 전후로 그 대상지를 조직적으로 조사하기 위한 연구기관을 설립했다. 설립에 앞장선 인물은 바로 시라토리 구라키치(白鳥庫吉, 1865~1942)였다. 시라토리가 식민지를 조사하기 위해 연구기관을 설립한 표면적인 목적은 '아시아에 대한 이해와 지식을 진작하기 위한 것'이라고 했지만, 우호적인 의미에서의 순수한 학문적 입장에 있는 것이 아니라 제국주의와 관련된 지식을 구하는 것이 주된 목적이었다.[71] 시라토리는 '동양'(東洋)과 '동양사'에 대한 연구를 장려하기 위한 학문조직체를 만들고자 했는데, 도리 류조와 함께 만든 아세아학회가 그 첫 번째 조직이었다. 그는 이후 동양협회(東洋協會)와 아세아학회를 합병하고 1911년부터는 『동양학보』(東洋學報)를 발간했다. 시라토리가 주축이 되어 일본이 중앙아시아와 중국·조선에서 계속한 각종 조사가 단지 '중국을 알기 위해서'였을 뿐만 아니라, 아시아에서 일본의 이익을 보호하고 방어하기 위한 것이었다는 점은 시사하는 바가 크다.[72] 와세다대학의 쓰다 소키치(津田左右吉, 1873~1961)는 일본에

71 스테판 다나카, 박영재·함동주 역, 『일본 동양학의 구조』, pp. 334~340.
72 스테판 다나카, 박영재·함동주 역, 위의 책, p. 333.

서 동양학 연구의 센터였던 동양문고(東洋文庫)가 "[동양에 대하여] 국가의 보호를 받는 대규모 연구기관을 설립해, 그 사업으로 문헌을 연구하고 탐험원이나 조사원을 파견하며, 연구자를 양성하고 도서 등의 물품을 수집해야 한다"고 주장했다. 그의 키워드를 나열하면 '동양 연구기관－조사원 파견－연구자 양성－국가의 보호'인 셈이다. 즉, 여기서는 관(官)－국가(國家)의 주도로 '동양'을 연구하는 기관을 만들고 조사원을 보내서 조사하고, 이를 연구하겠다는 확고한 의지가 보인다. 시라토리로부터 교육을 받거나 감화를 받은 학자들 가운데 하마다 고사쿠(濱田耕作), 하네다 도루(羽田亨), 이마니시 류 등은 이를테면 조선통이다. 그러므로 이들이 조선을 방문하거나 조선에 머물면서 남긴 조선사와 고고학 · 민속학 관련의 글들은 모두 시라토리의 이념이 반영된 것으로 보아야 한다. 시라토리의 제자들이 도쿄대학 · 교토대학 · 와세다대학 등 일본의 주요 대학의 전임이 되어 후속 인재를 양성했다. 이들의 교육과 연구 활동에 의해 시라토리의 정신적 · 문화적 유산이 어떤 형태로든 일본 학계에 계속 이어졌으리라는 점은 추측하기 어렵지 않다.[73]

일본의 문화정책에 의한 것이라고 볼 수만은 없지만, 대체로 1920년대 무렵부터 식민지 조선에서는 '조선 연구'가 필요하다는 인식이 보편화되면서 조선의 민족성, 조선 문화의 독자성을 논의하게 되는데 이 경향은 1930년대에 더욱 활발해졌다.[74] 먼저 문학 · 미술 등의 분야에서 조선의 정체성에 주목하고, 이를 확인하려는 노력이 이어졌다. 이 무렵 시작된 조선학의 태동은 명백히 조선의 정체성에 관한 탐구의 출발점이다. '제국'

73 스테판 다나카, 박영재 · 함동주 역, 『일본 동양학의 구조』, pp. 336~337.

74 「조선연구의 기운에 즈음하여: 조선학을 어떻게 규정할 것인가」, <東亞日報>(1934, 9. 11).

의 깃발 아래, 외부로부터 강압적으로 주어진 근대화의 혼돈 속에 던져진 식민지 조선의 지식인들은 자신의 정체성을 찾거나 새로이 확립하기 위한 다양한 노력을 기울였다. "우리라는 것이 무척 알고 싶었다"는 박종홍(朴鍾鴻, 1903~1976)의 고백은 이러한 맥락에서 해석할 수 있다. 박종홍은 "우리 민족이 독립하여야겠는데 그러기 위해서는 다른 민족과 어떤 점이 다른지 알아야 되겠다"고 생각해서 국사 공부에 일로매진했다고 쓰고 있다.[75] 미학과 미술사에 흥미를 가지고 있었던 그는 자신이 공부한 바를 바탕으로 1922년 4월부터 1923년 5월까지 12회에 걸쳐 『개벽』(開闢)에 「조선미술사미정고」(朝鮮美術史未定稿)라는 제목으로 연재한 바 있다. 그는 이 글에서 석굴암에 대한 자신의 단상을 간략하게 피력했다. 비록 짧은 글이지만 그의 이 글은 한국인이 쓴 가장 이른 시기의 석굴암 언급 중 하나이다. 그는 석굴암 앞의 암자에서 여름 한철을 보내며 석굴암의 면모를 자세히 관찰했다고 한다. 그러나 막상 석굴암을 설명해보려고 하자 오히려 엄두가 나지 않아 자신의 역량이 부족하다는 것을 느껴 연재를 중단했다고 회고했다. 이어서 자신의 미술사 공부가 한계에 다다랐음을 깨닫게 된 것이 바로 석굴암에 관한 글을 쓰려다가 좌절했기 때문이라고 했다.[76] 박종홍의 회상은 자신의 소회를 가볍게 토로한 것에 불과하지만, 조선인으로서 미술사에 대한, 그리고 석굴암에 대한 관심과 글로서는 거의 최초의 것이란 점에서 충분히 주목할 만하다. 고유섭(高裕燮, 1905~1944)의 본격적인 미술사 논고들이 대체로 1930년대에 이르러서야 본격적으로 발표되기 시작하고, 윤희순(尹喜淳, 1906~1947)의 『조선미술사 연구』가 1946년에 발간된 것을 떠올려본다면 미술사

75 朴鍾鴻, 「讀書回想: 내가 哲學을 하기까지」, 『현실과 구상』(박영사, 1963), pp. 269~271.
76 朴鍾鴻, 위의 논문, pp. 273~275.

에 대한 박종홍의 관심은 상당히 이른 것이었음이 분명해진다. 또 석굴암과 미술사를 바로 직결시켰다는 점도 흥미롭다고 하지 않을 수 없다.

여기서 우리는 박종홍이 왜 석굴암에서 더 이상 나아가지 못했는가 하는 점을 생각해볼 필요가 있다. 그가 자신의 글에서 이미 말했듯이 석굴암의 예술적 성취, 석굴암이 주는 감동에 비하여 미술사적 기초가 부족했던 자신의 학문 내적인 문제에서 비롯되었을 수도 있다. 그러나 과연 그것만이었을까? 박종홍이 석굴암을 관찰하면서 부딪친 문제는 순수하게 박종홍 개인의 문제에 불과한 것이었을까? 그에게 어떤 선입견이 있었던 것은 아닐까? 그가 석굴암에서 맞닥뜨린 좌절은 '왜 석굴암인가', '왜 석굴암이 조선의 대표적인 문화재로, 조선의 표상으로 자리하게 되었는가'와 직결된다. 그는 왜 국보 제1호 남대문도 아니고, 비색의 고려청자도 아닌 바로 석굴암에 대한 글을 쓰려다 실패하고 좌절한 것일까? 우리 미술의 5000년 역사에서 이뤄낸 무수한 업적들 가운데 하필이면 왜 석굴암이 신라의 대표이자 조선의 상징이 되었을까?

4) 조선 불교미술의 정수, 석굴암

근대에 이뤄진 석굴암의 재발견은 일본은 물론, 조선인들에게도 석굴암을 이전과는 전혀 다른 방식으로 인식하게 만들었다. 김대성이 산속 깊은 곳에 세운 예배의 공간이자, 마음 깊은 신도들의 기도처, 의지처였던 석굴암은 20세기에 들어와 조선을 상징하는 기념비가 되었다. 석굴암이 식민지 조선을 상징하는 대표적인 문화유산으로 대두된 배경으로는 크게 두 가지를 들 수 있다. 무엇보다 석굴암의 '재발견자'가 일본인이었고, 석굴암을 세인에게 각광받는 유적으로 부각시킨 것이 일본 제국주의였다는 점에 주목해야 한다. 뒤늦게 식민지 개척에 뛰어든 후발 제국주의 국가 일본이 선진 제국주의 국가들인 '서양'과의 관계에서 그들에게 내세울 '일본'을 고안하고 실체화했다는 주장은 잘 알려졌다.[77] 그런데 이때 일본은 탈아입구(脫亞入歐)를 내세우면서 한편으로 자신들이 아시아를 재생(再生)시킬 운명을 짊어졌다고 하며 서구와 대등한 동양을 만들고자 했다. 이에 서구의 기독교에 필적할 만한 아시아의 우수한 사상으로 불교에 주목했다. 특히 근대국가 '일본'을 형성하는 데 중요한 역할을 했던 오카쿠라 덴신(岡倉天心, 1862~1913)은 일본이 아시아의 진수(眞髓)인 고대 인도와 중국에서 전해진 불교·유교·예술을 소유하고 있으므로 일본은 '아시아 문명의 보고(寶庫)'가 되었다고 주장했다. 그의 주장은 불교와 역사·신화에 주목함으로써 서양과는 문화적 전통을 달리하는 '아시아'라는 지리적 범주를 일종의 공동체로 상상하게 만들었다.[78] 뒤에 다시 설명하겠지만 덴신의 태도는 특히 일본미술의 우월성을 강조함으로써 동양의 문명이 서양의 문명보다 우수하다는 주장을 하려는 데 목적이 있었다.[79] 덴신의 저작 중 가장 중요한 두 가지를 꼽는다면 단연 1901년에 간행된 『고본일본제국미술약사』(稿本日本帝國美術略史)와 1903년에 영어로 런던에서 출판한 *The Ideals of East*이다. *The Ideals of East*, 즉 『동양의 이상』(東洋の理想)에서 주창한 '아시아는 하나다'라는 명제는

77 李成市, 박경희 역, 「구로이타 가쓰미를 통해 본 식민지와 역사학: 『조선사』 편수와 고적조사를 중심으로」, pp. 6~9. 이성시는 일본이라는 개념이 그 자체로서 선험적으로 존재하는 것이 아니라 만들어진 것임을 일관되게 주장하고 있다.

78 스테판 다나카, 정문길·최원식·백영서·전형준 엮음, 「근대 일본과 '동양'의 창안」, p. 188. 오카쿠라 덴신이 불교에 특히 관심을 두었던 것과 그의 교육이 일본 근대 미술가에게 미친 직접적인 영향에 대해서는 김용철, 「히시다 슌소(菱田春草)의 <염화미소>에 대한 시론」, p. 252.

79 김용철, 「오카쿠라 덴신의 중국 여행과 중국미술 인식」, 『안휘준 교수 정년토임기념논총: 미술사의 정립과 확산』(사회평론, 2006), pp. 728~730. 오카쿠라가 만든 일본미술사의 틀과 기본 이념에 대해서는 기노시타 나가히로, 박미정 역, 「岡倉天心과 美術史」, 『미술사논단』 제9호(1999, 하반기), pp. 307~325.

대표적인 일본 제국주의 슬로건으로 알려졌다. 이들 책에서 그의 사상을 충분히 짐작할 수 있는데, 그는 일찍부터 서양의 기독교 문화에 견줄 만한 사상과 문화 · 역사를 지닌 보고로 불교를 주목하고, 불교미술에 대해 관심을 기울였다.[80] 덴신이 1912년에 중국을 여행하는 길에 조선에 들러 당시 조선 총독이었던 데라우치에게 미술의 중요성을 역설하고, 박물관과 고적조사의 필요성을 강조했던 것은 우연이 아니었다. 덴신은 1893년부터 네 차례에 걸쳐 중국을 여행했는데, 북경과 요동을 방문한 1912년의 마지막 여행 때 조선도 둘러본 것이다.[81]

앞의 회상록에서 박종홍은 야나기 무네요시가 쓴 석굴암에 대한 기술을 보고 탄복하게 되었다고 고백했다. 그는 우리 것을 연구할 바에야 남의 나라 사람보다 잘해야 하는데 야나기보다 못하게 된다면 아예 연구를 그만두는 편이 낫다는 생각을 했다고도 밝혔다.[82] 박종홍은 자신이 며칠간 암자에 머물면서 오래도록 석굴암을 관찰했지만 그에 대한 자신의 생각을 서술하는 데 한계를 느꼈다고 회고했다. 또한 야나기가 쓴 글을 읽고 자신이 생각했던 것보다 훨씬 더 석굴암에 대한 글을 잘 썼다고 느껴져 미술사를 그만두었고, 이를 다행으로 여겼다는 말도 덧붙였다. 야나기는 1916년 9월에 석굴암을 방문했는데, 이때는 1913년부터 1915년까지 3년에 걸쳐 총독부의 관리 · 감독 아래 석굴암이 대대적으로 보수된 직후였다.[83] 야나기는 그때 석굴암을 보고 느낀 감흥을 1919년에 글로 발표했다.

---

80 기독교와 불교를 대비하고, 기독교에 대한 불교의 우위를 일관되게 주장한 오카쿠라와 당시 일본 불교계의 주장에 대해서는 김용철, 「히시다 슌소(菱田春草)의 <염화미소>에 대한 시론」, pp. 252~254 참조.

81 김용철, 「오카쿠라 덴신의 중국 여행과 중국미술 인식」, p. 732.

82 朴鍾鴻, 「讀書回想: 내가 哲學을 하기까지」, p. 275.

83 조선총독부가 주관한 제1차 석굴암 수리공사 보고는 현재 여러 곳에 원문과 그에 근거를 둔 연구들이 공개되어 있으므로 자세한 언급은 피하고자 한다. 당시 수리 과정에 대해서는

이에 대해서는 다음 장에서 자세히 설명하겠지만 이 글에서 야나기는 석굴암을 '영원의 걸작'이라고 예찬하고, 석굴암처럼 "깊이와 신비를 보여주는 불교예술을 달리 알지 못한다"라고 썼다. 그리고 석굴암을 창조한 "작자의 종교적 경험에 대해서도 끝없는 경외의 정을 금할 수 없다"라고 감탄했다. 야나기는 자신의 글에서 계속 석굴암을 영원의 걸작이라고 칭찬하면서 경탄과 찬사를 아끼지 않았다. 아울러 당시 자신이 참고했던 몇 편의 글에 대해서도 간략하게 소개했다.[84] 박종홍의 회고록을 보면 그가 석굴암에 머물렀던 것이 먼저인지, 야나기 무네요시의 글을 본 것이 먼저인지는 명확하지 않다. 하지만 야나기의 연구가 석굴암에 관한 당대 사람들의 인식 변화에 중요한 역할을 했으리라는 점은 짐작하기 어렵지 않다.

일제가 조선을 대표할 만한 문화유산으로 석굴암에 주목하게 된 데는 조선에서 보기 드문 석굴사원이라는 점도 크게 작용했다. 암벽을 파고 만든 석굴이 아니고 인공 석굴사원이지만 석굴암의 가치는 일본 연구자들의 눈길을 끌기에 충분한 것이었다. 당시 석굴암에 관해 언급한 사람들이 인도의 석굴사원에서 석굴암의 원형을 찾으려고 시도를 한 것은 여러 문헌에서 확인되며, 이러한 경향은 오늘날 연구자들에게서도 나타난다.[85]

진홍섭, 「石窟庵 保存의 經緯」, 『考古美術』 제2권 제8호(1961), p. 142; 黃壽永, 『韓國의 佛像(下)』 참조.

84 『藝術』 1919年 6月號; 柳宗悅, 「石佛寺の彫刻のついて」, 『朝鮮とその藝術』 新裝 柳宗悅選集(東京: 春秋社, 1972)에 재수록.

85 석굴암에 관한 논고에서 인도 석굴과의 관련을 다룬 것은 쉽게 찾아볼 수 있지만 실제 답사를 통해 보다 구체적인 연관을 보여주려고 한 글로는 다음을 참조할 수 있다. 이주형, 「보드가야에서 쿠쿠테슈바라로: 석굴암과 인도의 類例」, 『한국과 인도의 문화 · 사상교류』 국제학술회의 발표문집(서울대학교 철학사상연구소 · 인문학연구원 문화유산연구소, 2006), pp. 118~130.

일본미술사의 큰 틀을 짜고, 일본에서 미술 관련 행정의 새로운 체제를 만들려했던 오카쿠라 덴신은 1903년경에 이르면 아시아를 하나의 통일체로 보려는 시도를 했다.[86] 그는 아시아 문화가 인도에서 중국을 거쳐 일본으로 왔다고 보고, 특히 덴지천황(天智天皇, 662~671)의 통치 시기에 초점을 두어 인도와 일본과의 관계를 부각시키려고 했다. 물론 덴신의 관점은 덴지시대를 중시했던 스승 페놀로사의 영향에 의한 것이다.[87] 당시 유럽문명의 모체로 간주되었던 그리스 · 로마 문명의 자장(磁場)에서 자유로울 수 없었던 덴신은 그리스 · 로마의 영향을 받은 인도문화가 중국을 거쳐 한국에서 일본으로 전해졌다는 전파론적 도식을 만들어내기에 이르렀다. 덴신이 남긴 <일본미술사편찬요강>(日本美術史編纂要綱)에 보면 덴지시대를 설명하는 부분에 갑자기 '인도의 고불상(古佛像)에 관한 고증' 항목이 튀어나온다.[88] 이는 그가 인도로부터 일본까지 전해진 문화가 마치 하나의 직선처럼 흘러서 전해졌다고 상정하고, 이를 매우 중요하게 부각시켰음을 의미한다. 이러한 문화 전파의 도식(圖式)은 근대에 오카쿠라 덴신에 의해 이뤄진 '학습'된 미술사이자 동아시아 문화를 보는 중요한 시각이며 관점이다.

미술사에서 인도와 일본을 보다 구체적으로 연결시킬 수 있었던 것은 불교와 불교미술이었다. 덴신은 자신의 강의와 저서에서 모두 호류지(法隆寺) 금당벽화와 쇼소인(正倉院) 유물에 인도의 영향이 있음을 강조했다.

86 기노시타 나가히로, 박미정 역, 「岡倉天心과 美術史」, p. 320.

87 덴신의 책보다 늦게 출간되었으나 페놀로사의 인식틀을 보여주는 책은 Epochs of Chinese and Japanese Art(New York: Dover Publications, Inc., 1912)이며, 이에 대한 비판으로는 최재석, 「E. F. Fenollosa의 동양미술론 비판: 古代 한일관계사를 중심으로」, 『미술사논단』 제16 · 17호(2003), pp. 331~352.

88 기노시타 나가히로, 박미정 역, 「岡倉天心과 美術史」, pp. 316~317.

인도미술에 대한 덴신의 관심이 얼마나 높았는지를 단적으로 보여주는 것이 그가 페놀로사와 함께 1886년에 유럽을 방문했을 때 수집한 3,705점에 이르는 사진 중에 바르후트 스투파를 포함한 고대 인도의 유적에 관한 사진이 다수 포함되어 있었다는 점이다.[89] 또 1901년에는 마침내 직접 인도를 여행하기까지 했다는 사실은 인도 고대 불교미술에 대한 그의 관심이 어느 정도로 높았는지를 말해준다. 특히 덴신은 인도의 불교미술 중에서도 아잔타(Ajanta)석굴로 대표되는 석굴사원과 벽화에 주목하고 이를 일본미술의 원류로 간주한 바 있다. 그의 이와 같은 시각은 야나기 무네요시는 물론 오노 겐묘(小野玄妙)를 비롯한 일본 초기 불교미술 연구자들에게 계승되었다.

『불교미술강화』(佛教美術講話)의 저자인 오노 겐묘는 통일신라의 미술이 일본보다 진보해 있었다고 하면서 신라 구법승(求法僧)이 인도에 가서 순례를 한 까닭에 일찍부터 신라가 계귀(鷄貴)라는 이름으로 인도에 알려져 있었다고 지적했다. 이 지적에 대해 오노가 구체적으로 주석을 달지 않았지만, 계귀라는 지명은 중국의 구법승 의정(義淨)이 쓴 『대당서역구법고승전』(大唐西域求法高僧傳)에 의거한 것이다.[90] 오노는 불교문화가 중국에서 전해지기는 했지만, 신라 구법승의 직접적인 왕래가 있었기 때문에 인도문화가 신라에 전해질 수 있었다고 주장했다. 오노는 인도에서 직접 전수한 불교미술이 조상(造像)의 측면에서 발휘된 것이 석굴암이라고 보고, 본존의 항마촉지인(降魔觸地印)과 두광(頭光)은 석굴암 본존의 조형이 인도에서 직접 전수된 증거라고 주장했다(도 2-14). 그는 특히

89 김용철, 「히시다 슌소(菱田春草)의 <염화미소>에 대한 시론」, pp. 240~241. 특히 알렉산더 커닝엄의 The Ancient Geography of India, Stupa of Bharhut를 비롯하여 Archaeological Survey of India 등이 이때 모은 자료에 들어 있었다고 한다.

90 T.2066, 51:128b.

항마촉지인에 주목하여 촉지인이 이 시기 인도에서 성행한 불상의 수인(手印)이기 때문에 석굴암 본존불은 인도에서 직접 전수됐다는 증거라고 생각했다.[91] 오늘날의 관점에서 보면 대단히 막연한 추정이고 연결이지만 오노의 주장의 근거가 무엇이었든, 오노와 비슷한 생각을 한 사람이 적지 않았으리라는 추측은 가능하다. 요컨대 그의 입장에서 본다면 일본 불교문화의 정체성과 기원을 설명하는 데 적합한 모델이 식민지 조선에서 발견된 셈이다. 오노에게 석굴암은 인도에서 중국을 거치든, 거치지 않든 조선에 전해진 불교문화의 핵심으로 여겨졌던 것이다.

[도 2-14] 불좌상, 포스트 굽타시대, 인도, 나라다박물관 소장.

91 小野玄妙, 『小野玄妙佛教芸術著作集』 第五巻: 健駄邏の佛教藝術 “極東”の三大藝術(東京: 開明書院, 1977) 재출간본: 『新東亞』 1934년 10 · 11월호(高裕燮, 「慶州의 新羅彫刻」, 『韓國美術文化史論叢』, 通文館, 1966, pp. 40~41에 재수록) 참조.

일제강점기 동안 동양 3대 예술의 하나로 간주되었던 석굴암에 관한 인식의 단초가 어디에서 온 것인가? 말할 필요도 없이 그 시작은 석굴암의 '근대적 재발견'에서 비롯되었다. 단연 근대적 재발견과 그로부터 시작된 특정한 인식틀이 외부로부터 주어지지 않았다면 이러한 위상에 오르는 일은 쉽지 않았을 것이다. 석굴암은 황수영 박사가 지적했듯이 처음 조성된 이래, 항상 토함산 산중에 있었던 유적이다.[92] 폐굴(廢窟)이 되었던 것도 아니고, 고분미술처럼 땅에서 발굴된 것도 아니며, 앙코르 와트처럼 밀림에 묻혀 있었던 것도 아니다. 문화재라든가, 문화유산 혹은 고적(古蹟)의 개념이 없었던 조선시대 동안 이렇다 할 주목을 받지 못했을 뿐이다. 문화유산으로서의 석굴암의 가치는 석굴암을 '재발견'한 일본인에 의해 형성되고 이론화되었다. 일제가 조선을 병탄하기 이전에 식민지 경영의 전초로서 조선 곳곳의 유적과 지리 · 물산을 조사했던 일본인에 의해 석굴암은 다시 발견되었고, 그들의 필요에 따라 석굴암에 관한 인식의 밑그림이 그려졌다. 일본인에 의한 재발견이라는 전제조건이야말로 석굴암에 대해 그들이 개념을 부여하고 성격을 규정하게 만든 원인이다. 그들의 석굴암 조사와 연이은 보수, 보존 및 관리 정책에 조선인은 전혀 개입할 여지가 없이 일사천리로 진행되었다. 비록 조선인이 석굴암을 방문하는 것은 가능했을지언정 석굴암에 관한 글을 남긴 것은 그로부터 10여 년이 지난 후에야 이뤄졌다. 1920년대가 되어서야 비로소 석굴암에 관한 단편적인 글이 식민지 조선인의 손으로 씌어졌고, 다양한 방식의 대중적 접근은 1930년대에 활발하게 나타났다. 일본이 근대적으로 재발견하기 이전에 조선인들이 석굴암을 알고 있었던 것은 분명하다. 그러나

92 黃壽永, 「石窟庵」, 『石窟庵』(예경산업사, 1989), p. 34.

몇몇 묵객을 제외하면 아무도 석굴암에 대해 아무 말도 하지 않았다. 조선의 선비들도 단지 '석굴에 올랐다', '장관이다'라는 정도의 간단한 언급을 남긴 정도에 불과하다. 역사 속에, 미술사 속에 석굴암을 위치 지은 것은 일본인이다. 석굴암에 관한 기본적인 인식은 일본인에 의해 형성되었고, 조선인은 이미 그들에 의해 형성된 '석굴암관'(石窟庵觀)을 교육받았던 것이다.

이동이 불가능한 경주의 석굴사원 석불사에 관해 형성된 미학적 개념과 미술사적 가치는 일본인에 의한 석굴암의 재발견과 떨어뜨려 생각할 수 없다. 어떤 의미로든 일제의 식민정책과 관련된 석굴암의 재발견은 조선인의 입장에서 본다면 조선문화의 성격에 대한 규정이 자생적으로, 스스로의 힘에 의해 이뤄진 것이 아니라 외부에서 주어진 것임을 의미한다. 이때 외부가 식민 본국, 즉 제국 일본이라는 사실은 석굴암을 바라보는 관점이 정치적인 시선에서 절대로 자유로울 수 없다는 것을 시사한다. 석굴암에 관해 당시 형성된 기본적인 인식은 일제강점기 전 기간에 걸쳐 지속적으로 확대 · 재생산되었고, 이후에도 문화재라는 개념 속에 스며들어 오늘날까지 이어진다는 점에서 충분히 현재적 의미를 지니고 있다.

제3장

석굴암, 나라의 정화(精華): 발견에서 복원으로, 복원에서 신화로

1. 석굴암과 조선 불교유적의 복원과 평가

조선을 병합한 이후, 일제는 한반도에서의 고적조사를 강화함과 동시에 이들 '고적'(古蹟)의 복원 · 보수 · 보존 조치에 박차를 가했다. 조선 고적에 대한 조사와 보존은 한일 병탄 이전부터 일제가 관심을 두었던 것이다. 왜 일제는 고적조사에 관심을 두었을까? 후지타 료사쿠(藤田亮策)는 조선 고적조사의 목적이 일제의 조선 통치에서 '문화적 시설'의 존재를 널리 홍보하기 위한 데 있다고 밝힌 바 있다.[1] 조선 고적조사가 식민지에 베푼 '제국의 시혜'를 홍보하기 위한 목적으로 시행되었다면 석굴암을 비롯한 많은 문화재의 보수 · 복원도 자신들의 치적을 광고하기 위한다는 게 가장 중요한 목적이 아니었을까? 단적인 예를 들어보자. 이완용이 한일 병탄에 세운 공을 치하하며 그 보답으로 일제가 내린 은사금이

1 藤田亮策, 「朝鮮に於ける古蹟の調査及び保存の沿革」, 『朝鮮』(1931), p. 93.

15만 원인데, 이를 현재 가치로 환산하면 30억에 이른다고 한다. 그런데 1913년부터 1915년까지의 1차 석굴암 보수에 들어간 비용이 22,726원이었으므로 이를 역시 같은 비율로 환산하면 현재 가치로는 4억 5천만 원이 넘는다는 계산이 나온다.[2] 인플레로 인해 화폐가치가 떨어진 오늘날의 물가보다 몇 십 배 높은 가치가 있을 것이다. 현재 가치로 환산하지 않더라도 아마 당시로서는 어마어마한 액수였음이 분명하다. 단순한 금액의 비교만으로도 큰 액수이지만 실질적인 화폐가치로 생각하면 엄청난 금액이었음이 확실하다. 일제가 그 정도의 비용을 들여 석굴암을 대대적으로 수리한 이유는 무엇이었을까? 아무런 이유도 없이 조선의 문화유산을 공들여 수리했을 리는 없다. 흔히 세간에 알려진 것처럼 단순히 식민사관에 맞게 조선의 역사를 왜곡하기 위해서라고 하기에는 너무나 큰 비용이다. 일제가 석굴암을 쇠락한 조선의 상징이라고 판단했다면 쇠락한 대로 그냥 두어도 이상하지 않다. 오히려 석굴암의 황폐한 상태가 이미 끝나버린 과거 조선의 영화로웠던 시대를 보여주기에 더 설득력이 있지 않았을까? 단지 왜곡을 하기 위해서라면 복원에 들어간 비용이 당시로서는 천문학적인 액수이다. 굳이 그만큼의 비용을 들여 대대적으로 수리하고, 홍보를 한 것은 그럴 만한 가치가 충분히 있었기 때문이라고 볼 수 있다. 석굴암 같은 대대적인 모뉴먼트의 수리는 무엇보다도 조선 병탄의 정당성과 일본의 성공적인 식민 통치를 과시하기에 적절한 선전 수단으로 간주되었기에 가능한 일이었다.

그런데 일제에 의해 이뤄진 조선 문화유산의 복원·수리공사가 얼마나 정확하게 조성 당시 원래의 모습을 재현하고 복구한 것인지는 알 길이

2 석굴암 수리에 들어간 비용은 다음을 참조했다. 黃壽永, 『黃壽永全集2: 한국의 불상(하)』, p. 305.

없다. 사진이라는 문명의 매체가 소개하기 시작한 근대 이전 문화재의 모습은 어떤 상태였는지 확인할 수가 없다. 또 일제가 복원 · 보존공사를 하면서 제대로 쓴 수리 보고서를 남긴 경우가 매우 드물기 때문에 복원 이전의 상황이나 복원공사에서 중점을 둔 지침, 일제가 세운 문화유산 보존의 기본 방향 등을 알기도 어렵다. 여기서는 고적조사와 동시에 찍은 사진들과 복원 · 수리 이후의 사진들을 비교함으로써 부분적으로 확인이 가능할 뿐이다.

조선시대까지 남아 있었던 상태와 일제에 의해 복원된 이후의 모습을 비교하는 일은 충분히 의미 있는 작업이다. 이는 무엇보다도 처음 불교미술이 조성되었을 당시의 원형이 오늘날 우리가 알고 있는 것과 달랐을 가능성이 있기 때문에 이를 검토함으로써 일제가 얼마나 정확하게 복원했는지, 혹은 자신들 생각대로 했는지를 확인할 수 있다. 즉, 일본에 의해 석굴암을 포함한 조선의 문화유산들이 자의적으로 수리되었을 가능성을 타진할 수 있다. 그런데 이러한 점검의 과정이 생략된 채, 일제가 수리한 이후 상태로 현재 우리 눈에 보이는 현상에 근거하여 한국 불교미술이 연구되었고, 이것이 현재까지 지속되어 한국조각사의 기초가 되고 있다는 점에 유의해야 한다. 이는 한국 불교미술 연구가 현 상황이 창건 당시의 상태라는 것을 전제로 이뤄지고 있으나 사실은 일본인들이 조사 · 수집 · 복원한 자료를 기초로 했다는 것을 확인시켜준다. 소위 정전(正典)으로 번역되는 캐논(canon)이 일차적으로 이 시기에 성립된 것은 이들 '미술의 발견'과 그 중요성에 대한 설명이 강연과 출판을 통해 반복되었기에 가능했던 일이다. 문학에서와 마찬가지로 미술사에서의 정전은 그 실제 가치나 한국미술사에서의 위치와 관계없이 매 시기 한국미술사에서 기준작 역할을 한다. 한국미술사 연구가 심도 깊게 진행되고 해방 이후의 연이은 조사 과정에서 정전의 선택과 보충이 계속 이어졌지만 일차적인 정전의 기본 틀은 일제강점기에 형성되었다. 그러므로 한국 불교미술에서 중심이 되어온 기준작이 일제강점 이전과 강점 초기인 1900~1920년대에 새로이 출판의 형식을 통해 어떻게 대중화가 되고, 어떻게 정전의 역할을 하게 되었는가를 알 수 있을 것이다. 이는 우리 미술사에서 무엇보다 중요한 정전인 석굴암의 전후(前後), 즉 역사상의 특정 시점에 위치지어진 불교미술의 원 모습을 파악하는 데 도움을 줄 것이다. 다시 말해서 전파론에 입각한 석굴암의 미술사적 위치가 어떤 기반 위에 놓인 것인지를 확인하는 데 일조하리라고 생각한다.

[도 3-1] 수리를 위해 폐쇄된 석굴암, 1913년경.

현재까지 문건으로 확인되는 일제강점기 가장 이른 시기의 유적 복원은 1913년에 이뤄진 석굴암과 수원 팔달문의 수리공사이다(도 3-1). 총독부 내무부 토목국(土木局) 영선과(營繕科)에서 집행된 이때의 수리를 시작으로 조선 각지의 고적에 대한 복원공사가 진행되었다. 그 중에서도 중심이 되었던 대상은 경주 일대의 신라 · 통일신라 유적이었고 특히 불교미술에 집중되었다. 조선의 문화재 · 유적 중에 일제가 관심을 두었던 것은 고분과 고건축 등이었지만, 그 중 상당수는 발굴 대상이었고, 복원 대상이 아니었다. 그러므로 사찰과 불교미술의 복원은 메이지시대 이래, 일본이 추구하던 '동양 정신의 근본으로서의 불교'라는 이념에 부합되는 것이었다.[3]

수차례에 걸친 조선 고적조사 이후, 도괴되거나 부분적으로 파손되었던 불상과 탑을 비롯한 석조물이 일제에 의해 복원되었다. 여러 해에 걸쳐 대대적으로 고적조사를 했던 것에 비하면 복원은 전국적으로 이뤄지지 않은 듯하다. 이는 아마도 모든 고적을 복원할 필요가 없었기 때문이기도 하고, 일제가 중시했던 조선의 문화재가 주로 조선시대 이전의 것이었기 때문이기도 할 것이다. 고구려 미술을 제외하면 고려시대까지의 문화유산은 개성 이남에 집중되어 있고, 이들은 파손된 경우도 많았기에 보수해야 할 필요성도 높았거니와 그만큼 대외적인 선전 효과도 모두 높았다. 특히 경주 일대의 불교유적에 보수가 집중된 경우가 많았으므로 여기서는 경주의 복원예들을 중심으로 일부 살펴보겠다.

3 일본이 서양의 기독교에 대응하는 동양의 정신으로 불교를 중시했던 것은 새삼 재론할 필요도 없이 잘 알려진 것이다. 미술에서도 같은 경향이 잘 드러난다. 이에 대해서는 姜熺靜, 「일본미술사 성립기의 인도미술 인식」, 『人文論叢』 60(2008) 참조.

[도 3-2] 배리 삼존불, 7세기, 경주.

경주 배리 삼존불은 불상과 보살상이 각각 쓰러져서 이리저리 흩어져 있던 것을 현재와 같은 모습으로 다시 옮겨 세운 것이다(도 3-2). 일제강점기에 실시된 고적조사에서 언제 배리 삼존불을 처음 알고 조사했는지는 확인되지 않는다. 초기의 각종 조사보고서에는 나오지 않는 것으로 미루어 보존 상태가 워낙 열악했기 때문에 고의로 누락시켰을 가능성도 있다. 이 시기 간행물에서 배리 삼존불이 확인되는 것은 당시 울산공립학교 교사였던 나카무라 료헤이(中村亮平)가 1929년에 펴낸 『조선경주지미술』(朝鮮慶州之美術)에서이다.[4] 여기서는 오늘날과 비슷한 상태의 사진이 실려 있으나 조선총독부에서 펴낸 『경주 남산의 불적』(慶州南山の佛蹟)에 실린 도면에는 삼존불이 모두 도괴되어 여기저기 흩어져 있는 것이 보인다(도 3-3). 도면에는 보살상의 신체 하단부와 연화좌 일부도 깨어진

4 中村亮平, 『朝鮮慶州之美術』(京都 · 東京: 藝術堂, 1929), 도 71.

상태 그대로 그려졌다. 언제부터 이 도면과 같은 상태로 파손되어 있었는지는 알 수 없으나 1923년 당시 경주고적보존회(慶州古蹟保存會)의 핵심 인물이었던 모로가 히데오(諸鹿央雄)가 사이토 총독에게 경주 삼체석불(三體石佛)을 복원하기 위한 예산을 마련해달라고 부탁했다는 것으로 미루어볼 때, 아마도 1920년 전후에 배리 삼존불에 주목하고, 1923년에서 1929년 사이에 이를 현재처럼 복원한 것으로 볼 수 있다.[5] 복원이 얼마나 정확했는지는 알 수 없다. 특히 본존불의 위치와 좌 · 우 협시보살의 위치는 처음 삼존불이 조성됐던 당시의 모습이 확인되지 않는 상황에서는 복원을 주도한 인물들이 알아서 지정했을 가능성이 높다.

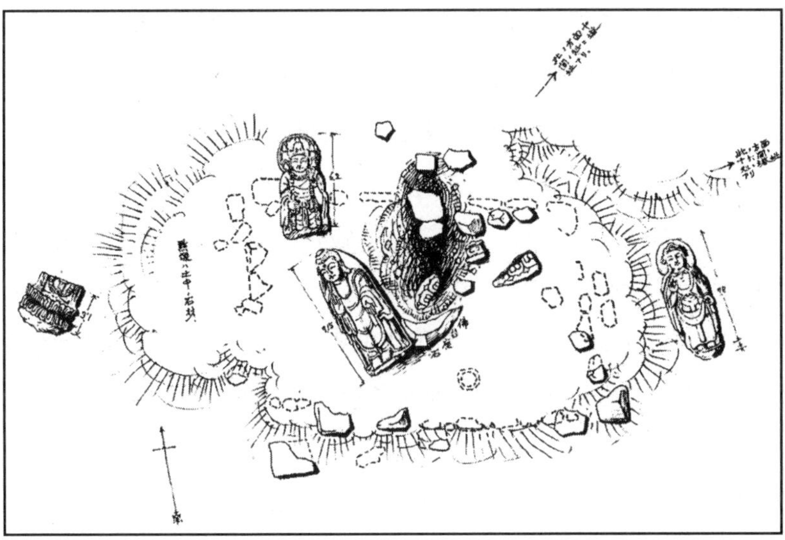

[도 3-3] 배리 삼존불이 도괴되어 있는 상태의 평면도.

5 최남주 선생 탄생 100주년 기념사업회, 『石堂 崔南柱 先生』 석당 최남주 선생 100주년 기념자료집(2005). 정인성, 「일제강점기 '慶州古蹟保存會'와 모로가 히데오(諸鹿央雄)」, 『大邱史學』 제95집(2008), pp. 17~18에서 재인용.

역시 같은 책에 실린 경주 남산 삼화령 삼존불의 경우도 마찬가지이다. 삼화령 삼존불의 협시보살 2구는 이미 일찍부터 경주시의 개인집으로 옮겨져 있었기 때문에 이들이 원래 어떤 형태의 삼존이었는지는 알 수 없다(도 3-4). 두 보살상이 아주 약간씩 신체를 틀어 원시적인 삼곡자세를 보여주고 있어서 어느 쪽으로 허리를 구부렸는지에 따라 좌우를 정했다고 생각되지만 이때 본존불은 여전히 남산 삼화령에 있었으므로 현재 박물관에 전시된 상태로 처음부터 모셔졌다고 단정하기 어려운 것은 마찬가지이다. 그런데 1929년의 사진에 본존불의 코가 완전하게 남아 있어서 지금보다 훨씬 온화하고 부드럽게 보인다(도 3-5). 이처럼 부분적으로 파손된 곳을 살짝 수리한 예는 경주 남산 칠불암에서도 볼 수 있다. 1917년에 발간된 『조선고적도보』 제5권에 있는 칠불암 본존불과 1940년에 나온 『경주 남산의 불적』(慶州南山の佛蹟)에 실린 사진을 비교하면 두 사진 속 본존불의 상호가 다르게 보인다는 것을 알 수 있다. 1917년의 사진에는 코 부분이 깨져서 거의 평평하게 보이지만 1940년의 사진에는 하얀색으로 코를 덧붙여 뾰족하게 보수한 것이 보인다. 본존불의 왼편 가슴 아래 움푹 파인 부분과 팔 상단 일부, 협시보살의 코언저리와 안면 하단부, 보관 정면 중앙부에 이르기까지 하얗게 보이는 부분은 모두 보수된 것으로 보아야 한다. 이 점은 석굴암 주실 뒷벽에 부조된 십일면관음상의 머리 위에 있는 작은 얼굴들을 연상시킨다. 아마도 칠불암 본존불과 석굴암 십일면관음상은 비슷한 시기에 비슷한 방법으로 보수되었으리라고 추정할 수 있다.

[도 3-4] 개인집으로 옮겨진 상태의 삼화령 협시보살.

[도 3-5] 일제강점기 조사 당시의 삼화령 본존불.

석굴암을 제외하고 노역이 많이 들어간 대규모 복원공사의 예로는 아무래도 굴불사지 사면석불을 첫 손에 꼽을 만하다. 세키노는 앞서 서술한 대로 1902년에 자신이 조사했던 내용에 대해 1904년에 『한국건축조사』라는 제목으로 보고서를 제출했다. 여기에는 굴불사지 사면석불 대부분이 거의 흙에 파묻혀 있는 사진이 실려 있다(도 3-6).[6] 최초기의

[도 3-6] 굴불사지 사면석불이 묻혀 있는 모습.

조선 고적조사부터 빠지지 않고 나온 것이 백률사인데, 『한국건축조사』에서는 이 굴불사지 사면석불을 '백률사 석불'이라는 이름으로 올려놓았고, 1909년에 간행된 『동양협회조사부학술보고』(東洋協會調査部學術報

6 『韓國建築調査報告』 東京帝国大学工科大学学術報告6 (東京: 東京帝国大学工科大学, 1904), 도 37 참조.

告)에서야 비로소 '굴불사 석각불상'이라는 명칭을 썼다.[7] 그러므로 굴불사지 석불이라는 이름은 1909년에야 공식적으로 나온 것이 확인된다. 나지막한 언덕 위에 위치한 백률사의 계곡 아래쪽에 위치한 굴불사지는 지형적으로 산에서 흘러내려온 토사가 쌓이기 쉬운 자리이다.[8] 그러므로 『삼국유사』에 의해 적어도 경덕왕대 세워진 것으로 알려진 굴불사가 그 이후 얼마나 오랜 기간 존속했는지 알 수 없으나 상당히 이른 시기부터 사면불이 흙에 파묻혀 있었을 가능성이 높다.[9] 현재 굴불사지 사면불의

[도 3-7] 정면 일부만 복원된 굴불사지 사면석불.

7 關野貞, 「韓國慶州における新羅時代の遺蹟」, 『東洋協會調査部學術報告』(東洋協會, 1909), 도 43.

8 朴洪國, 「掘佛寺址 四面石佛의 造成時期」, 『新羅學研究』 5(2001).

9 굴불사 사면석불에 대해서는 金理那, 「掘佛寺址 四面石佛에 대하여」, 『韓國古代佛教彫刻史研究』(一潮閣, 1989), pp. 239~268.

위치로 보면 『삼국유사』에 실린 경덕왕대의 기사가 역사적 사실을 전달한다고 보아도 무방하리라고 생각한다. 지금 복원된 상태로도 백률사 쪽에서 내려오는 계곡의 물길을 돌려놓은 것이 육안으로 확인된다. 1910년에 간행된 『조선미술대관』에는 사면불 주위의 흙이 어느 정도 제거되어 정면[서면]의 불상 신체가 일부 드러난 사진이 실렸다(도 3-7). 이 두 사진을 보면 본존불의 두부와 좌협시보살의 보관은 파손되어 있고, 우협시보살은 존재 유무조차 전혀 확인되지 않는다. 그런데 1917년에 『조선고적도보』(朝鮮古蹟圖譜)에 실린 사진에는 상체가 파괴된 우협시보살이 오늘날과 비슷한 위치에 세워진 것이 확인된다(도 3-8). 아마도 1910년에서 1917년 사이 어느 때에 굴불사지 사면석불이 현재와 같은 모습으로 복원된 것을 알 수 있다. 이 사진으로 보면 우협시보살상이 훨씬 옅은 색을 띠고 있어서 오래도록 땅에 파묻혀 있던 파편을 수습해 복원한

[도 3-8] 우협시보살까지 복원된 굴불사지 사면석불.

것으로 짐작이 된다. 하지만 원래 굴불사 사면석불의 모습을 얼마나 제대로 복원한 것인지는 알 수 없다. 심지어 『조선고적도보』에 실린 사진으로 보면 서면의 삼존불 뒤로 흙이 더 이상 흘러내리지 않도록 돌로 바짝 축대를 쌓은 모습이기 때문에 서면의 아미타삼존불을 제외한 다른 3면의 조각이 어떤 상태였는지도 알 수 없다. 이 상태로는 복원 당시에 사면석불로 인식하고 이를 감안하여 복원했다고 생각할 수 없다.

부분적인 보수를 거친 불상들은 그나마 원래 모습에서 크게 변질되지 않은 것이 분명하다. 1898년에 조선에 와서 1915년부터 경주에 체류하면서 경주고적보존회 촉탁으로 일했던 오사카 긴타로(大坂金太郎)가 1931년에 펴낸 『취미의 경주』(趣味の慶州)라는 책에 실린 사진을 보면 미륵곡 석불좌상도 온전치 못했음을 알 수 있다(도 3-9).[10] 현재 보리사에 안치된 이 불상은 사진 뒤편에 보이는 산등성이로 미루어 오사카가 이 사진을 찍었을 때까지는 남산 미륵곡에 있었던 것을 알 수 있고, 이곳이 원래의 위치였을 것으로 보인다. 그런데 조선고적연구회(朝鮮古蹟研究會)에서 펴낸 1938년도 보고서에는 석불좌상이 평지로 옮겨진 사진이 실려 있어서 그 사이에 현재 위치로 이전되었음을 알 수 있다. 이 사진대로라면 광배 왼편 일부분을 제외하면 대부분이 파손되어 있었고, 하대 복련석도 심하게 파괴되었던 것을 1938년 이후 어느 때에 보수하여 오늘날과 같은 형태로 만들었던 것으로 보인다.[11] 이처럼 부분적으로 파손되었던 것을 손질하거나 덧붙여 깨지거나 결실되었던 부분을 외형상 잘 드러나지 않게 만들었던 것은 비교적 논란의 여지가 적다고 할 수 있다.

10 大坂金太郎, 『趣味の慶州』(慶州: 慶州古蹟保存會, 1931) 참조.

11 대좌는 해방 이후 보수된 것으로 생각된다.

[도 3-9] 남산에 있었을 때의 미륵곡 석불좌상.

그밖에 여러 점의 석재로 분리되어 완전히 무너져 있었던 불상들은 주변에 흩어져 있던 석재를 수습하여 수리 · 복원했을 것으로 추정된다. 하지만 보수 과정의 실상이 명확하게 기록되거나 드러나지 않았으므로 올바른 복원이었는지 여전히 의문이 남는다. 특히 불상은 목 윗부분이 잘리고, 광배가 떨어져 있는 경우가 많았고, 대좌의 파손이 심한 예가 대부분이었다. 일제강점기에 주력했던 석불 복원의 초점은 인근에 쓰러져 있던 파편들을 수습하여 깨진 자리를 맞추고, 예측 가능한 적절한 자리에 다시 올려 세우는 데 있었다. 그 중에는 석재들의 아귀가 잘 맞아서 그럴듯하게 복원된 경우도 있고, 잘 안 맞거나 완전히 결실된 부분이 있으면 새로 만들어 붙이거나 다듬어 복원하는 경우도 있었다. 경주 남산 용장계 석조여래좌상과 삼릉계 석조여래좌상도 이러한 복원의 과정을 거쳤다. 무너져 있던 용장계 석조여래좌상의 파편을 수습해서 다시 세운 사진이 『경주 남산의 불적』에 실려 있다(도 3-10). 용장계 불상의 대좌와 불상, 광배의 규모와 각각의 비례를 보면 불합리하게 보여 석연치 않은 점이 있다. 우리는 항상 복원된 상태의 모습을 봤기 때문에 현재의 상태가 원래의 것과 동일하다고 생각할 수도 있으나 대좌에 비하여 광배가 크고, 결가부좌한 불상의 다리 폭이 상대 앙련석(仰蓮石) 크기와 거의 같은 점은 이 시기의 복원이 정확했는지 의문을 품게 한다. 최근에 얼굴 하단부를 복원한 삼릉계 석조여래좌상의 경우도 이와 비슷하다. 1917년에 출간된 『조선고적도보』 제5권에 실린 사진과 『경주 남산의 불적』에 있는 사진을 보면 1917~1940년 사이에 이를 복원한 것으로 생각된다(도 3-11). 근래 깨진 얼굴 하단부와 광배 윗부분까지 복원 · 수리한 모습은 실상 일제가 1940년 이전에 복원했던 것에 기초를 두고 한 일이다. 현재의 모습이 제대로 원형에 가깝게 보수된 것인지는 일제의 보수가 적절했는가에 달려 있다.

[도 3-10] 용장계 석불좌상의 수리 이전 모습.

[도 3-11] 삼릉계 석불좌상의 1차 복원 이후 모습.

일제에 의한 복원을 잘 보여주는 대표적인 다른 예로 분황사와 불국사를 들 수 있다. 분황사 모전석탑과 불국사, 백률사는 1904년의 보고서에서부터 빠지지 않고 등장하는 경주의 중요 '고적'으로 세키노를 비롯한 일제 관학자들이 상당히 중요하게 여겼던 조선의 문화재이다. 1904년의 보고서에는 기단부가 거의 허물어지고, 옥개(屋蓋) 부분에는 잡초만 무성한 채, 흙으로 덮여 있는 분황사 모전석탑(模塼石塔) 사진이 실려 있다(도 3-12).[12] 1916년의 『조선고적도보』 제3권에도 이와 비슷하게 수리 이전 거의 붕괴될 것 같은 상태의 모전석탑 사진과 말끔하게 보수 · 정비된

[도 3-12] 복원 이전의 분황사 모전석탑.

12 1904년 당시 보고서에는 분황사 구층탑으로 명기되어 있는데 사진으로도 3층이라는 것이 확인되기 때문에 왜 9층이라고 썼는지는 알 수 없다. 『韓國建築調査報告』(東京: 東京帝國大學 工科大學, 1904).

이후의 사진이 같이 실려 있다(도 3-13). 이것은 석굴암의 경우와 마찬가지로 일제에 의해 보수된 사진과 그 이전의 황량한 사진을 함께 게재함으로써 '문명의 수호자'로서의 일본 제국주의를 홍보하고 과시하려는 의도를 분명하게 드러낸다. 황폐하기 그지없는 수리 이전 사진에는 현재 기단부 모서리에 안치되어 있는 사자상이 탑에서 한참 떨어진 곳에 아무렇게나 쓰러져 뒹굴고 있는 것이 눈에 띈다. 그러므로 오늘날과 같이 사자상을 기단부 위에 올려둔 것은 일제의 복원공사에 의한 것이며, 엄밀히 말하면 원래부터 그 자리에 있었는지 알 수 없는 일이다. 사자의 위치는 물론이고, 1904년의 사진으로 미루어 기단부 역시 오늘날 보는 것과 같은 방식의 널찍한 단층 축대형이었는지도 알 수 없는 일이다. 오늘날 우리는 분황사 모전석탑의 현재 상태를 신라 때 원형 그대로라고 착각하고 있다. 일제의

[도 3-13] 복원된 분황사 모전석탑.

보수를 통해 분황사 모전석탑에서 붕괴의 위험이 사라진 것은 분명하다. 그러나 이를 원형 그대로 정확하게 복원했다고 판단하는 것은 또 다른 문제이며, 이를 확인하는 일은 매우 어렵다.

분황사의 경우는 탑만 겨우 남아 있는 정도에 불과했기 때문에 크게 문제가 되지 않을 수 있다. 쇠락하기는 했어도 여전히 경주의 중요한 사찰로 명맥을 유지했던 불국사의 경우는 훨씬 큰 보수 공사가 이뤄졌다. 이때의 수리공사가 한국전쟁 이후 불국사 가람 복원에 영향을 주었을 것이므로 당시의 복원에 대해서도 면밀한 검토가 필요하다. 동양협회(東洋協會)에서 불국사를 조사하고 낸 1909년의 보고서에 실린 당시 사진과 평면도를 보면 오늘날과 같은 범영루·좌경루는 보이지 않는다(도 3-14).

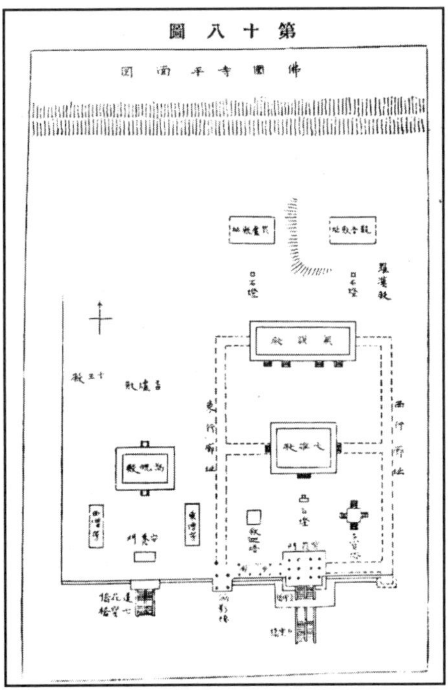

[도 3-14] 1909년 조사 당시 불국사 평면도.

또한 회랑은 대웅전과 무설전에만 둘러쳐져 있었고, 극락전을 포함하는 전각에는 회랑이 없었다. 또 오늘날의 극락전 위치에는 극락전 대신 위축전(爲祝殿)이라고 쓰여 있으며, 그 앞 좌우에 승방이 있었고, 안양문은 현재의 위치보다 좀 더 안쪽에 있었다. 오늘날의 법화전지(法華殿址)로 알려진 곳에는 향로전(香爐殿)과 시왕전(十王殿)이 있었다. 현재 좌경루(左經樓)가 있는 곳에는 아무런 건축물의 흔적이 보이지 않는다. 물론 이 무렵의 불국사도 김대성이 창건했던 8세기 중엽의 가람 배치를 계속 유지해온 것인지 확인할 길은 없고, 이 도면이 정확한 것인지도 알 수 없다. 다만 오늘날 복원된 불국사의 모습과는 사뭇 달랐던 것만은 분명하다. 불국사에서 이뤄진 사역 정비와 보수 가운데 그 차이가 눈에 띄는 것은 사리탑이다. 불국사 사리탑이 처음 사진으로 나온 것은 세키노 다다시가 1904년에 낸 『한국건축조사보고』(韓國建築調査報告)이다(도 3-15). 이때의 사진에는 옥개석과 상륜부가 보이지 않는데, 「한국 경주에 있어서 신라시대의 유적」(韓國慶州における新羅時代の遺蹟)(『동양협회조사부학술보고』[東洋協會調査部學術報告])에는 옥개석이 올려져 있는 사진이 보인다. 사리탑 위치에서 멀지 않은 곳에서 옥개석이 수습된 까닭이다. 사리탑이 크게 변모됐다고 생각되지는 않으나 사역 정비와 보수가 김대성 창건 당시의 가람을 보존하고 있었다고 보기도 어렵다. 불국사가 원래부터 현재와 같은 가람배치였는지 확인할 길은 없다. 일반적인 사찰의 특성상, 여러 번의 중수를 거친 것이 분명하다. 그 가운데 어느 쪽이 당시의 원형을 보여주는 것일까? 최소한 현재의 가람 구성과 달랐으리라는 점은 미루어 짐작하기 어렵지 않다.

이상에서 언급한 불상들과 탑·사원은 모두 한국미술사에서 빼놓을 수 없는 기준작 역할을 하는 예들이다. 이미 20세기 초부터 이들 불교미술이 중시되었고, 그와 관련된 인식은 오늘날까지 지속되고 있다. 그런 의미에서 이들은 앞에서 거론한 정전(正典)인 셈이다. 우리가 알고 있는 한국미술사상의 걸작들은 일제에 의해 '복원'이라는 과정을 거쳐 한 번 변형된

[도 3-15] 불국사 사리탑. 1904년경.

것임에도 불구하고, 이것이 천여 년의 세월을 넘어 원형 그대로 간직된 것이라는 착시를 하고 있다. 이처럼 일제강점기에 이뤄진 조사와 발굴·복원을 통해 규정된 '문화유산'은 한국미술사의 기초 자료가 되었다. 당시 일본에서 중점을 두었던 조사 대상이 불교미술이기도 했지만 공예작품이나 회화와는 달리 이동이 용이하지 않고, 대부분 자연적으로 풍화되고 마손되는 불교미술은 일제강점기 동안 집중적인 복원·수리를 거쳐 오늘날과 같은 관람의 대상이 되었다. 이때의 복원과 수리가 얼마나 정확하게 이뤄진 것인지도 알 수 없고 그와 관련된 기록도 거의 없는 상황이지만 한국미술사에서는 현재 우리가 보고 있는 불교미술이 처음 조성되었을 때 봉안되거나 건립되었던 방식을 그대로 고수하고 있다는 생각을 전제로 모든 논의를 진행해왔다. 사원의 가람 배치는 물론이거니와 석탑의 각종 부재들, 좌·우협시보살의 장식과 지물, 위치, 그에 근거를 둔 본존불의 존명 판단은 고대조각사 연구에 필수적인 것으로 간주되었다. 불교미술 연구에서 기본이라고 여겨지는 도상과 양식의 판별을 일제의 보수를 거쳐 오늘날 볼 수 있는 형태 그대로 연구한다면 이것이 과연 적절한 이해의 기반이 될 수 있을까?

이들은 모두 일제가 구성한 '한국미술사'에서 가장 중시된 통일신라의 미술들이다. 일본은 조선의 역사와 미술사에서 통일신라를 가장 정점에 이른 시기였다고 주장하고, 이를 주축으로 모든 복원과 수리를 했다. 석굴암 조영과 가까운 시기에 조성되거나 축조된 사원·석조물은 조선의 빛나는 영화를 보여주는 유적으로 간주되었다. 기존의 불교미술 연구는 근 100년간 다양하고 풍부하게 진행되어왔으나 불교미술사 연구의 전제가 되는 패러다임 및 일제의 복원에 관한 문제는 한 번도 제대로 검토되지 않았다. 기존의 한국미술사 연구는 우현 고유섭에서 미술사가 시작된 것으로 간주했고 그 이전에 있었던 일본인들의 조사와 연구는 전혀 고려 대상으로 삼지 않았다. 조선 고적조사의 동인(動因)이 기본적으로 어디에 있었던지 간에 일제에 의해 조사된 일차 자료들은 『조선고적도보』, 『이왕가박물관사진첩』(李王家博物館寫眞帖) 등의 도록과 『조선미술사』의 수록 대상이 되었다. 근대사나 문화사, 고고학에서는 이들을 대상으로 한 연구들이 있었지만 미술사에서는, 특히 복원과 수리의 측면에서 이들을 의미 있게 다루지 않았다. 1915년부터 1935년까지 간행된 『조선고적도보』와 『조선미술대관』, 『이왕가박물관사진첩』 등은 복원되고 수리된 조선의 미술을 수록한 최초기의 도록이면서 사적(史的) 흐름을 전제로 편찬된 미술사적 간행물이며, 사진이라는 근대 기술의 결정체(結晶體)였다는 점에서 주목되어야 한다. 일제는 일제강점기에 복원된 유적의 보수 이전과 보수 이후 사진을 같이 실어 대조하게 함으로써 일본이 조선인을 대신하여 얼마나 조선의 과거 영화를 훌륭하게 재현하려고 했는지를 과시했다. 이 시기에 간행된 다양한 조선 고적과 유물 관련 책들은 일제의 관심사를 그대로 보여주는 것이면서 그들이 제시한 틀과 인식을 조선인들에게 교육하는 효과가 있었다. 조선인들은 일본인들이 알려주는 대로 '미술'로, '문화유산'으로, '고적'으로 인식하면서 새로운 눈을 뜨게 됐고, 보존하고 복원 · 보호해야 하는 대상으로 이들을 '과거화'하게 된다. 이로써 일반 조선인들에게 조선의 문화유산은 '취미'와 '교양'의 대상이 되었고, 국학 연구자들에게는 일제의 인식틀대로 연구해야 하는 과제가 되었다. 석굴암을 포함하여 일제의 복원과 수리는 고적의 "기술적(技術的) 근대화(近代化)" 과정이었으며, 이러한 유물 · 유적의 물리적(物理的) 근대화는 박물관으로 옮겨져 관람되거나 관광의 대상으로 탈바꿈되는 탈맥락화(decontextualize)로 이어졌다. 일제의 수리와 복원은 자신들의 방식대로 이뤄졌으며 그 복원 과정에 조선인이 끼어들 여지는 없었다(도 3-16). 그리고 복원에 아무런 의문을 품지 않았으며 그 패러다임 그대로 수용했

다. 그들은 '만들었고', 조선인은 '관람했다.'

[도 3-16] 복원을 위해 폐쇄된 석굴암.

2. 세키노의 조선미술사와 석굴암, 그리고 오리엔탈리즘

조선총독부는 1915년에 『조선고적도보』(이하 『고적도보』로 약칭함) 첫 권을 출간한 이래, 1935년까지 조선의 미술을 15권으로 정리하여 간행했다(도 3-17). 『고적도보』는 간단히 말하면 한국 문화재 도록이다. 책은 그들이 그간 조사한 우리 유적과 유물의 크고 작은 사진들을 배치하고 각 유적의 명칭 · 소재지 · 소장자 · 제작기법 등을 간략하게 기재한 형식으로 만들어졌다. 『고적도보』의 출간을 관리하고 감독한 것은 세키노 다다시였으며 그는 이를 출간한 공로를 인정받아 1917년에 프랑스에서 저명한 학술상인 스타니슬라스 줄리앙(Stanislas Julien)상을 받았다. 『고적도보』가 최초의 조선미술 도록은 아니지만 이 전집은 당시에 중요하다고 인정된 거의 모든 유적과 유물을 총망라하였기에 조선의 문화유산 연구에 일획을 그을 만한 간행물로 평가할 수 있다. 『고적도보』에 앞서서 『조선미술대관』, 『이왕가박물관사진첩』 등이 발행되기는 했으나 이들은 본격적인 도록이라고 하기에는 부족한 점들이 있었고, 무엇보다 책에 실린 유물이나 사진들도 제한적이었다.[13] 그러나 『고적도보』에는 책이 출간될

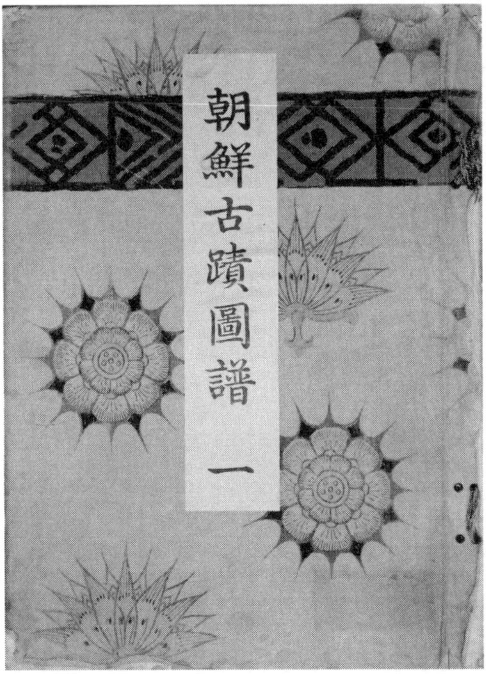

[도 3-17] 『조선고적도보』, 1915.

13 釋尾春芿 編, 『朝鮮美術大觀』 朝鮮群書大系 3(京城: 朝鮮古書刊行会, 1910).

당시까지 조사되고 복원, 혹은 보존된 문화재가 거의 다 포함되었고, 또한 약간의 설명을 더한 해설집을 따로 간행해서 조선의 고고학과 미술사 연구의 기본적인 패러다임을 제공하는 결과를 낳았다. 전집을 간행하는 일은 약 20년에 걸쳐 이뤄졌지만 사진들은 세키노가 조사했을 때의 것을 그대로 실은 경우가 많았다. 여기서 지적하고자 하는 것은 보수된 유적의 경우, 보수 이전과 보수 이후 사진을 같이 실어 이들을 나란히 대조하게 만들었다는 점이다. 대표적인 예로 석굴암 입구로 향하는 진입로 사진을 들 수 있다. 앞에서 거론한 대로 이는 역시 일본이 조선인을 대신하여 조선의 과거 영화를 얼마나 훌륭하게 재현하고 있는지를 과시하기 위한 것이라고 할 수 있다.

한편 『고적도보』의 간행은 사진이라는 새로운 매체를 이용하여 문화재를 대량으로 복제(複製)하여 배포하고 그를 통한 대중화를 가져왔다는 점에서 '근대'를 상징하는 결과물이라고 할 수 있다.[14] 사진을 통한 '보는 행위'와 이를 통한 '이미지의 각인'은 어느 유적이나 사찰 · 명승지이든 직접 가서 눈으로 봄으로써 인식할 수 있었던 전근대적 방식의 시각적 이해보다 훨씬 빠르고 쉽게, 효과적으로 자신들의 이념과 가치관을 주입할 수 있었던 방법 중 하나였다. 이 또한 사진이라는 근대 기술의 결정체가 아니면 있을 수 없었던 일이라는 점에서 또 다른 '선진 문명'의 과시가 아닐 수 없다. 이러한 이미지의 근대적 복제와 유포는 조선과 일본, 양측에서 거의 동시에 이뤄졌다. 일본미술사가 일본의 역사적 전통을 서구에 내보이고, 서구 문명에 못지않은 자신들의 문명을 과시하기 위한 목적으로 간행됐다고 한다면, 조선에서 일본이 구축한 조선미술사를 서구에 보여줄 필요는 없었다는 데 차이가 있다. 그들은 『고적도보』를

14 그램 질로크, 노명우 번역, 『발터 벤야민과 메트로폴리스』(효형출판), pp. 110~111.

간행하여 오로지 일본의 식민통치로 쇠락한 과거 조선의 영광을 얼마나 돌려줄 수 있었는지를 자랑하기 위한 수단으로 삼았을 뿐이다. 데라우치 마사타케 총독이 조선을 방문한 국내외 손님들에게 항상 『고적도보』를 선물했던 것은 식민 통치의 정당성을 주장하기 위한 그들 나름의 훌륭한 선전이었다.[15] 이들 도록에는 복원 이전에 입구가 거의 허물어져 폐허가 되어 있었던 상태의 석굴암 사진과 일본에 의해 수리되고 입구와 진입로가 말끔하게 수리된 당시 석굴암의 사진이 같이 실려 있었다(도 3-18). 이는 두 말할 필요도 없이 성공적인 식민 지배의 현실을 과시하고 이를 총괄하여 관리하는 '대일본제국'의 선정(善政)을 인정받기 위한 것이었다.

도록의 간행은 사진을 통해 복제 이미지를 양산하는 결과를 낳았으며, 이로써 조선의 유물, 혹은 문화재를 성공적으로 '과거화'(過去化)함으로써 이들을 지나가버린 '역사'이자 보호의 대상으로 만들었다.[16] 보호되어야 하는 과거의 역사가 된 석굴암도 '발견' 이후, 곧 '시급한 공사를 필요로 하는 고적'으로 보고되어 대대적인 공사에 들어갔던 것이다. 석굴암을 포함하여 이미 지나가버린 '과거' 유물이 된 조선의 미술은 지나가버렸기 때문에 얼마든지 찬란한 역사를 자랑할 수 있었다. 다만 일본의 '복원' 아래 빛을 발하게 되었을 뿐이다. 따라서 일제강점기 조선의 '현대'(즉, 當代)는 『고적도보』에 수록된 과거의 유물과 연결되지도 않고, 자신의 역사와는 아무런 맥락도 공유하지 않는(decontextualize) 결과를 초래했다. 이들은 일제에 의해 보호되고 또한 평가되어야 하는 고미술이었을 뿐이다.

15 다카기 히로시, 「일본미술사와 조선미술사의 성립」, p. 186.

16 사토 도신은 일본미술사에서 이러한 성격을 지적했다. 필자는 이를 조선미술사에 적용한 것이다. 또 배형일, 「신화 속 故土 복원을 위한 유적 탐색: 메이지시대 한반도에서의 고고학·미술사적 조사(1900~1916)」, 윤상인·박규태 엮음, 『'일본'의 발명과 근대』(이산, 2006), pp. 247~284.

[도 3-18-a] 석굴암 보수 이후와 보수 이전의 진입로(『고적도보』에 실린 순서).

세키노의 조사 당시부터 조선의 고적들은 갑을병정(甲乙丙丁)으로 평가되었고, 이 평가에 기준을 두어 중요도가 정해졌으며 그 중요도에 따라 각 유적의 수리와 복원이 결정되었다.[17] 뿐만 아니라 석굴암과 조선의

17 1909년의 조사 때 이미 4등급으로 나누어진 일람표가 제출되었다. 「明治期에 있어 <文化財> 보호정책과 關野貞」. 이때 '시급한 수선을 필요로 하는 유물'로 미륵사지석탑, 도갑사

[도 3-18-b] 석굴암 보수 이후와 보수 이전의 진입로(『고적도보』에 실린 순서).

문화재에 대해 마치 그전에는 알려지지 않았던 것인 양, 자기들이 '발견'하고 그 가치를 평가한 것은 조선총독부라는 식으로 총독부의 치적을 자랑했다. 세키노는 총독부에서 고적조사기관을 설립하여 조선인들은

해탈문, 광주 읍동리 5층 석탑이 포함되어 있었다.

그 가치를 모르고 무시하여 황폐하게 만들었던 유적과 유물을 적절하게 수복(修復)하여 관람하게 한 것에 자부심을 가졌다. 또 조선미술전람회를 개최하고, 일본에서 온 예술가들의 활동으로 조선의 장인(匠人)들을 가르치는 일은 조선인들이 조만간 자신들의 타고난 자질을 회복하게 만들 것이라고 확신했다.[18] 세키노가 말한 소위 "미술의 훈육(訓育)"은 도록 배포와 강연, 교육과 홍보를 통한 이미지의 양산으로 가능했던 일이다.[19] 김복진의 <본존불 스케치>, 이도영의 <석굴암 십일면관음상> 그림은 이러한 예 중 하나이다.[20] 특히 십일면관음상 그림은 '협전'(協展)에 출품했던 것으로 주목된다(도 3-19). 신문에 실린 이들 그림은 간단하게 석굴암 본존불과 본존 뒤의 십일면관음상을 보이는 그대로 재현(representation)한 것이다. 신문에 실린 사진 상태가 열악해서 알아보기 힘들기는 하지만 이 두 그림이 보이는 그대로, 가감 없이 석굴암의 조각들을 묘사한 것임은 명확하다. 하지만 직접 보고 스케치한 것으로 보이지는 않는다. 그들이 모두 석굴암에 올라가서 이를 관람하기는 했을 터이나 그림에 나오는 조각상들의 각도와 화가의 시선을 보면 그 자리에서 보고 그린 것이라기보다는 사진 이미지를 보고 재현한 것으로 생각된다.

근대적 학문으로서의 조선미술사와 일본미술사는 거의 비슷한 시기에 성립되었다. 이들의 결정적인 차이는 그 서술 주체가 사실상 동일하다는 데 있었다. 즉, 조선미술사나 일본미술사는 모두 일본 제국주의에 의해 구축된 것이었다. 문화와 전통이 각기 다른 나라의 미술사를 어느 한쪽에

---

18 關野貞, 심우성 역, 『朝鮮美術史』(東文選, 2003), pp. 67~71, 349~350.

19 실제로 일본의 치적으로 이야기됐지만 민족 정체성을 획득하는 도구로 이미지가 이용되었는데, 전국 각지에서 열린 幻燈會가 이를 잘 보여준다. 姜熺靜, 「식민지 조선의 표상: 석굴암의 '公論化'」, 『동악미술사학』 10(2009), pp. 115~135.

20 각각 <시대일보> 1925년 7월 1일자, <조선일보> 1929년에 실린 것이다.

서 구축, 즉 서술했다면 당연히 그 시각과 관점이 같을 수 없다. 일본미술사에서는 '위대한 문명의 담지자'인 일본 민족의 우수성과 탁월한 감수성을 과시하기 위한 서술이 곳곳에 보인다. 반면, 조선미술사에서는 조선미술이 독창적이고, 아시아에서 독보적인 위치에 있음을 강조하기는 하지만 그와 동시에 현재는 쇠락한 문명이라는 것을 더욱 강조한다. 그에 따라 조선의 지식인들은 자신의 처지를 단지 현재의 문명국 일본과 비교할 뿐만이 아니라, 영화로웠던 조선의 과거와도 비교할 수밖에 없었다. 일본인들이 조선미술을 열등하다고 폄하한 것이 아니다. 그들은 석굴암과 본존불을 동아시아에서 비교할 바 없는 위대한 예술이며, 천하에 둘도 없는 독보적인 것이라고 칭찬해마지 않는다. 그러나 그것은 자기들이 '발견'했고, '수리'했고, '복원'했기 때문이었다. 또한 자신들이 구축한 조선미술사의 세계에서 석굴암은 찬란한 조선의 과거 문명을 보여주는 가장 중요한 유적이자, 일본미술의 우수성을 담보해줄 수 있는 결정적인 모뉴먼트라고 파악했기 때문이기도 하다.

문명과 야만의 이분법에서 근대는 백인 · 남성 · 유럽의 권력이며 전근대(前近代)는 비백인 · 여성 · 비유럽으로 대별(大別)된다. 그리고 식민지는 당연히 근대화되지 못한 전근대로 상정되며, 제국주의에 의해 '근대화'된다.[21] 일본은 스스로 서구에 대해 자신들이 타자(他者)라는 것을 알고 있었다. 그렇기 때문에 유구한 전통을 자랑하는 자신들의 역사를 시각적으로 보여주기 위해 『고본일본제국미술약사』와 『진미대관』(眞美大觀)을 출판하고 이를 서구에서 열린 만국박람회 여러 곳에 출품했다. 『고본일본제국미술약사』는 원래 *L'histoire de l'art du japon*이라는 제목의 프랑스어

21 메이지시대 일본 문명의 상징이 왕정과 기관차라는 것은 근대와 전근대가 혼재된 것으로 파악된다. 박지향, 『일그러진 근대』(푸른역사, 2003).

로 먼저 쓰였고, 파리만국박람회에 출품됐다. 이를 뒤에 일본어로 다시 번역했다는 점은 앞에서 설명한 바와 같다. 관(官) 주도로 서술한 한 나라의 미술사가 외국어로 먼저 쓰였다는 것은 철저히 서구를 겨냥하여 보여주기 위한 저술로서 기획되었다는 것을 말해준다. 반면 서구의 타자였던 일본에게 타자가 되었던 것은 식민지 조선이었다. 그러므로 일본은 조선의 미술을 전근대적 성격을 의미하는 오리엔탈리즘의 용어로 설명할 수 있었다. 그 중 대표적인 것은 성숙하지 못한 아동으로 치부하거나 여성에 비유하는 것이었다. 식민지와 그 문화를 아동이나 여성에 비유하는 것은 대표적인 제국주의 이데올로기이다. 이들은 약자로서 스스로의 판단 능력이 없기 때문에 '성인'이며 '남성'인 제국주의의 보호를 받아야 한다는 것이다. 석굴암 십일면관음에 대해 도리 류조는 "이 조각을 보면 [……] 사랑스럽고 정다운 생각이 난다"라고 했다(도 3-20).[22] 도리만이 아니다. 십일면관음상을 여성에 비유하고 대상화시킨 묘사는 여러 군데 있다. 식민 치하의 조선 지식인도 이를 그대로 따랐다. 석굴암에 와서 관음을 예배하는 신도라면 과연 이렇게 말할 수 있었을까? 관음을 어머니에 비유하는 것은 과거에도 있었던 일이다. 하지만 이렇게 신으로서보다는 여성성을 강조하고 감각적으로 묘사하는 일은 과거 우리 역사에서는 있을 수 없었던 일이다. 조선의 미를 가냘픈 애상의 미로 파악하는 것은 일제에 의해 주입된 것이나 다름없다.[23] 석굴암의 보살상들을 여성에 비유하여 나약하고, 자립할 힘이 없는 이미지로 부각시킨 것은 식민지의 전근대적 성격을 부각시키기 위해 일본 제국주의자들이 가지고 있었던 오리엔탈리즘의 언설(言說)에 불과하다.

---

22 權悳奎, 「경주행」, 『개벽』 12월호(1921), p. 73.

23 이때의 여성성은 남성에 대한 여성이라는 젠더 개념에서 따라 사회화된 여성성임을 밝혀둔다.

[도 3-19] 이도영, 〈석굴암 십일면관음도〉 사진. 1929년.

[도 3-20] 석굴암 십일면관음상, 8세기 중엽.

한일 병탄 이전부터 조사되고, 일본에 의해 '발견'된 조선의 미술은 일본에 의해 복원·수리되고 조선사·조선미술사를 통해 재맥락화된다. 근대 이전 우리나라의 미술에 대한 관심은 단편적이고 개별적인 차원에서 이뤄져왔다. 이들을 '미술'이라는 이름으로 역사적 체계를 세워 재구성한 것이 조선미술사이고 그 정점은 석굴암이었다. 이때의 재구성은 전근대까지 이들 문화재가 우리나라 사람들에게 의미 있는 특정한 맥락을 지니고 있었던 것을 전격 해체하여 일제의 구미에 맞게 배치하고 강조했다는 점에서 '탈맥락화-재맥락화'의 과정을 거친 것이라고 볼 수 있다. 미술, 혹은 문화재로 규정한 과정 자체를 탈맥락화라고 한다면 조선미술사로 구성한 것은 재맥락화가 된다. 조선미술사 재맥락화의 핵심은 '고전·고대의 찬양'과 '동양 예술의 빠진 부분을 보충'하는 것이었으므로 핵심은 석굴암에 있었다고 해도 과언이 아니다.[24] 일제강점기 조선에 살았던 독일인 에카르트의 입장도 여기서 완전히 자유로울 수는 없었겠지만 그의 『조선미술사』를 보면 왕조사(王朝史)의 체계를 따르지도 않았고, 의도적인 폄하나 상찬을 한 부분도 없으며, 균형 잡힌 서술을 하려고 노력한 흔적을 볼 수 있어서 좋은 대조가 된다.[25]

세키노 다다시가 종로에서 했던 강연을 묶어 출간한 『조선미술사』 총론에는 조선의 미술이 삼국시대부터 통일신라에 걸쳐 발달의 정점에 달했고, 고려에는 쇠퇴의 조짐을 보이다가 조선시대에는 쇠퇴를 거듭했다고 썼다. 따라서 삼국 및 통일신라의 미술은 마땅히 본받고 따라야 할 '고전'이 되었는데 이러한 인식은 메이지시대 이래 일본의 지식인

24 關野貞, 『朝鮮美術史』, p. 349.

25 안드레 에카르트, 권영필 역, 『조선미술사』(열화당, 2003). 에카르트는 장르별로 분류하여 대표적인 작품 위주로 서술했고, 일본이 만든 인식틀에 구애받지 않았다.

사회에서 줄곧 지향해온 것이었다. 그를 비롯한 일본인 학자들의 인식틀을 그대로 반영한 『고적도보』는 실제 유물과 유적의 수량에 관계없이 낙랑과 삼국시대를 3권(제1~3권), 통일신라시대를 2권(제4~5권), 고려시대를 4권(제6~9권), 조선시대를 5권(제10~15권)으로 묶어 출간했다. 통일신라의 미술이 조선미술의 황금기로 설정된 것은 역사 서술에서 보이는 것과 같다.[26] 이처럼 고대를 중시하고 고전을 만들어내려고 했던 것은 서양의 문명사에 버금가는 동양의 문명을 만들어내려고 했던 메이지시대 이후 일본에서 진행된 역사 만들기의 일환이었다. 한편으로는 천황의 통치와 미술의 흐름을 연관시키려는 의도가 있었고, 그와 동시에 일본 미술의 원류를 찾기 위해 일본의 고대와 깊이 관련되는 삼국시대-통일신라시대를 중시할 수밖에 없었던 것이다. 서구에서 그리스·로마의 문화를 고전(Classic)으로 간주하던 사상적 분위기의 영향을 받아 '미술의 모범'이 되는 고전을 상정할 필요가 있었는데 이는 페놀로사와 덴신에 의해 시작된 것이었다.[27] 세키노가 "예술미의 별천지에서 유유자적 노닐던 여유로움은 [조선시대에 들어와] 메마르고 타락하여 그 옛날의 세련된 취향을 잃어버리고 조악하고 치졸한 것으로 되었다"라고 한 것은 이러한 인식을 단적으로 보여준다. 우리 미술의 흐름을 '도입-절정-쇠퇴'의 진화론적 문명사관으로 파악한 것이다. 이러한 경향은 일제강점기 조선의 지식인들에게도 영향을 주었다. 안확(安廓)은 물론이고, 윤희순(尹熙淳)·권상노(權相老) 등 많은 사람들이 '불교가 정점에 달한 통일신라를 조선미술의 황금기'라고 간주한 글을 남겼는데 그 결정체는 당연히 석굴암이었다.[28]

26 통일신라가 일제에 의해 의도적으로 '발견'된 것이라고 보는 견해는 윤선태, 「통일신라의 발명과 근대 역사학의 성립」, 『신라의 발견』(동국대학교 출판부, 2008).

27 당시 문화재보호 행정의 중심이 된 키워드가 '미술의 모범'이었다는 것은 사토 도신, 「'近代 日本美術史'의 形成과 그 硏究動向」 참조.

또 세키노는 낙랑의 고분은 현재 "중국에 남아 있지 않은 것을 보여주고", 고구려 고분벽화는 "육조시대 형식을 전하는 동양 최고의 회화"로써 가치가 있으며, 고신라 · 가야의 고분 출토품은 "일본 유물의 연구에 귀중한 자료를 제공한다"고 지적했다(도 3-21).[29] 그를 비롯한 일본인들에게 우리 미술의 존재 가치가 중국에 없는 것을 보여줄 수 있는 것이거나, 일본미술의 기원을 밝히는 데 유용하다는 점에 있었던 셈이다. 같은 의미에서 석굴암 역시 중국과 일본을 연결시켜주는 불교미술에서의 잃어버린 고리(missing link)로 간주되었다. 그러나 엄밀히 말하면 세키노를

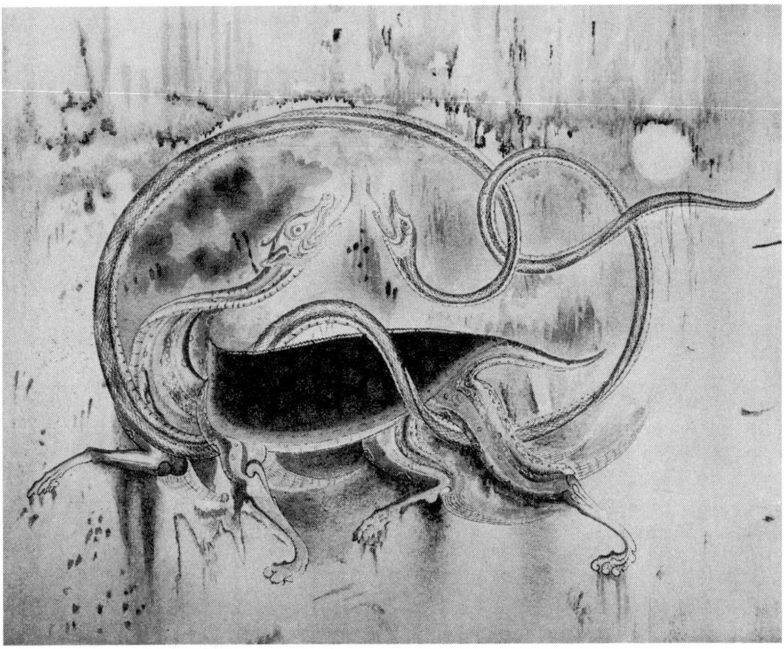

[도 3-21] 우현리대묘 북벽 현무 모사도, 『조선고적도보』 3.

28 勸相老, 「新羅의 佛教文化」, 『朝光』 1-1(1935), pp. 336~342.

29 그는 '이러한 사례를 하나하나 열거하기 힘들 정도이다(많다는 의미)'라고 썼다.

비롯한 일본 학자들이 중국의 미술에 대해서는 정확하게 알고 있었다고 보기는 어렵기 때문에 조선미술에 대한 위의 지적은 사실이 아니다.[30] 그들이 구성하고 의미를 부여한 '조선미술사'의 허구의 가치였을 뿐이다. 이 부분에 있어서도 일본이 자신들의 미술을 세계 미술사 속 어딘가에 자리를 잡게 하려고 했던 것과 큰 차이가 있다. 일본미술사에서는 어떤 식으로든 간다라 미술과의 관련성을 찾으려고 했고, 일본을 '아시아의 박물관'이라고 주장했다.[31] 간다라를 중시한 것은 당시 유럽에서 그리스 미술이 동쪽으로 전해져 간다라에 이르렀다는 동전설(東傳說)을 주장했기 때문에 일본이 간다라의 영향을 받았다고 함으로써 세계 미술사에서 비중 있는 위치를 차지할 수 있다고 믿었던 것이다. 우리가 오늘날 석굴암과 그 조각을 인도와의 관련성 속에서 이해하려고 하는 것도 기원을 따지면 이 시기까지 거슬러 올라간다. 석굴암은 어떤 방식으로든 간다라와 비교되지 않는다. 조각의 양식이라는 면에서도, 암반을 파고 만든 석굴이 아니라는 점에서도. 그럼에도 불구하고 석굴암과 간다라를 연결하는 도식은 여전히 의미 있는 일로 간주되는 것이 현실이다. 이는 일본미술이 동양미술의 정수를 집대성한 것이며, 조선의 미술은 동양미술의 빠진 부분을 메워주는 존재로서 의의가 있다는 이 시기 일본 학자들의

30 '동양을 이끌어가야 하는 숙명을 지닌 일본'이 중국 연구에 뒤쳐졌다는 인식을 하고 있었던 것에 대해 후지하라 사다오는 이를 '오리엔탈리스트의 우울'이라고 설명한 바 있다. 후지하라 사다오, 「東洋美術史學의 형성 과정에서 역사적 · 문화적 가치관: 분석방법을 둘러싼 일본과 구미의 경합에 대하여」, 『미술사논단』 제20호(2005), pp. 353~379.

31 姜熺靜, 「일본미술사 성립기의 인도미술 인식」, pp. 173~205. 이와 관련하여 오카쿠라 텐신(岡倉天心)이 일본미술을 세계 속의 미술로 만들었다면 운강석굴을 '발견'한 이토 츄타(伊東忠太, 1867~1954)는 일본건축을 세계 속의 건축으로 만들었다는 설이 있어 흥미롭다. 青井鐵仁, 「法隆寺と世界建築史」, 『日本にをげる美術史學の成立と展開』(東京文化財研究所, 2001).

입장을 그대로 반영한 허구의 전제이자 패러다임에 불과하다.[32] 여기서 조선의 어떤 유물이 당시 중국과 일본에 남아 있지 않은 것이며, (있었다면) 중국과 일본의 예도 조선의 유물과 비슷했을 것이라는 지적이 나오는 것은 자연스러운 일이다.

일본인들에 의해 성립된 근대적 학문으로서의 조선미술사는 그들이 구축한 패러다임대로 정비되었고, 그 나름의 논리 체계와 구성 속에서 정교해지고, 또한 공고해졌다. 조선미술사의 전체 흐름에서 석굴암과 내부의 조각이 차지한 위상과 국제적인 성격 역시 이와 같은 맥락에서 이해되어야 한다. 조선미술사의 성립과 이의 교육은 일본이 조선에 관한 '지식의 헤게모니'를 장악하고 전유(專有)했으며, 자신들의 의도대로 패러다임을 확정했음을 의미한다. 일제가 자신들의 구상대로 근대 학문의 세계를 구축한 것은 조선의 자료에 대한 인식권(認識權)을 선점(先占)했기 때문에 가능했다. 그들은 지적(知的)·학문적 활동의 대상이 되는 일차 자료(raw material)들을 선별하여 가치를 부여하고 평가하는 과정을 통해 새로운 의미를 부여했던 것이다. 이 선점이 정치적 점유와 떼려야 뗄 수 없는 긴밀한 상관관계에 있음은 말할 나위도 없다. 이어서 일본은 이를 대중 교화, 대중 강연, 대중 교육의 이름으로 공론화하고 대중화함으로써 마침내 조선 사람들도 누구나 수긍하는 당연한 것으로 만들었다. 일제강점기에 주입된 조선미술사의 가치관과 역사관은 개별 유물과 유적이 원래 제작되고, 자리매김되었던 맥락에서 벗어나 탈맥락화·재맥락화를 통해 '만들어진' 것이다. 석굴암은 그 자체로서 존재했고, 그 물질적 가치는 변하지 않는다. 그럼에도 불구하고 일본 제국주의가 주체가 되어 만들어낸 인식틀은 마치 창건 당시부터 지속된 고정불변의

32 다카기 히로시, 「일본미술사와 조선미술사의 성립」, pp. 136~153.

것인 양 '상상'되었다. 독립 이후 60여 년이 지났음에도 불구하고 오늘날 석굴암에 대한 우리 인식 일부는 일제강점기에 만들어진 패러다임에 대해 별다른 의문을 제기하지 않은 채 따라가는 경향이 있다. 이러한 인식의 기본 틀은 당시 일본이 어떤 개념에서, 어떤 식으로 사고의 틀을 형성하려고 노력했는가를 통해 확인할 수 있고, 이로써 21세기에 맞는 새로운 인식의 패러다임을 만들 수 있을 것이다.

3. 조선 후기의 석굴암과 석굴사원으로서의 석굴암

'석굴사원으로서의 석굴암'이라는 일반적인 인식틀이 언제부터 대두되었는가? 이 장에서는 이러한 '석굴사원으로서의 석굴암'이라는 패러다임이 언제, 어떻게 만들어졌고, 어떤 식으로 그것이 이론화되었는가를 구체적으로 살펴보겠다. 필자는 이것이 석굴암을 둘러싼 하나의 신화라고 생각한다. 신화는 일종의 창작이다. 이제는 하나의 패러다임이 된 '석굴사원 석굴암'이라는 신화에 관한 논의를 그 근원에서부터 살펴야 할 때이다.

엄밀한 의미에서 말하면 돌을 다듬어 쌓아올려 축조한 석굴암은 건축물이라고 보는 편이 옳다고 본다. 암벽이나 토벽을 파고들어가 만든 석굴이 아님에도 불구하고, 석굴암은 석굴사원으로 인식되었고, 인도에서부터 한반도로 전래된 석굴사원이라는 점이 강조되었다. 그런데 기존의 연구에서는 누구나 암묵적으로 동의하고 있는 듯한 '석굴암은 석굴'이라는 전제에 대해 관심을 기울인 바가 거의 없었다. 사람이 만들었다는 점에서 인공 석굴이라고 쓰고, 그런 의미에서 '인공'이란 점에는 주목하면서도,

정작 '석굴'에 주목한 논의는 없었던 셈이다. 석굴암은 언제부터 석굴사원이라는 특별한 의미로 인식되었으며, 한국의 독보적인 석굴사원이라는 위상에 오르게 되었는가? 이 점은 한편으로는 소위 근대에 재발견되어 문화재로서 새로운 의미를 부여받은 일, 그리고 한편으로는 일본 제국주의의 시각에 기초한 한국미술사 구축의 산물이라는 두 가지 측면과 밀접하게 관련을 맺고 있다. 유네스코 세계문화유산으로 등재된 지 10여 년의 세월이 훌쩍 흐른 지금이라도 한 시대를 대표하는 모뉴먼트(Monument)이자, 관람자와의 끊임없는 상호작용을 이끌어내는 시각문화(Visual Culture)인 석굴암을 둘러싼 인식틀(Paradigm)과 학문체계가 서게 된 토대를 비판적으로 성찰하는 작업이 필요하다.

'석굴사원'이라는 역사적 개념을 빼고는 석굴암에 대해 말하기 어려울 정도로 '석굴사원'은 매우 중요한 석굴암 인식의 전제가 되었다. 여기서 '석굴사원'을 역사적 개념이라고 말하는 것은 석굴사원이 단순히 어떤 조형물, 혹은 특정한 예배 공간을 지칭하는 초역사적인 용어가 아니라 근대 이후 서구에 의해 규정된 아시아의 특정 종교 공간을 의미하는 당파성 있는 용어라고 생각하기 때문이다. 또한 애석하지만 석굴의 유형을 위주로 하는 접근은 전형적인 예배 공간으로서의 석굴암에 대한 실체를 규명하는 데 오히려 걸림돌이 된다고 본다. 통상 석굴암이 방형 전실과 원형 주실로 이뤄진 평면이라는 점이 특징으로 부각되고, 이러한 구조를 지닌 인도의 차이티야와 연결시키려는 노력이 계속됐다. 그에 따라 바라바르힐에 있는 인도의 초기 석굴이나 칼리, 베드사, 혹은 군투팔리의 석굴과 비교되기도 한다(도 3-22). 그런데 인도의 석굴을 크게 차이티야와 비하라로 나누는 것은 석굴 공간의 역할과 그에 적합하게 구축된 내부 구조에 따른 것이다. 차이티야와 비하라는 소위 탑원굴과 승방굴이라고 번역되기도 하며, 그 번역은 이들 석굴의 각기 다른 기능과 의미를 생각하게 한다. 하지만 석굴암을 둘러싼 논의들은 대개 석굴의 평면에 기초한 유형 분류에 가깝다. 석굴암은 차이티야에 해당하지만 탑이 중심이 아니었기 때문에 딱히 차이티야라고 하는 것이 정확한 분류는 아니다. 이처럼 인도의 석굴들을 차이티야와 비하라의 두 갈래로 단순하게 파악한 것부터가 일본이 만든 인식틀에서 비롯되었다는 혐의를 갖게 한다.

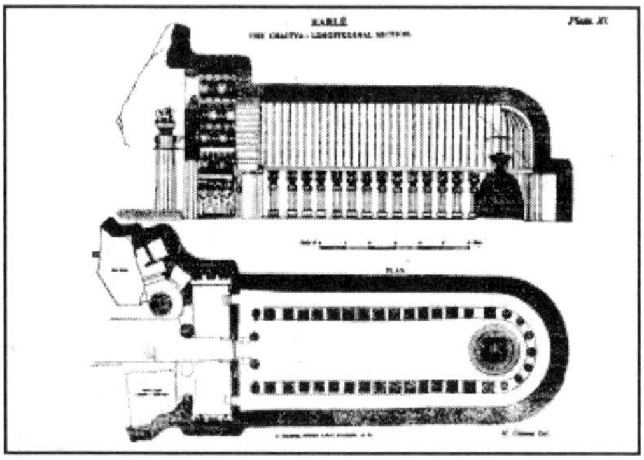

[도 3-22] 칼리 석굴 평면도, 기원전 1세기경, 인도.

석굴로서의 석굴암을 바라보는 시각과 입장은 석굴암에 관한 논의와 떼려야 뗄 수 없는 관계에 있다. 하지만 석굴로서의 석굴암 인식이 전통적으로 전해 내려왔다고 생각되지는 않는다. 그러므로 이 장에서는 석굴암에 대한 조선 후기의 인식을 먼저 알아보려고 한다.

김대성이 전세 부모를 위해 석굴암을 세웠다는 『삼국유사』의 기록 이후, 오랜 세월 동안 석굴암에 대한 문헌 기록은 찾아볼 수 없다. 조선 전기의 대표적인 지리지 『동국여지승람』(東國與地勝覽)은 물론이고, 『동경잡기』(東京雜記)에도 석굴암에 관한 언급은 나오지 않는다. 『신증동국여지승람』(新增東國與地勝覽)(권21) 경주부 항목에는 경주의 산천과 궁실, 누정(樓亭), 불우(佛宇)의 항목들이 있고 각 항목마다 이와 관련된 역사적인 기록이나 문인들이 지은 시문들이 수록되어 있다. 이는 경주가 조선 초기에도 여전히 중요하게 여겨졌던 곳이기 때문이다. 경주는 조선 초기인 1415년에 경주부(慶州府)가 되었고, 세종 때에는 태조의 화상을 경주 집경전(集慶殿)에 안치하기도 했다. 경주를 유람하고 쓴 기행문 중에는 이덕홍(李德弘)의 『동경유록』(東京遊錄), 박종(朴琮)의 『동경유록』(東京遊錄)이 잘 알려졌다. 그런데 이들 두 『동경유록』은 물론이고 비교적 상세하게 인문지리적 사실과 시문 등을 기록한 『신증동국여지승람』에도 석굴암은 나오지 않으며, 단지 불국사에 대해서만 언급하고 있을 뿐이다.[33] 불국사 외에는 영묘사 · 기림사 · 백률사 · 감산사 등의 유명 사찰에 대해 언급하고 있다. 그와 동시에 이들 사찰, 사당, 정자 등에 대해 여러 사람이 지은 시문을 함께 실어서 많은 사람들이 경주의 명승지에 유람하고 풍류를 즐겼다는 것을 알려준다. 조선 전기까지의 경주에 대해서 『신증동국여지승람』은 상당히 많은 정보를 백과사전처럼 제공하지만 그를 포함하여 여타 다른 문집에서도 유독 석굴암에 대해서는 언급이 없다.[34] 그 외에도 고려 후기, 조선 전기까지의 기행 관련 문헌 중에 경주에 갔던 사람들의 글이 일부 남아 있다. 그런데 글들은 대개 어떤 누각에 올랐던 감회라던가 새로 보수한 정자 · 누(樓) 등에 대한 칭송이며 그나마 대부분 『신증동국여지승람』에 실려 있는 내용과 겹쳐진다.

조선 후기에 들어와 명산대찰과 경승지를 찾아 유람하는 사회적 분위기가 형성되었다. 조선 각지를 여행하는 17세기 이후의 사회적 상황에서 진경산수와 지도 제작의 의지가 강해졌다는 것은 잘 알려진 일이다.

33 조선 전기의 경주에 대하여 본고는 민족문화추진회 편, 『국역 신증동국여지승람』(민족문화추진회, 1969), pp. 201~296을 참조하였다.

34 이에 대해서는 김건곤 · 안대회 · 이종묵 · 정민 編, 『한국 명승고적 기문 사전: 고려 조선 전기편』(이회문화사, 2005)을 참조하였다.

오늘날 기록으로는 남아 있지 않으나 자연스럽게도 경주의 명승으로 알려져 있었을 석굴암을 찾는 선비들의 발길도 계속 이어졌고, 그 중에는 명승지를 방문한 자신들의 소회를 글로 남긴 경우들도 있다.[35] 현재까지 세간에 알려진 석굴암 관계 기행문 중에는 우담 정시한(丁時翰, 1625~1707)의 『산중일기』(山中日記)가 가장 주목을 받았다.[36] 그의 이 기행문은 17세기 조선 각지의 상황을 잘 보여주는 글로 여겨진다.

1686년에 선비 정시한은 명산대찰을 찾아 조선 각지로 길을 떠났다. 그는 자신이 거주하고 있던 원주를 떠나 1686년 3월 13일부터 시작된 여행은 1687년 1월 23일까지 계속되었고, 그 후에도 간헐적으로 여행을 다니면서 느낀 소감을 적은 자신의 여행기를 『산중일기』라는 책으로 펴냈다. 그의 여행기에는 같은 해, 즉 1686년 음력 5월 15일에 불국사를 거쳐 석굴암에 올라간 것으로 되어 있다. 그가 올라갔을 음력 5월은 양력으로는 6월 한중간이었을 것이므로 상당히 더웠을 것이다. 정시한은 '석굴에 갔다'고 명시했다. 다른 어떤 수식어도 없이 단순히 석굴이라고 썼을 뿐이다. 이어서 그는 석굴 석문 밖, 양쪽 바위에 각각 4, 5구씩 불상이 새겨져 있는데 기이하고, 묘하여 하늘이 빚은 듯하다고 하였다.[37] 석굴암 부분 마지막에는 '한참 보고 나서 내려와 석굴암에 묵었다'는 대목으로 마무리되었다. 정시한의 서술에 따르면 그가 올라간 곳은 '석굴암'이고, 거기서 다시 '석굴'로 올라갔다가 '석굴암'으로 내려와 머물렀다

35 석굴암을 방문하고 그에 대한 감상을 남긴 문인들의 글귀에 대한 문헌 검토는 김상현, 「石窟庵에 관한 文獻資料의 檢討」, 『石窟庵의 諸問題』(한국정신문화연구원, 1991), pp. 94~102 참조.

36 책은 이전에도 번역된 바가 있지만 이 책에서는 가장 최근에 발간된 정시한, 신대현 번역·주석, 『산중일기』(혜안, 2005)를 참조하였다. 역자는 자신이 1967년에 연세대학교 인문과학연구소에서 펴낸 영인본을 번역본의 텍스트로 삼았다고 밝히고 있다.

37 정시한, 신대현 번역 · 주석, 『산중일기』, pp. 419~421.

는 뜻이 된다. 원문 그대로 '지석굴암'(至石窟庵), '상석굴'(上石窟), '하숙암'(下宿庵)이다. 그러므로 정시한이 초여름 더위 속에 토함산에서 올라간 곳은 사실상 석굴과 그 암자인 석굴암이 된다. 그는 석굴과 석굴암을 구분하고 있었으며, 우리가 말하는 석굴암은 그에겐 석굴이었고, 그에게 석굴암은 석굴 앞에 있었던, 승려가 거주하던 암자를 말한 것이다. 『산중일기』가 주목을 받았던 것은 건립 이후, 석굴암이 어떤 형태로 유지되었는지를 보여주는 문헌이 전무한 가운데, 소략하지만 17세기 석굴암의 상황을 짐작하게 해주는 언급이 나오기 때문이다. 따라서 『산중일기』는 석굴암의 전실 여부와 석문 등, 석굴암의 복원을 둘러싼 여러 가지 논란에서 중요한 역할을 한 기록인데, 여기서 정시한이 석굴암과 석굴을 분리해서 쓰고 있다는 점도 눈여겨보아야 한다.

정시한과 비슷한 시기인 1670년경에 석굴암에 올라간 이채(李埰)도 자신의 글에서 "골굴 · 석굴에서 보고자 한다"(吾欲觀於骨窟 · 石窟)라고 씀으로써 골굴(骨窟)과 석굴(石窟)을 구분하여 썼다.[38] 훨씬 뒤인 1737년에 올라갔던 임필대(任必大)도 "고개를 넘어가니 작은 암자가 나온다. 정오에 석굴을 보기 시작했다. 목조건물의 형체를 갖추지 않은 것으로 돌을 쌓아 굴을 이루었다"(仍踰嶺入小庵 午點始觀石窟 則無棟宇之制 而疊石而成窟, 약간 의역임)라고 써서 역시 암자에서 석굴까지 얼마간 거리가 있었으며 그가 양자를 별개로 여겼음을 보여준다.[39] 이에 의하면 석굴암 앞에 오늘날과 같은 목조가구는 없었고 굴은 노출되었던 상태라고 생각한다. 이들과 비슷한 1704년 9월 17일에 불국사와 석굴암을 찾은 이덕표(李德標,

38 경주문화원, 『慶州古蹟詩文錄』, p. 18 참조. '골굴이라는 석굴'로 해석할 수도 있지만 '골굴과 석굴'이 맞다고 본다.

39 任必大의 글은 『遊東都錄』에 실려 있다.

1664~1745) 역시 자신의 기행문인 <수승록>(搜勝錄)에서 "부지런히 걸어 석굴에 이르렀다"(尋勝忘倦 至于石窟)라고 썼다.[40] 우와 이덕표가 쓴 <수승록>은 그 자신의 글을 모은 『우와집』(寓窩集)에 실려 있다. 이덕표는 석굴암을 방문했던 1704년에 향교의 교임(校任)으로 있었다고 한다. 그는 "석굴이 다듬은 돌을 쌓아 굴 모양을 만들어 흙집처럼 보였다"(築鍊石以爲窟狀若土宇而)라고 썼다(도 3-23). 그는 자신이 방문한 석굴이 '다듬은 돌'(鍊石)로 축조한 것이라는 것을 명확하게 알고 있었고, "굴의 상태가 흙집같이 보였다"고 하여 오늘날과 같이 돔(dome) 형태의 천장이 그대로

[도 3-23] 기와로 덮여진 복원공사 이전의 석굴암 돔 외부 지붕.

40 필자는 『우와집』을 직접 확인하지는 못했으며 다음의 글에서 재인용했음을 밝혀둔다. 趙喆濟, 「慶州文集 解題(6)」, 『경주문화』 6(2000), pp. 317~328.

보이지 않았음을 시사한다. 이 점은 일제강점기 사진에서 확인할 수 있듯이 둥근 지붕 위에 흙을 덮고 기와를 얹은 상태였으리라는 추정을 가능하게 해준다. 또한 이덕표는 골굴암 대신 골굴이라는 말을 써서, 석굴과 골굴을 각기 같은 방식으로 지칭했으며, 각각의 암자를 석굴암·골굴암이라고 분리해서 인식했음을 보여준다. 그에게 일반적인 굴은 자연굴이고, 인공이 가미된 굴은 각각 나름의 이름을 갖고 있는 것이었다. 이로 미뤄보면 17세기 이후 사람들은 석굴과 골굴을 거의 고유명사처럼, 하나의 이름으로써 받아들였음을 알 수 있다. 글에 쓰고 있는 것을 보면 당시 사람들은 석굴 앞의 암자와 석굴을 구분해서 말하고 있었음이 분명하다.

이와 관련하여 겸재 정선이 1725년경에 그린 <교남명승첩>(嶠南名勝帖) 중에 골굴과 석굴이 포함된 부분이 있어서 일찍부터 관심을 끌었다. 그림에 그려진 것을 보면 '골굴 · 석굴'이라는 명칭이 당시에 널리 통용된 이름이었음을 확인할 수 있다. 진경산수로서의 <교남명승첩>이 갖는 회화사적 의미도 물론 중요한 것이었지만 무엇보다도 이 그림이 1960년대 이후 석굴암의 복원과 그 정당성을 부여해주는 근거가 되었다는 점도 간과할 수 없다. 이 <골굴 · 석굴도>에 그려진 굴 앞에는 목조건물이 있기 때문에 석굴암 굴 입구에 목조 가구를 세우게 되었던 것이다(도 3-24).[41] 1960년대의 수리 때, 결정적으로 목조 전실 유무가 중요한 문제로 대두되었고, 결론적으로 정선의 그림에 보이는 것을 확대 해석하여 전실이 있었을 것이라는 주장을 받아들여 오늘날과 같은 형태의 목조 전실이 건축되었다. 그러나 이때의 판단은 전실 건축 이후에도 계속 문제가 발생함으로 인해 오판이었다는 반론이 나오는 등 그 후유증이 만만치

41 『석굴암수리공사보고서』(1963), p. 10.

않았다. 필자는 그림에 보이는 그대로 굴과 목조건물은 독립된 별개의 것이라고 생각한다. 이들 기행문과 그림은 17세기에서 18세기에 걸쳐 경주의 명승지로 석굴암과 골굴이 세간에 알려져 있었고 적지 않은 시인·묵객들이 이곳을 방문했다는 사실을 암시한다.

[도 3-24] 정선, 〈골굴 · 석굴도〉, 1725년경(『석굴암수리공사보고서』).

17세기 문인들의 기행문에 일부 언급되었던 것에서 짐작할 수 있듯이 조선 후기에는 석굴암이 지방의 명승지, 혹은 적어도 이름 있는 볼거리 반열에 올라 있었던 것은 분명하다. 당시 경주부를 그린 지도 중에 석굴암이 간략하게 표현되어 있는 것을 보면 알 수 있다. 그런데 지도 속에 그려진 석굴암 옆에는 '석굴'이라는 명칭이 쓰여 있다. 불행히도 현재 우리나라에 남아 있는 지도 중에는 명확한 제작 연대가 17세기까지 올라가는 경우는 없다. 석굴암이 그려진 지도 중 이른 예로 ≪경주도회≫(慶州都繪)를 들 수 있다. 18세기 중엽에 만들어진 것으로 추정되는 이 ≪경주도회≫의 <경주부>(慶州府) 부분에는 경주라는 지역에 대한 지지(地誌)에 해당하는 내용과 여러 가지 행정에 관련된 기록과 함께 산으로 둘러싸인 경주부의 주요 지역, 외부로 뻗어 있는 간선도로 · 창(倉) · 역 · 향교 · 서원이 그려졌다.[42] 또한 괘릉(掛陵), 경순왕묘영당(敬順王廟影堂)은 물론 이름 있는 사찰들도 비중 있게 표시되었다. 중앙의 경주 성 외곽에서 동해 방면으로는 분황사와 불국사 · 골굴 · 기림사 등이 보인다. 현대적인 지도와는 차이가 있지만 경주의 자연지리, 인문지리적 정보를 충분히 제공하고 있어서 당시 정확하게 지도로서의 역할을 다했다고 보기에 충분하다. 그런데 흥미롭게도 골굴과 불국사 사이의 산등성이에 마치 표식이나 기호처럼 둥근 동굴 같이 그림을 그리고 그 위에 '석굴'(石窟)이라는 글씨를 쓴 것이 보인다. 그 옆으로는 붉게 채색된 작은 건물이 비껴서 있어서 석굴암과 분리된 암자로 보인다. 이를 보면 18세기 중엽에도 여전히 경주 외곽 토함산에 있었던 석굴의 존재를 사람들이 잘 알고 있었고, 당시에도 '석불사'라고 불렸는지는 알 수 없으나 그 개념은

42 이 지도는 서울대학교 규장각 소장이다. 李燦, 『韓國의 古地圖』(범우사, 1991), p. 279, 도 217 참조.

토굴과 같은 방식으로 '돌로 된 동굴'이라고 의식하고 이를 석굴이라고 불렀다는 것을 말해준다. 반면 옆에 있는 붉게 칠해진 목조건물에는 특별히 어떤 이름도 명기되어 있지 않다. 지도에는 '석불사'(石佛寺)라는, 『삼국유사』에 나오는 정식 명칭을 쓰지도 않았고, 또 '석굴암'이라고 쓰지도 않은 것에 주의할 필요가 있다. 원래 건립 당시에는 어떤 복합적이고 집합적인 건축구조물로서 석불사라는 사찰명을 붙였을지 알 수 없으나 적어도 조선 후기, 17세기 이후에 석굴암이 '석불사'라고 불릴 만한 독립된 사찰이 아니었다는 것은 확인할 수 있다. ≪경주도회≫는 당시 경주 인근의 경승지로 이름이 나 있었던 석굴암의 개략적인 위치, 즉 인근의 사람들이 생각하고 있었던 머릿속의 지도를 보여주면서 그와 동시에 '석불사'나 '석굴암'이 아니라 단지 '석굴'이라는 이름으로 알려져 있었음을 말해주는 좋은 자료이다.

석굴이 표시된 지도 중에 비교적 널리 알려진 것은 규장각 소장의 ≪해동지도≫(海東地圖)이다.[43] 늦어도 1750년대에는 구성된 것으로 믿어지는 ≪해동지도≫는 회화식 군현지도집으로서 나라에서 주관하여 펴낸 관찬 지도라는 점에서 신뢰할 만하다. ≪해동지도≫는 지도이면서 동시에 지지(地誌)로서의 성격을 갖추고 있어서 조선 후기 지도의 이해에 기준이 된다고 한다. 이 지도에서도 석굴은 암자와는 따로 떨어진 곳에 있으며, 둥근 말굽 모양의 윤곽 안에 직사각형 형태로 문을 그려서 일반적인 목조건물과는 전혀 다른 구조물로 이해되고 도표처럼 이미지화되었음을 알 수 있다(도 3-25). 이외에는 특별한 구조물이 보이지 않으며, 바로

43 ≪해동지도≫에 대해서는 기존의 연구가 적지 않은 편이다. 전체 8책으로 이뤄진 지도가 1995년에 출간된 바 있다. 경주부는 서울대학교 규장각, 『海東地圖』(上)(서울대학교, 1995), p. 171 참조.

위편에 있는 골굴에 목조건물들이 중첩된 모습으로 그려진 것과는 다른 방식으로 표현하고 있어서 주목된다. 이 시기 지도상에 보이는 이와 같은 차이점은 18세기에 골굴과 석굴이 명확히 다른 종교적 공간을 형성하고 있었고 사람들이 이를 알고 있었음을 알려준다.

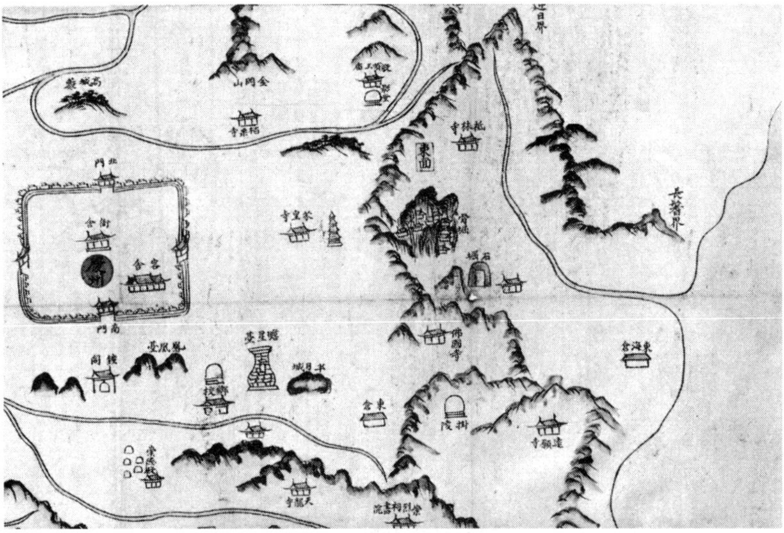

[도 3-25] ≪해동지도≫ 경주부 부분, 18세기 후반.

반면 이들 지도와는 다른 표현도 눈에 띈다. ≪해동지도≫보다 늦은 18세기 중기 이후 제작된 것으로 추정되는 영남대학교 박물관 소장의 ≪영남지도≫(嶺南地圖)이다. 이 지도는 18세기 중엽에 제작된 원본을 필사한 것으로 알려졌으나 지도의 수법과 표현방식으로 미루어 그보다 한 세기 가량 늦은 시기의 것일 가능성이 있다(도 3-26).[44] 이 지도는

44 嶺南大學校 博物館 編, 『嶺南大 博物館 소장 한국의 옛 지도(圖版篇)』(영남대학교 박물관, 1998), p. 145, 도 194.

[도 3-26] 「慶州府」, 『嶺南地圖』, 18세기 중엽.

앞의 ≪경주도회≫보다 그림 방식과 정보가 훨씬 간략하게 처리되었고 주로 지명을 위주로 나타내어 앞에서 언급한 지도들보다 늦게 제작되었음을 분명하게 보여준다. 지도에는 경주부 중심부에서 오른편 약간 위로 불국사와 골굴이 비스듬한 선상에 위치하고, 그 중간쯤에 '석굴암'(石窟庵)이라는 표기가 선명하게 보인다. 그러나 앞의 지도와는 달리 이 지도에서는 석굴과 암자를 분리시켜 표시하지도 않았고, 석굴을 보여주는 다른 어떤 표시도 따로 하지 않았다. 이를 좀 확대 해석하면 이 시기에는 석굴암이 암자로 인식되었을 가능성도 있다. 또한 석굴암이라는 명칭을 일제 때 처음 만들어 쓰기 시작한 것은 아니라는 것을 알려주기도 한다.

조선 후기에 만들어진 여러 지도상에 표기된 석굴암은 개략적인 석굴의 위치를 알려주는 정도로 그려졌으며 대충 어느 방향, 어디쯤에 있다는 사람들의 생각을 반영한 것에 불과하다. 즉, 반드시 실제 존재하던 석굴암의 형상을 표현한 것은 아니라는 말이다. 그럼에도 불구하고 이들 지도에 석굴암이 표기된 것은 18세기 조선 사람들의 석굴암에 대한 인식의 단초를 제공한다는 점에서 매우 중요한 의미가 있다. 우선 '석굴'이라는 표기가 석굴암보다 우선한다는 점을 지적할 수 있다. 그리고 ≪교남명승첩≫, ≪경주도회≫, ≪영남지도≫를 통해 볼 때, 석굴과 석굴암이 18세기 중엽까지는 분리되어 이해되었고, 그 이후에는 동일하게 인식되었으리라고 추정할 수도 있겠다. 이와 관련하여 창건 당시부터 줄곧 쓰였을 석불사의 명칭이 석굴로 바뀐 것이 17세기경이라고 추정된 바 있다.[45] 18세기 후반의 불국사 관련 기록에도 석불사라는 명칭 대신 '석굴', 혹은 '석굴암'이 나온다. 김상현 교수는 1771년에 쓰인 <불국사수미종각중창

45 김상현, 「石窟庵에 관한 文獻資料의 檢討」, 『石窟庵의 諸問題』(한국정신문화연구원, 1991), pp. 93~95.

상량문>(佛國寺須彌鐘閣重創上樑文)에는 '석굴질'(石窟秩)로, 1781년에 쓰인 <불국사자하문상량문>(佛國寺紫霞門上樑文)에는 '석굴암질'(石窟庵秩)로 표현되었다는 데 주목하여 이를 근거로 18세기경에는 석굴암이 불국사의 암자처럼 되었을 것으로 추측한 바 있다.[46] 그런데 우리가 알고 있는 문헌 기록들은 17세기에 쓰인 『산중일기』 이후의 것들이다. 즉, 석굴 · 석굴암의 명칭과 불국사와의 관계에 대한 추정은 충분히 설득력이 있다. 그렇지만 과연 이들 문헌 기록과 지도가 제작되기 이전, 즉 17세기 이전에 『삼국유사』에 나오는 대로 석불사라는 이름으로 계속 불렸는지는 확신할 수 없다. 13세기의 기록을 그대로 받아들인다고 해도 『삼국유사』와 『산중일기』 사이에는 적어도 400년의 시차가 있다. 이 400년 동안 석굴암이 석불사라는 이름으로 계속 불렸다고 볼 수 있는 공백을 메울 수 있는 문자 자료가 우리에겐 없는 셈이다.

매우 빈한한 이상의 자료들을 통해 볼 때, 조선 중기까지 석굴과 석굴암은 명백히 다른 의미로 사용되었음을 알 수 있다. 하지만 시간이 흐르면서 점차 석굴은 오늘날의 석굴암과 같은 의미로 석굴과 암자 모두를 통칭하는 것으로 바뀌었다고 추정된다. 여기서 한 가지 더 생각해봐야 할 것은 17 · 18세기 문집 속에 거론된 '석굴'이라는 용어가 우리가 말하는 석굴사원의 석굴과 같은 의미로 사용되었는가 하는 점이다. 사실 통상적인 의미로 석굴암은 석굴과 암자, 혹은 석굴이 있는 암자에 대한 '일반명사'로 쓰일 수 있고, 이전에는 분명 그랬던 것으로 보이지만 20세기 어느 시점에 들어서 석굴암은 『삼국유사』에 나오는 석불사를 지칭하는 고유명사로 변모되었다. 오늘날 석굴암을 단순한 일반명사, 돌로 만든 굴의 암자 정도의 의미로 받아들이는 사람은 없다. 반면 석굴의 경우는 여전히

46 김상현, 위의 글, p. 94 참조.

일반명사로 남아 있다. 석굴은 동굴이나 토굴이 그런 것처럼 말 그대로 '돌로 된 굴'이라고 문자 그대로 이해되지만 석굴이 뜻하는 바는 이제 단순히 그 정도에 그치지 않는다. 오히려 우리는 석굴에 대해 '바위에 뚫린 굴'이라는 사전적 의미보다 종교적 의미가 부가된 석굴사원이라는 인식을 떠올린다. 어떤 언어이든 시간의 흐름에 따라, 쓰는 사람들에 따라 그 의미가 다르게 변하기도 한다. 이를테면 석굴은 동굴이나 토굴과는 다른 사회적 의미를 지닌 용어로 은연중에 전화된 셈이다. 그리고 그 전화의 계기는 근대에 외부로부터 이식된 불교미술 전파론에 있다.

위에서 살펴본 지도 속의 석굴 표시는 일제강점기에 일본인들이 석굴암을 발견했다는 주장이 허위였음을 확인시켜준다.[47] 물론 이 점은 잘 알려진 기록을 통해서도 확인되었다. 『불국사사적기』(佛國寺寺蹟記)에는 석굴암이 18세기에 보수되었다고 했고, 『석굴암중수상량문』(石窟庵重修上樑文)에는 1891년에 조순상(趙巡相)이 석굴암을 중수했다고 쓰였다. 이처럼 지도와 그림, 기행문이 말해주는 위의 사실은 석굴암이 불국사처럼 중요한 예배 공간으로 기능했는지는 알 수 없으나 적어도 사람들이 잘 알고 있었고, 조선시대 동안 여전히 명맥을 유지하고 있었음을 말해준다. 일본인이 발견했다는 허위의 주장은 일본인들이 석굴암의 존재를 알게 됐다는 것을 말해줄 뿐이다. 그들은 1907~1908년경에 우편배달부가 폐허가 되어 아무도 모르고 있었던 석굴암을 발견했다고 주장했다. 그리고 그들이 '발견'한 이후인 1909년에 제2대 통감 소네 아라스케(曾禰荒助, 1849~1910)가 석굴암을 방문하면서 석굴암의 존재가 대중적으로

47 석굴암의 근대적인 발견과 그 역사적 의미에 대해서 姜熺靜, 「석굴암의 근대적 재발견: 20세기초 형성된 석굴암 인식의 기초를 중심으로」, 『정재 김리나교수 정년퇴임기념논총』(도서출판 예경, 2007), pp. 139~155.

부각되기 시작했다. '우연히' 석굴암을 발견했다는 우연설의 역사적 조작은 조선인들을 무시하려는 의도로 더욱 강조되었다. 이 점은 앞에서도 언급했지만 불국사와 함께 서너 명의 승려에 의해 석굴이 수호되고 있었으므로 일본인 우편배달부가 석굴을 발견했다고 선전하는 것은 사실을 왜곡하고 총독부의 통치를 정당화하는 것이라고 지적된 바 있다.48 소네 통감의 석굴암 발견설은 나비 표본을 찾아 정글로 들어갔다가 '태고의 신비'를 간직한 앙코르 와트를 역시 우연히 발견하게 되었다는 앙리 무오를 연상시킨다(도 3-27). 이 사진은 무오의 뒤를 이어 캄보디아 내륙과 앙코르 일대를 대대적으로 조사한 탐험대의 일원 루이 들라포르트가 그린 그림으로, 장엄한 건축이 밀림 속에 존재하는 것을 보여준다.

[도 3-27] Louis Delaporte, Les Monuments du Cambodge, *Voyage d'exploration en Indochine*, 1873.

48 황수영, 「石窟庵」, p. 34.

우연한 발견을 강조하는 것은 실제 그 땅의 주인인 식민지 원주인(原住人)의 존재를 무시한 제국주의의 오만함을 보여주기에 충분하다. 무오는 1861년에 앙코르 와트를 '발견'했다고 알려졌지만 실제로 무오보다 앞서 앙코르 와트에 갔던 프랑스 선교사들이 있었다. 그중에는 1850년 앙코르에 갔던 이야기를 1858년에 책으로 출간한 샤를 에밀 부유보가 유명하다. 그러나 세간에는 무오의 발견담이 더 널리 퍼져 있었다. 오타니 고즈이 같은 서역 탐험대의 경우를 생각해보면 알 수 있듯이 일찍부터 서양의 문물을 접하고 1867년부터 1878년, 1900년 등 수차례에 걸쳐 파리만국박람회 등에 출품한 경력이 있었던 일본은 무오 등의 일화를 알고 있었다. 또 식민지 경영에서 문화재가 가질 수 있는 효용가치 역시 충분히 알고 있었다. 1911년에 파리 극동학원을 방문한 세키노 다다시 역시 앙코르와 관련된 사진들을 보았다. '우연한 발견'설을 내세운 일본인들의 주장은 한편으로는 조선의 선비들이 찾아갔던 석굴과는 전혀 다른 석굴사원 석굴암이 논의되기 시작했음을 의미하는 것이기도 하다. 이는 석굴암이 '근대적 공론'의 대상이 되기 시작한 것을 의미한다. 일본인들에 의한 '석굴암의 공론화'와 이로 말미암아 전개되기 시작한 다양한 논의는 석굴암에 대한 인식을 근대적인 방식으로 전환시키는 계기가 되었다. 우체부인가, 촌로인가, 혹은 총독인가, 즉 누가 발견했는가를 둘러싼 논란은 석굴암에 대한 공개적인 '언급'과 그를 둘러싼 지식의 형성 과정이 일본인에 의해 시작되었기 때문에 빚어진 것이다.

4. 석굴사원 개념의 도입과 석굴암 '재발견'의 세계사적 의의

석굴암을 종교적 공간으로서의 석굴사원으로 인식하고 연구하는 관점은 일제강점기에 외부로부터 주어진 근대적인 시각에 기인한다. 정시한이나 임필대가 자신들의 여행기에서 '석굴'이라고 지칭했다고 해서, 또 17세기의 지도에 '석굴'로 표기되었다고 해서 이것이 오늘날 이야기되는 석굴의 패러다임을 가지고 말하고 있는 것이 아니라는 점은 자명하다. 조선의 선비들은 문자 그대로 동굴이나 자연굴과 같은 의미로 석굴을 생각했을 것이다. 그러나 오늘날의 석굴과 '석굴 패러다임'은 17세기에 쓰인 석굴과 같은 의미로는 해석되지 않는다. 석굴 패러다임은 근대적 시각이 반영된 것이며, 그 자체로서 가치중립성을 지니지 않는다. 석굴 패러다임에 내재한 근대적 시각은 일제강점기에 외부로부터 주어진 인식틀이다.

석굴암에 관한 근대의 제일 이른 기록 가운데 하나는 앞에서 언급했던 1910년 간행의 『조선미술대관』이다. 이 글에서는 소네통감에 의해 발견되었을 뿐, 아무도 가보지도, 알지도 못했으나 조선의 석불 가운데 가장 오래된 걸작이라고 추정한다.

> 기록이 전혀 없어서 창설 연대 등을 확인할 길이 없지만 신라 최전성기에 제작된 것임은 의심할 여지가 없다. 연전에 소네통감 일행이 이 굴에 와서 처음 이를 발견한 것 외에 우리나라 학자 및 조사원 누구도 아직 발길이 닿지 못하였다. 조선의 석조각 불상 가운데 가장 오래된 걸작일 것이다."[49]

---

49 釋尾春芿 編, 『朝鮮美術大觀』 朝鮮群書大系 3(京城: 朝鮮古書刊行会, 1910).

여기에는 이름도 없고 조성 연대에 대한 아무런 언급도, 석굴사원에 대한 개념도 없다. 이는 석굴사원으로서의 석굴암이라는 인식이 '근대적 발견'과 동시에 성립된 것은 아니라는 추정을 가능하게 해준다.

1915년에 나온 잡지 『학지광』(學之光)에는 조선인이 쓴 가장 이른 시기의 한국미술론으로 간주되는 글이 실렸다.[50] 국어학자 안확(安廓)은 『학지광』에 「조선의 미술」이라는 글을 전체 5장의 소절(小節)로 나누어 썼는데 그 중에서도 제<2장>은 조선미술품 감상이 주 내용을 이룬다. 안확은 이 부분을 회화 · 조각 · 도기 · 칠기(漆器) · 건축 · 의관 · 무기로 나누어 각 장르별 미술을 소개하고 있다. 20세기 초의 글임에도 불구하고 미술을 장르별로 분류하고 있다는 점이 신선하다. 주목되는 것은 안확이 특이하게도 석굴암을 <건축> 부분에서 거론했다는 점이다. 그는 건축(建築) 부분에서 "경주 불국사, 석불암(石佛岩)"이라고 썼다. 하지만 이름도 다를 뿐더러 이어지는 설명도, 아무런 소개도 없어서 그가 석굴암을 어떻게 생각하고 있었는지는 확인할 길이 없다. 실제로 안확이 거론한 많은 조선의 미술품들은 자세하게 설명이 되었다거나, 왜 자신의 글에서 중시되었는지를 보여주는 아무런 정보가 없다. 그는 단지 미술품의 이름을 열거하고 있을 뿐이고, '조선미술이 훌륭한 것들이 많았다'라고만 썼을 뿐이다. 아마도 안확은 미술에 대하여 당시 일본 학자들의 글과 서술 방식을 참고했을 것으로 보인다. 미술에 대해 관심을 갖고 글을 남기는 것은 그 당시로서는 가장 선진적이고 개방적인 태도를 가진 사람에게서만 볼 수 있었으리라고 생각된다.[51] 글의 내용으로 미루어보아 안확은 근대적 의미에서의 미술과 미술사라는 학문에 대해 막연하게 알고 있었던 듯하

50 安廓, 「朝鮮의 美術」, 『學之光』 第五號(東京: 學之光發行所, 1915), pp. 47~52.

51 安廓, 위의 글, p. 48.

다. 그러나 그는 석굴암에 대한 아무런 정보도 보여주지 않으며 석굴사원으로서의 석굴암이라는 인식 또한 보여주지 않는다.

석굴암을 언급한 가장 이른 시기의 글에 해당하는 위의 두 문헌은 아직까지 석굴이라는 점에 특별한 의미를 부여하지 않았음을 말해준다. 즉, 조선의 선비들이 남긴 시문 속에서 석굴이라고 쓰고 있는 것과 별반 차이가 없는 것이다. 그런데 이와 거의 비슷한 시기에 석굴사원으로서 석굴암을 바라보는 인식의 기반 역시 형성되고 있었다. 세키노에 의해 1902년부터 1913년까지 이어진 조선 고적조사를 기반으로 한 조선의 유적과 유물에 대한 대대적인 소개가 1915년부터 약 20년에 걸쳐 『조선고적도보』로 간행되었다는 점은 앞에서 설명한 바와 같다. 이와 관련하여 『조선고적도보』 통일신라편 제5권에 수록된 석굴암에 대한 해설 부분을 주목할 필요가 있다. 1917년에 간행된 『조선고적도보 해설편』 5권에는 다음과 같이 서술되어 있다.

> 석굴암은 『삼국유사』 및 사적에 의하면 경덕왕대 대상 김대성이 창립한 석불사이다. 그 석굴은 지나(支那) 남북조 · 수 · 당 사이에 만들어진 불감(佛龕)을 모방한 것으로 그것은 산을 개착하여 만든 것이고, 이것은 석재로 구성한 후에 흙을 덮어 만든 것이다.[52]

'석굴암은 석불사'라고 단언했을 뿐만 아니라 본문 중에는 불감이라고 썼지만 이것이 오늘날 쓰이는 석굴사원과 유사한 의미로 쓰였다는 것을 짐작할 수 있다. 오히려 이때까지 석굴사원이라는 개념이 일반화되지 않았기에 불감이라는 용어를 썼다고 볼 수 있다. 그러나 불교와 그 미술의

52 『朝鮮古蹟圖譜: 解說篇』 5, pp. 12～13.

전래에 관한한 이미 전파론적 관점에서 석굴사원에 관한 인식틀이 제시되고 있음을 보여준다. 『조선고적도보 해설편』 역시 세키노 다다시와 다니 세이치(谷井濟一)가 조선총독부의 촉탁으로 써낸 것이므로 기본적인 틀 역시 이들에 의해 성립되었다고 볼 수 있다. 이와 관련하여 『조선고적도보』가 일본의 식민지 지배를 국제사회에서 정당화하려는 것이었고, 일본이 만들어낸 담론 방식에 의해 식민지 조선의 내력과 지세를 응축시킨 것이라는 지적은 유의할 만하다. 결국 일본은 고적조사사업만 아니라 '조선미술사'를 서술하는 행위를 통해서 조선이라는 식민지의 시간과 공간을 지배하고 있었다고 규정한 것이다.[53] 흥미로운 점은 『조선고적도보』의 석굴암 항목에서 도판 명칭이 <불국사 석굴암석굴>(佛國寺 石窟庵石窟)이라고 되어 있다는 것이다. '석굴'이나 '석굴암'이 아니라 '석굴암석굴'로 되어 있는 것은 석굴암이 인도나 중국의 석굴사원과 같은 반열에서 생각되고 있었음을 시사한다.

세키노는 1902년부터 조선 전역을 조사했는데, 건축 전공자답게 사찰이나 관아의 도면을 직접 작성할 정도로 건축 구조물에 대한 관심이 높았다(도 3-28). 조선미술에 관한 그의 관심은 1932년에 펴낸 『조선미술사』에 집대성되었다.[54] 이 책은 원래 1923년에 조선사학회에서 개설하고 연재한 조선미술사 강좌를 기초로 한 것이다. 조선사학회 명의로 된 책 서문에는 강의를 했던 1923년으로부터 10년이 흘러 새로 발견되거나 발굴된 것을 보충하고 다수의 도판을 첨가하여 출간했다고 되어 있다.

---

53 다카기 히로시, 「일본미술사, 조선미술사의 성립」, p 148.

54 이에 대해서는 關野貞, 심우성 역, 『朝鮮美術史』, p. 5. 또 그 배경에 대해서는 이성시, 「구로이타 가쓰미를 통해 본 식민지와 역사학: 『조선사』 편수와 고적조사를 중심으로」, 박경희 옮김, 『만들어진 고대: 근대 국민국가의 동아시아 이야기』(삼인, 2001), pp. 216~220 참조.

[도 3-28] 세키노가 그린 쌍영총 내부.

즉, 기본적인 조선미술사의 인식틀은 1923년도 강좌에서 달라지지 않은 셈이다. 이 조선사학회를 설립하고, 조선사 강좌를 열거나, 조선사를 간행하는 데 결정적인 역할을 한 사람은 구로이타 가쓰미이다. 구로이타는 1922년부터 1938년까지 약 16년에 걸쳐 『조선사』 전권을 간행하도록

했던 인물이다. 세키노의 『조선미술사』에서는 석굴암을 '조선 유일의 석굴'이라고 규정하고, 북위 · 수 · 당에서 만든 석굴을 모방하여 만든 것이라고 썼다는 점은 앞의 책에서와 마찬가지이나 중국의 운강과 용문석굴을 비교할 수 있는 구체적인 예로 들고 있는 점이 다르다.[55] 세키노는 이 책에서 바위산이 없는 조선에서 석굴암은 석재로 만든 창의적인 석굴이라며 당시의 발달된 건축술이 놀라운 것이라고 하고, 석굴 조각상들은 어디에도 비할 수 없는 걸작이라고 극찬하고 있다. 그는 다시 통일신라시대의 석상을 다룬 부분에서도 석굴암 본존불을 다시 예로 들고 석굴의 구조가 신라 특유의 고안으로 이뤄졌다는 것을 강조하였다.[56]

『산중일기』의 정시한도 '석굴'이라는 단어를 썼고, 세키노 다다시도 역시 '석굴'이라는 말을 썼다. 그러면 두 사람은 같은 의미에서 '석굴'이라는 단어를 쓰고 있는 것인가? 세키노가 말하는 석굴은 불교적 맥락에서의 종교적 공간을 의미한다. 반면 정시한을 비롯한 조선 후기 선비들의 기행문에서 석굴은 특별한 사회 · 문화적 해석이 필요 없는 단순한 의미에서 돌로 된 굴을 지칭한다. 오늘날 석굴암을 석굴사원으로 인식하고 그 원형을 인도에서 구하는 것은 이처럼 세키노와 같은 일본인 학자들에 의해 시작된 것이다. 석굴암이 '근대적'으로 재발견된 이후, 석굴암을 둘러싼 다양한 접근과 언설(言說), 학문적 논의의 틀이 조선인에 의해 자생적으로 구축된 것은 아니었다. 1910년대에 석굴암을 비롯한 조선의 미술문화에 대한 일차적인 조명이 이뤄졌는데 그 기초는 세키노 다다시에 의한 조선 고적조사와 『조선고적도보』와 같은 도록의 출간에 있었다. 불교적 공간인 석굴사원의 연장선상에서 석굴암을 바라보는 시각은

---

55 關野貞, 심우성 역, 앞의 글, pp. 178~180.

56 關野貞, 심우성 역, 『朝鮮美術史』, p. 196.

세키노와 야나기 무네요시에 의해 논리적으로 정교하게 되었다.

석굴에 대한 근대적 인식은 석굴사원에 대한 관심에서 비롯되었다. 일본에서 불교의 발상지이자 불교미술의 근원지로 인도를 주목함으로써 석굴사원에 대한 일말의 동경이 시작되었다. 인도와 불교미술에 대한 높은 관심은 프랑스인 간다라미술 전문가 알프레드 푸셰를 초빙한 일에서도 알 수 있다.[57] 근대 '동양'의 개념을 창안해낸 일본인 학자들은 자신의 국민들에게 불교와 불교미술에 대한 관심을 불러일으키려고 노력했다.[58] 메이지(明治) 유신 이후, 일본에서는 서구 기독교에 대응할 만한 동양의 정신으로 불교를 중시하기 시작했기 때문이다.[59] 단적인 예로 1896년에 제안된 <고사사보존회(古寺社保存會) 조직에 관한 건의>에는 "불교와 관련된 건축, 불상 등 제반보물은 국가 고유의 것으로 빛을 발하며, 후세 미술의 모범이 되므로 보존해야 한다"고 되어 있다. 이러한 제도적 정비의 과정을 거치면서 불교와 불교미술은 기독교와 기독교 문화에서 시작된 서구 문명에 대응하는 동양 문명의 정수로 자리하게 되었다.[60] 오카쿠라 덴신은 전근대의 불상이야말로 그리스 조각에 비견되는 '조각'이고 고대 그리스와 비교했을 때, '나라(奈良) 미술사의 핵심은 조각'이라고 단언할 정도였다. 그들에게 서구의 빛나는 문명은 그리스 조각에서

57 초기 불교미술 전문가인 알프레드 푸쉐는 자신의 저서 『佛教美術研究』 일본어판을 간행하면서 그 서문에 1926년 일본의 여러 대학에서 강연할 영예를 얻게 되어 그 강의의 大要를 출간하게 되었다고 밝혔다. Alfred Foucher, 『佛教美術研究』(東京: 大雄閣, 1928), p. 1. 책 뒤편에는 Etudes sur l'Art Bouddhique de l'Inde라는 제목으로 프랑스어 원고가 실려 있다.

58 '동양'의 창안에 대한 논의는 스테판 다나카, 박영재 · 함동주 옮김, 『일본 동양학의 구조』를 참조하기 바란다.

59 高木博志, 『近代天皇制の文化史的研究』, pp. 293~296.

60 쇼와시대까지 이를 계승했던 인물로 시라토리 구라키치를 들 수 있다. 스테판 다나카, 박영재 · 함동주 옮김, 『일본 동양학의 구조』, pp. 259~261.

정점을 이룬 것이기 때문에 그에 견주어 손색없는 미술은 불교미술이어야 했다. 불교조각이 동양미술사에서 가장 중요한 위치에 오를 수 있었던 것은 이러한 맥락에서 자연스럽게 이해할 수 있다.[61] 그런데 덴신이 자신의 강의에서 텐치시대(662~671)가 인도 · 그리스풍의 영향이 컸고, 텐표시대는 이상적이고 영묘고아(靈妙高雅)한 특색을 지니고 있다고 주장한 것은 스승 어네스트 페놀로사의 영향에 의한 것이었다.

그들이 불교미술의 보고로 석굴사원을 주목한 것은 두 가지 측면에서 해석이 가능하다. 첫 번째는 석굴사원이야말로 불교를 가장 잘 보여주는 미술형식이라고 생각한 것이다. 종교적 건축으로 석굴을 만든다는 발상은 인도적인 것이며, 석굴은 불교에서 성스러운 공간을 창조하는 가장 중요한 건축 유형으로 간주된다.[62] 유행자들이 기거하던 동굴에 불사리(佛舍利)를 봉안하는 스투파를 건축하여 예배하는 성스러운 공간으로 확대된 것이 인도의 석굴사원이다.[63] 현재 남아 있는 석굴 가운데 인도에서 가장 이른 시기의 석굴은 기원전 1세기경 축조된 것으로 추정되는 바자석굴이고 이어서 베드사 · 칼리 · 아잔타 석굴이 조영되었다(도 3-29). 원래 승려들이 우기에 안거하던 비하라에서 석굴이 시작되었다는 것은 잘 알려졌다. 그러므로 신성한 장소로서의 석굴은 인도에서 발생한 인도

---

61 다카기 히로시, 「일본미술사, 조선미술사의 성립」, pp. 136~153 및 주 201 참조. 특히 불교미술에 대한 페놀로사의 입장은 다음의 책에서 잘 드러난다. Ernest F. Fenollosa, Epochs of Chinese and Japanese Art, Vol. 1(New York: Dover Publications, Inc., 1963). 이는 1913년의 재판본을 1963년에 복간한 것이다.

62 이주형, 「보드가야에서 쿠쿠테슈바라로: 석굴암과 인도의 유례」, 『한국과 인도의 문화 · 사상교류』 국제학술회의 자료집(서울대학교 철학사상연구소 · 문화유산연구소, 2006), p. 119.

63 디트리히 제켈, 이주형 옮김, 『불교미술』(예경, 2002), pp. 170~172; 벤자민 로울랜드, 이주형 옮김, 『인도미술사: 굽타시대까지』(예경, 1996), p. 78, pp. 106~112.

고유의 것이므로 석굴사원이야말로 불교미술의 핵심으로 생각되었다.

[도 3-29] 바자석굴, 기원전 1세기경, 인도(사진: 김용준).

두 번째로는 민족지학적 조사의 결과와 결부시킬 수 있었다는 점이다. 서구의 뒤를 이어 제국주의의 길을 걸었던 일본에서는 식민지 경영의 전초전으로 식민지가 될 나라에서 현지조사를 했는데, 그들이 발견한 유적은 그만큼 선전 효과가 높았다. 식민지 점유를 도우려고 일본의 학계에서도 다각도로 노력하던 초기단계에는 역사적 · 인류학적 · 지리학적 연구가 경제적 연구보다 더 강조되었다고 한다. 그러므로 민족지적 조사와 탐험 역시 석굴의 근대적 발견과 관련된다.[64] 새로 창안한 '동양'을 이끌어갈 맹주로서 일본은 먼저 국가의 보호를 받는 대규모 연구기관을 설립하고, 그 사업으로 문헌 연구, 탐험원, 조사원 파견, 연구자 양성, 도서물품 수집 등을 행해야 한다고 생각했다. 시라토리 구라키치 같은 인물들은 그들의 정책을 결정할 근거로 삼을 식민지의 과거와 현재에 대한 정확한 정보가 필요하다고 생각했다. 물론 이러한 태도에 입각해 설립한 연구기관들은 뒤에 식민지 확보를 위한 제국주의의 선발대와 같은 역할을 했다.

한국 불교미술에 관한 인식틀을 세우는 데 중요한 역할을 했던 세키노가 석굴암을 처음 언급한 것은 1909년의 강연 때이다. 그가 탁지부에서 「조선예술의 변천에 대하여」(朝鮮藝術の變遷について)라는 제목으로 강연했을 때, 석굴암을 언급했다고 추정된다. 하지만 단지 석굴암의 이름만 나오기 때문에 실제로 그가 석굴암을 갔는지는 명확하지 않다. 다음해에 펴낸 『조선예술지연구』에는 좀 더 상세한 묘사가 있어서 이 무렵에 비로소 세키노가 석굴암에 올랐다고 추정된다. 그러나 여기에도 석굴사원으로서의 석굴암 인식은 보이지 않으며 단지 "평면이 원형이고, 돌을 쌓아 궁륭형(穹窿形) 천장을 만들었다"고만 되어 있다. 전실이 방형이라거나 방형 전실의 흔적이 있다는 말이 어디에도 없다는 것을 눈여겨보아야 한다. 이러한 언급이 좀 더 발달된 것이 1912년에 『건축잡지』(建築雜紙)에 여섯 번에 걸쳐 연재한 「신라시대의 건축」(新羅時代の建築)이다. 그는

---

64 스테판 다나카, 박영재 · 함동주 옮김, 『일본 동양학의 구조』, pp. 344~346.

이 글에서 석굴암을 "『삼국유사』에 나오는 큰 석감"이라고 쓰고 그 생김새가 석굴과 같은데 흙으로 위를 덮었다고 했다. 근대적 시각에서 석굴사원으로 석굴암을 규정한 것은 이로부터 몇 년이 지난 후인 『조선고적도보』의 출간 때였다. 이 기간 동안 그의 인식은 점차 석굴사원을 강조하는 쪽으로 전개되었다.

세키노가 석굴사원을 강조하게 된 데는 당시 유럽에서 계속된 중앙아시아 조사와 그 자신의 중국 답사와 밀접한 관련이 있다. 그는 그의 생애 동안 열 차례 중국을 방문했다.[65] 그는 운강과 용문석굴을 비롯해서 공현(鞏縣) 석굴, 천룡산(天龍山) 석굴, 의현(義縣) 만불동(萬佛洞), 산동성 신통사(神通寺), 옥함산(玉函山), 황석애(黃石崖), 남경 서하사(棲霞寺), 항주 비래봉(飛來峰)에 이르기까지 거의 중국 전역에 이를 정도로 폭넓은 지역, 다양한 시대에 걸친 석굴사원들을 방문했다.[66] 세키노가 다른 어떤 석물보다도 불상조각을 중요하게 생각했음은 이미 지적한 바 있다. 특히 세키노가 한참 활동했던 다이쇼에서 쇼와 초기는 중국의 불상들이 국외로 유출되어 소장가들에게로 넘겨지던 때로서 세키노 등은 이들 중국의 불상들을 조사하고 실견할 기회가 많았다고 한다. 세키노가 용문을 방문한 그 해에 에두와르 샤반느 역시 용문을 방문한 것은 서구의 관심도 높았음을 보여준다(도 3-30). 샤반느는 이후 언제인가 석굴암도 방문한다. 세키노의 조사는 오카쿠라 덴신과 이토 츄타의 여행 경로를 따라서 이뤄진 것으로 알려졌다. 히다 로미 교수는 그의 방문이 이들의 여행

---

65 세키노의 중국 방문과 조사, 그로 인한 중국 유적과 유물 · 문화재 보존사업에 대해서는 徐蘇斌, 「關野貞と中國の古物古蹟保存事業」, 『東京大學コレクションXX 關野貞アジア踏査』(東京: 東京大學 出版會, 2005).

66 肥田路美, 「關野貞の中國彫刻史硏究と石窟調査」, 『東京大學コレクションXX 關野貞アジア踏査』(東京: 東京大學 出版會, 2005), p. 329.

경로를 답습하고 있다는 점에서 세키노의 중국행이 오카쿠라 덴신과 이토 츄타에게서 자극을 받은 것이라고 지적했다.[67]

[도 3-30] 용문석굴 원경, 중국(사진: 오세윤).

세키노가 중국에서 가장 먼저 방문한 곳은 공현석굴과 용문석굴이었다. 이는 석굴암이 근대적으로 '발견'되기 몇 해 전인 1906년의 일이었고, 돈황 장경동이 세인의 주목을 받기 한 해 전의 일이었다. 그런데 세키노가 중국의 석굴사원에 관심을 갖게 된 데는 다분히 오카쿠라 덴신의 영향이 컸다. 오카쿠라 덴신의 일본미술사 방법론이 그대로 세키노에게 이어졌다는 점은 세키노가 매장물 지상주의적 성향을 가지고 있었고 그의 저술에서 보이는 일관된 고전 · 고대의 찬양에서 확인된다고 지적된 바 있다.[68] 1895년에 동경제국대학을 졸업한 세키노는 메이지 29년(1896) 동경예술대학교의 전신인 동경미술학교에 촉탁이 되어 건축장식사(建築裝飾史)를 가르쳤는데 당시 미술학교 교장은 바로 오카쿠라 덴신이었다.[69]

---

67 肥田路美, 위의 글, p. 330.

68 다카기 히로시, 「일본미술사 · 조선미술사의 성립」, pp. 136~153. 고전 · 고대를 중시하는 것은 그리스 · 로마에 못지않은 일본 고대문화를 과시하기 위한 것이었다.

덴신은 1893년에 용문을 방문하고 근대의 입장에서 용문석굴의 미술사적 가치에 주목한 최초의 인물로 알려졌다. 중국의 석굴사원 가운데 미술사적 입장에서 처음 주목을 받았던 것은 바로 이 용문석굴이었다. 비록 용문석굴을 '근대적'으로 발견했음에도 불구하고 덴신은 불교미술로서의 용문석굴이 지니는 가치와 의미에는 그다지 관심이 없었다. 그는 단지 일본미술의 원류를 찾고 싶었을 뿐이었다. 일본으로 귀국한 이후에는 용문을 비롯한 중국미술 슬라이드를 일본미술과 동시에 보여주며 강연을 했다.[70] 덴신의 중국 여행에서 시작된 중국 답사의 필요성은 바로 일본 미술의 기원을 찾는다는 점에서 당시 일본의 연구자들에게 뿌리 깊게 각인되었던 것이다.[71]

한편 돈황 막고굴 제16굴 통로 벽 안쪽에서 장경동이 발견됨으로써 유럽 열강의 이목이 집중된 것은 1900년경의 일이었다(도 3-31). 서구에서는 장경동 발견 이전에 이미 돈황 막고굴의 존재와 그곳에서 발견된 문서의 반출이 조금씩 이어지고 있던 참이었다. 오렐 스타인이 장경동에서 발견된 고문서 및 불교회화 등을 수집한 때는 1906년에서 1908년 사이였다.[72] 장경동이 발견되기 이전인 1800년대 후반에는 주로 러시아의 탐험가들이 돈황을 왕래했다고 하며, 1899년에는 프랑스 외교관들에 의해 당대 판화 4폭이 유출되었다고 한다. 장경동이 발견된 이후 중국에서의 반응과 서구의 반응은 전혀 달랐기 때문에 고문서의 유출은 더욱

69 大西純子, 「關野貞と東京美術學校」, 『東京大學コレクションXX 關野貞アジア踏査』(東京: 東京大學 出版會, 2005), pp. 129~130.

70 김용철, 「오카쿠라 덴신의 중국 여행과 중국미술 인식」, pp. 728~730.

71 岡田健, 「龍門石窟への足跡: 岡倉天心と大村西崖」, 東京國立文化財硏究所 編, 『語る現在, 語られる過去|日本の美術史學100年』(東京: 平凡社, 1999), pp. 128~139.

72 돈황에 대한 연구사적 검토로 勝木言一郎, 「濫觴期における敎煌學の位相」, 『日本における美術史學の成立と展開』(東京: 東京國立文化財硏究所, 2001), pp. 433~454.

[도 3-31] 공현석굴, 6세기 전반, 북위, 중국(사진: 필자).

빠르게 진행되었다. 스타인보다 한발 늦게 돈황에 갔던 폴 펠리오도 1908년에 장경동에서 다양한 전적과 불교미술을 수집했다. 이들의 연이은 문화재 반출보다 한발 늦게 교토 니시혼간지(西本願寺)의 주지 오타니 고즈이(大谷光瑞, 1876~1948)가 돈황을 방문한 것은 1910년에 일어난 일이었다(도 3-32). 뒤늦게 약탈과 반출의 대열에 합류하기는 했지만 오타니 탐험대의 조직과 활동은 일본이 서구의 움직임을 정확하게 알고 있었고,

[도 3-32] 오타니 고즈이.

이를 민감하게 받아들이고 있었음을 보여준다. 실제로 메이지시대부터 서구와의 관계 정립을 위한 정책을 세웠던 일본에서는 다양한 정치가 · 학자들을 영국 · 프랑스 등지로 시찰을 가게 했다. 여기에는 오카쿠라 덴신을 비롯하여, 구로이타 가쓰미(黑板勝美, 1874~1946), 타키 세이치(瀧精一, 1873~1945), 세키노 다다시가 포함된다. 메이지시대 이후 일본 학자들은 미술사를 포함하여 서양 학문에 대하여 일본의 학문이 열등하다는

생각을 하고 있었고, 동양을 대표하는 일본인이 더욱 분발하여 연구하지 않으면 안 된다고 믿고 있었다.[73] 일본의 근대적 문화재 행정의 기틀을 잡은 초대 제국박물관장 구키 류이치도 독일·오스트리아의 박물관을 참고해서 도쿄와 교토의 제국박물관을 조직했다.[74] 앞에서 언급했듯이 구로이타는 1908년부터 2년간 유럽에서 이뤄진 고대 문명의 발굴 현장을 직접 보면서 '식민지 고고학'을 익혔으며, 동남아시아에서는 유럽의 제국주의자들이 식민지의 문화유산을 어떻게 다루었는지에 대해서도 구체적으로 확인할 수 있었다.[75] 또 세키노도 『조선고적도보』를 출간한 공로를 인정받아 프랑스에서 스타니슬라스 줄리앙상을 받게 되면서 이를 계기로 파리에 가서 식민지 문화재에 대한 선진 제국주의 국가의 정책을 실견하고 돌아왔다. 식민지의 문화유산과 박물관에 대해 제국주의 국가로서의 이용가치에 눈을 뜬 것이다.

이들이 본 '식민지 고고학'은 어떤 것이었을까? 일단 여기서는 당시 식민지에서 이뤄졌던 발굴과 복원의 양상을 알아보기 위해 대표적인 예로 인도네시아 중부 자바의 보로부두르를 살펴보겠다. 보로부두르가 발견된 것은 1814년 토마스 스탬포드 래플즈(Sir Thomas Stamford Raffles)에 의해서였다. 하지만 본격적인 보수와 복원에 들어간 것은 이보다 훨씬 뒤인 1901년부터였다(도 3-33).[76] 스탬포드 래플스는 자바 중부의 원주민들이 보로보도어(Borro-Boedoor)라는 사원에 대해 이야기하는 것을 듣고

73 당시 유럽과 일본의 미술사 연구에 대한 검토로는 후지하라 사다오, 「東洋美術史學의 형성 과정에서 역사적·문화적 가치관: 분석방법을 둘러싼 일본과 구미의 경합에 대하여」, pp. 353~379.

74 高木博志, 『近代天皇制の文化史的研究』, pp. 286~293.

75 이성시, 「구로이타 가쓰미를 통해 본 식민지와 역사학: 『조선사』 편수와 고적조사를 중심으로」, pp. 221~224.

76 Bernet Kempers, Ageless Borobudur(Servire: Wassenaar, 1976), pp. 35~53, 189~211.

[도 3-33] 복원 이전의 보로부두르, 중부 자바, 인도네시아(사진: 필자).

자신의 조수 코넬리우스(Cornelius)를 보내서 그 측량도와 평면도를 그리게 했다. 이것이 보로부두르가 '근대적으로 발견'된 경위이다. 이후 보로부두르는 여러 사람들에 의해 다양하게 조사되고 기록됐으며, 또한 훼손도 이뤄지다가 20세기에 들어와 본격적인 복원에 들어가게 된다. 그 이전까지는 인도네시아에 있었던 바타비아 협회(Batavian Society)가 사진 측량을 하거나 빗물이 모뉴먼트 내부로 들어가는 것을 방지하기 위한 부분적인 복원을 한 것이 전부이다(도 3-34).[77]

보로부두르의 전문적인 복원이 대대적으로 이뤄진 것은 20세기에 들어와서야 가능했다. 1901년에 네덜란드 정부는 네덜란드령 인도 자바·마두라

77 Jacques Dumarcay, Borobudur(Oxford: Oxford University Press, 1978), pp. xi.

고고학연구위원회(Commission in the Netherlands Indies for Archaeological Research in Java and Madura)를 설립했다. 이 기관은 1913년에 네덜란드령 인도고고학협회(Archaeological Service in the Netherlands Indies)로 명칭이 바뀔 때까지 보로부두르 복원과 보존을 제안하는 역할을 했다. 초대 회장 브란데스(J. L. A. Brandes)는 보로부두르 위원회(Borobudur Commitee) 회장을 겸임하고 있었으며 이들 기관이 20세기에 이뤄진 보로부두르 복원에서 의미 있는 역할을 했다. 당시 여기에는 보로부두르 복원에서 중요한 역할을 했던 공공사업부(Department of Public Works)의 반 디 카머(B. W. Van de Kamer)와 반 에르프(van Erp)도 소속되어 있었다. 이 위원회는 보로부두르 보수와 복원을 관장하는 네덜란드 정부의 공식기관이었지만 사실상 그들의 원래 역할은 기껏해야 고대 사원들을 제대로 측정하도록 권고하거나 제안하는 일이었고, 이들이 직접 복원에 참여하는 것은 아니었다.

[도 3-34] 복원 당시 수습된 원래 석재, 보로부두르, 중부 자바, 인도네시아(사진: 필자).

비슷한 시기에 인도차이나 반도를 식민지로 가지고 있었던 프랑스는 아시아 문화 연구를 위해 베트남 사이공에 극동학원(École française d'Extrême-Orient) 분원을 설립하고 1907년 이후에는 캄보디아에서 앙코르 와트(Angkor Wat) 복원사업을 진행하게 했다. 원래 이 극동학원은 1898년에 프랑스령 인도차이나 총독 폴 두메(Paul Doumer, 1857~1932)가 제안하여 설립된 '인도차이나 고고학 조사단'이 시발점이다. '인도차이나 고고학 조사단'은 1900년에 하노이로 옮겨가서 식민지 문화를 다양하게 조사하고 연구하다가 1907년에는 앙코르 와트 일대를 보수 · 복원하게 된다. 소위 앙리 무오가 1858년부터 1860년 사이에 두 번째로 방콕에서 캄보디아 내륙 방면으로 조사를 하다가 발견했다고 알려진 앙코르 지역은 1907년까지 타이에 귀속되어 있었다. 캄보디아로 이 지역이 반환되면서 프랑스는 대대적인 복원에 착수했다. 그들은 자신들의 식민정책을 옹호하기 위해 캄보디아가 과거의 영광을 되찾기 위해서는 선진 문명의 제국 프랑스의 식민통치를 받아야 한다고 주장했고, 이를 보여주는 효과적인 방법이 바로 밀림 속에서 허물어져 있던 앙코르 와트의 복원이었다. 이들에 의해 앙코르 와트에서 복원이 이뤄졌던 때, 하노이 극동학원에 갔던 이토 츄타는 한 가지 놀라운 사실을 발견했다. 그는 당시 앙코르 와트의 도면을 보고서 이것이 기존에 일본에 제타바나(Jetavana)라고 알려진 곳이라는 것을 알았다. 이미 해상을 통한 서구와의 교류가 활발했던 17세기에 겐료 시마노라는 일본 승려가 앙코르 와트에 가서 자신이 본 유적을 제타바나, 즉 기원정사라고 생각하고 그림을 그렸다(도 3-35). 그는 1623~1636년 사이에 앙코르 와트를 방문했으며 자신이 간 곳이 석가모니가 잠시 머물렀던 인도의 기원정사라고 굳게 믿고 있었다. 현재 1715년의 복사본이 남아 있는데, 그의 그림을 보고 이것이 기원정사가 아니라

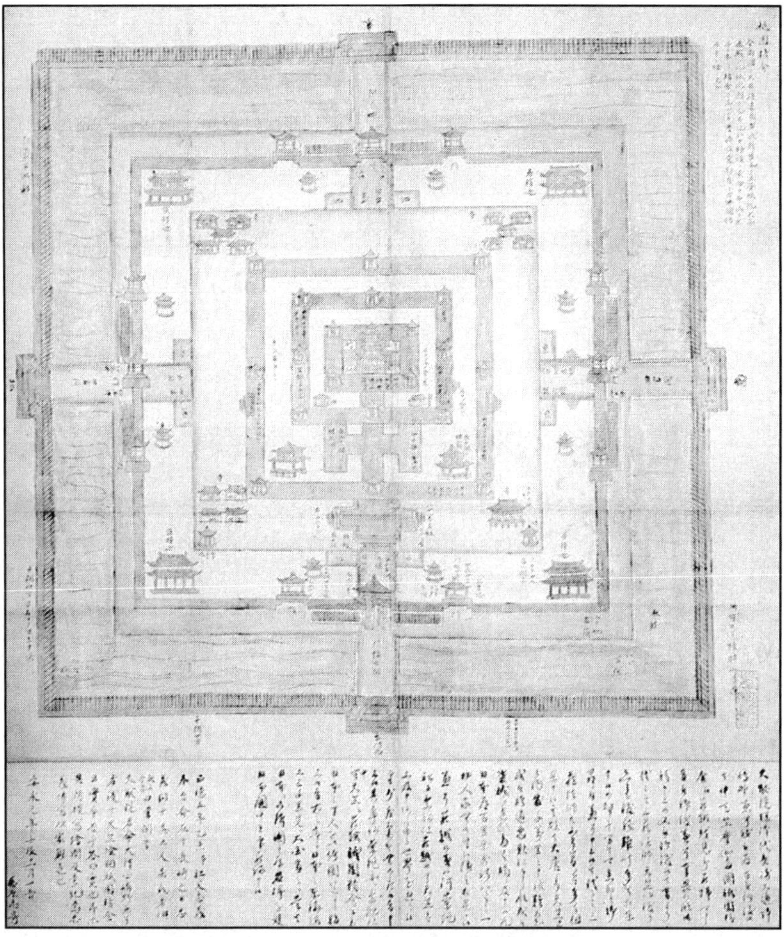

[도 3-35] 겐료 시마노, 앙코르 와트, 1623~1636년경, 1715년 필사본.

앙코르 와트라고 확인한 사람이 바로 이토 츄타였다는 점은 주목할 만하다. 이토 츄타가 운강석굴을 '근대적으로' 발견했다는 점은 이미 언급한 바 있다. 다만 여기서는 당시 프랑스의 식민지였던 캄보디아와 베트남에서 선발 제국주의국가 프랑스가 무슨 일을 했는지를 그가 확실하게 알았다는 점에 초점을 맞추고자 한다. 이는 곧 20세기 초반에 활동한 일본 학자들이 식민지 고고학의 실체를 명확하게 알고 있었고, 이를 조선에 적용하려고 했다는 것을 분명하게 드러내는 대목이다.

한편 보로부두르 복원에 여념이 없었던 반 에르프는 1907년 8월부터 1911년 사이에 집중됐던 복원에서 빗물 개수 시스템에 중점을 두어 일을 진행했다(도 3-36). 특히 우기에 쏟아지는 폭우로 인해 보로부두르가 붕괴되거나 파손되는 일을 막기 위하여 빗물이 잘 빠져나가도록 배수체계를 개선하는 데 힘을 기울였다. 물을 차단하기 위한 방법의 일환으로

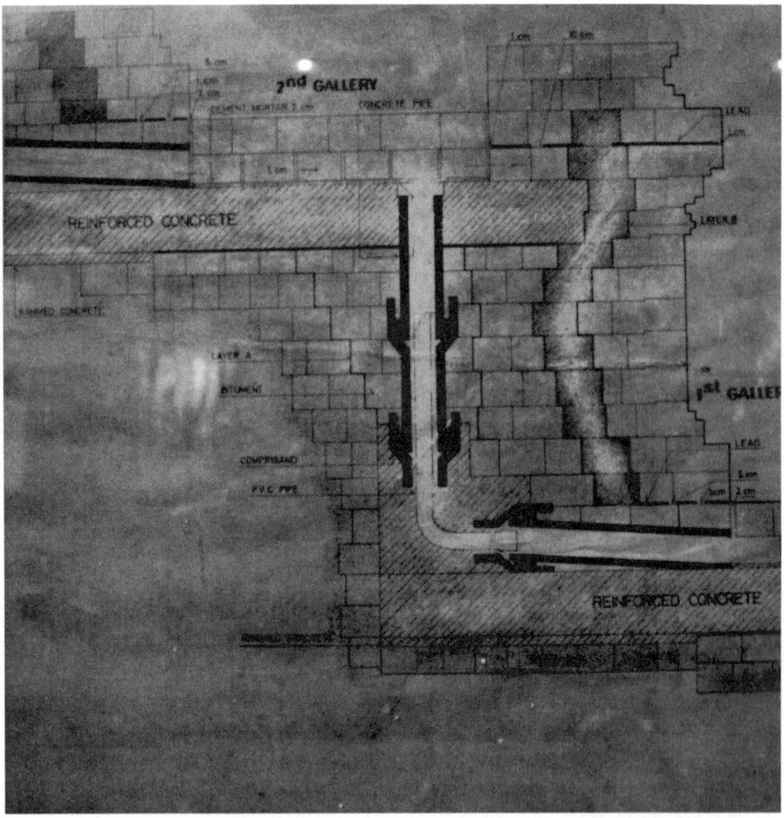

[도 3-36] 복원 당시 보로부두르에 설치된 배수관 평면도(사진: 필자).

석재 표면에 오커(Ochre) 칠을 하기도 했는데 이것이 외벽의 물을 스며들지 못하게 할 수는 있었으나 이것만으로는 내부에 고인 습기를 원활하게 배출할 수는 없었다. 그의 관리와 감독 아래 당시 복원 팀은 끊임없이 간헐적으로 이어진 화산 폭발과 지진으로 인해 무너져 있거나 도괴되기 직전에 있었던 석조 부자재를 제자리에 맞춰 넣는 일을 했으며, 이와 동시에 울타리 부분을 발굴하여 칼라(Karla)의 머리 부분을 포함한 중요한 유물들을 발굴하는 개가를 올리기도 했다. 보수에 필요한 장비와 자금이 절대적으로 부족한 열악한 상황에서도 보로부두르 상층의 원형 테라스를 포함한 반 에르프의 보수는 상당히 긍정적인 평가를 받을 정도로 성공적으로 이뤄졌다. 반 에르프는 파손된 부분이 있어도 그 자리에 절대 새로 만든 자재나 조각을 갖춰 넣어서 복원하지 않고, 원래의 석재를 고수하는 원칙을 가지고 있었다.[78] 그에게 있어서 복원은 원래 건립되었을 당시의 부재를 이용해서 재건하는 것이며, 정확한 모습을 알지 못하기 때문에 다른 석재를 써서 함부로 만들어 추가할 수 없는 일이었다. 이와 같은 태도는 석굴암의 복원과 관련하여 시사하는 바가 있다. 결과적으로 결코 잘된 보수라고 할 수는 없으나 석굴암의 초기 보수에서도 배수 문제에 신경을 썼다는 점, 이후 신문기사에서 석굴암 내부에 습기가 찬 것은 잘못된 보수 때문이라고 지적한 점은 일제의 복원도 습기 문제에 상당히 신경을 쓰고 이뤄졌음을 말해준다. 석굴암 내부에 습기가 차서 석재의 마손을 촉진하고 심하면 붕괴의 위험도 있을 수 있다는 결로 문제는 이후로도 종종 지적된 것이고 이 부분은 석조문화재의 보수 및 보존과 관계된 당시의 인식을 단적으로 보여준다. 서구를 선진 문명으로 간주하고 이를 적극적으로 수용하려고 했던 일본의 지식인들은 동남아시아에서

---

78 Bernet Kempers, Ageless Borobudur, pp. 189~211.

행해진 식민지 고고학과 복원은 물론이고 그 결과를 어떻게 효과적으로 제국주의의 선전물로 삼을 수 있었는지를 충분히 배울 수 있었다. 선진 제국주의에 의한 보로부두르나 앙코르 와트의 보수는 석굴암의 발견과 복원 과정에서 모델이 되기에 충분했다.

세키노가 처음 중국을 방문하기 전인 1902년에 이토 츄타(伊東忠太)는 덴신의 뒤를 이어 중국을 방문하여 운강석굴을 '근대적'으로 발견하고 이에 관해 상세한 글을 발표했다. 1906년에 이토는 『고카』(國華)에 자신이 '발견'한 운강석굴을 '운강(雲岡)의 석굴사(石窟寺)'라는 이름으로 소개했다(도 3-37).[79] 석굴사와 석굴사원은 어감상 비슷하게 여겨지지만 석굴사

[도 3-37] 이토가 그린 운강석굴의 건축장식 문양(『國華』).

79 이에 대해서는 伊東忠太, 「支那山西雲岡の石窟寺」, 『國華』 197(1906年 10月), pp. 431~435; 同, 「支那山西雲岡の石窟寺」, 『國華』 198(1906年 11月), pp, 483~494 참조.

쪽이 일반적인 사찰의 뒤앙스에 가깝다. 이토는 운강을 탁발씨(拓拔氏)가 가장 존중했던 대가람이며, 당시 현지에서는 석불사라고 부르고 있었다고 썼다.[80] 이러한 호칭은 석굴사원에 대한 인식이 아직까지 정설화되지 않았음을 알려준다. 이토는 건축 전공자답게 석굴의 건축적 가치를 중시했다.[81] 그는 1893년에 「호류지건축론」(法隆寺建築論)을 발표하면서 중국·인도·그리스 등의 일본 바깥에서 일본건축의 윤곽을 그려내고자 했다고 밝혔다. 더 나아가 이토는 자신이 운강을 발견한 일에 대하여

> '간다라예술이 총령(葱嶺, 파미르고원)을 넘어 중국 투르키스탄으로 들어와 새외(塞外)를 통과하여 조선으로 들어가고 다시금 일본에 전해져 스이코식[推古式]을 이루었다'는 가정에 대한 유력한 증거를 얻었다는 기쁨으로 [……][82]

라고 의미를 부여하였다. 이는 당시 일본의 불교미술 연구자들이 자신들의 고대미술의 원류를 찾기 위해 중국과 조선을 답사했음을 말해준다. 이 관점은 석굴암에 관한 일본인들의 입장을 반영하고도 남는다. 그가 그린 계통도는 위의 인용문 그대로, 자신의 생각을 도식화한 것이지만 아직까지 여기에는 조선이 빠져 있다.

세키노의 중국 방문은 석굴사원과 불교미술에 대한 세계사적 관심의 일환이었다. 세키노는 오카쿠라에 의해 '발견'된 용문석굴을 알게 되었고, 다음에는 온 세계의 이목이 집중되었던 돈황 막고굴 장경동의 존재를 알게 되었다. 그는 이토가 '발견'한 운강석굴을 답사했고, 1917년에는

---

80 伊東忠太, 『國華』 197(1906年 10月), p. 431.

81 靑井哲人, 「法隆寺と世界建築史: 伊東忠太「法隆寺建築論」の二重性 とその歸趨」, 『日本における美術史學の成立と展開』(東京: 東京國立文化財硏究所, 2002), pp. 16~33.

82 伊東忠太, 앞의 글, p. 431.

마침내 산서성 태원에서 천룡산 석굴을 또한 '발견'했다(도 3-38).[83] 세키노가 주목한 석굴암의 근대적 발견은 이들 중국 석굴사원의 발견과 거의 같은 시기에 이뤄진 것이다. 그 목적이 어디에 있었든 석굴암을

[도 3-38] 세키노가 발견했을 당시의 천룡산 석굴, 1930년대 후반 사진.

주목한 것은 동아시아 석굴 유적의 근대적 발견과 같은 맥락에서 이뤄진 것이었고, 석굴사원으로서 석굴암을 위치 짓는 일은 당시 연이은 석굴사원의 발견과 조사라는 세계사적 시류에 부합하는 것이었다. 일본인 연구

83 세키노는 천룡산을 조사한 후 석굴에 대한 상세한 보고서를 『國華』에 냈다. 關野貞, 「天龍山石窟」, 『國華』 375(1921年 3月), pp. 46~60.

자들은 당시 서구와 경합하려는 생각을 했으므로 서구의 움직임과 보폭을 맞추려고 노력했다. 그러나 아직까지 석굴사원을 중심축으로 각 석굴들을 구체적으로 비교하고 이를 기반으로 동아시아 불교미술사를 구축하는 일은 당시로서는 어려웠다. 따라서 석굴사원으로서의 석굴암에 대한 주목은 말 그대로 어젠다(agenda) 차원의 것이었으며 이들을 구체적으로 비교하거나 검토하는 일은 이뤄지지 않았다. 단지 명제로, 막연한 개념으로 제시되었을 뿐이다. 이는 일본 학자들의 저술에서 석굴암과 비교되는 인도의 석굴을 구체적으로 제시하거나 에카르트처럼 평면을 제시한 경우가 드물다는 것에서도 알 수 있다. 실증적이거나 논리적으로 전개되지 않았던 것이다.

5. '석굴 패러다임'의 성립과 그 의미

석굴 패러다임에 기반한 도식적인 인식은 1927년에 나라(奈良) 비조원(飛鳥園)에서 간행한 『석굴암과 불국사』(石窟庵と佛國寺)에서 극명하게 드러난다.84 책의 해설 부분 첫머리에는

> 예부터 인도에서는 석굴을 많이 만들었다. 아잔타 · 칼리 · 칸헤리 · 엘로라 등 지금도 상당히 훌륭한 유물이 많이 남아 있다. 이것이 중국[支那]으로 들어와 북위에서 수 · 당에 이르기까지 각지에서 개착되었다. 이 무렵의 유명한

84 이 사진집은 원래 1927년에 간행된 것이지만 1972년에 황수영 박사께서 일본의 고서점에서 발견하여 1995년에 영인한 것이다. 『石窟庵と佛國寺: 朝鮮古美術大觀(1)』(佛國寺, 1995) 영인본 참조.

> 운강·용문 등은 실제 노출된 바위 면에 만든 것이다. 석굴은 조선으로 전해졌지만 경주 부근에 마땅한 산이 없었으므로 굴착하는 대신, 돌을 쌓고 그 위에 흙을 덮어서 만든 것이다

라고 '인도 → 중국 → 한국으로 전해진 석굴'이라는 패러다임을 명료하게 드러내고 있다.[85] 이미 1920년대 후반에는 석굴 패러다임이 분명하게 정리되어 일반화되었음을 잘 보여준다. 또 암벽을 깎아서 만든 석굴과는 달리 돌을 쌓아서 축조한 인공의 석굴이라는 것도 명확하게 알고 있었다(도 3-39). 고유섭도 이 패러다임에서 자유롭지 못했다. 1934년에 그가 <신동아>에 경주의 신라조각에 관해 쓴 글 중에는 석굴의 기원이 인도에 있는 차이티야와 비하라에서 시작되었으며, 중국은 육조시대에 시작됐다는

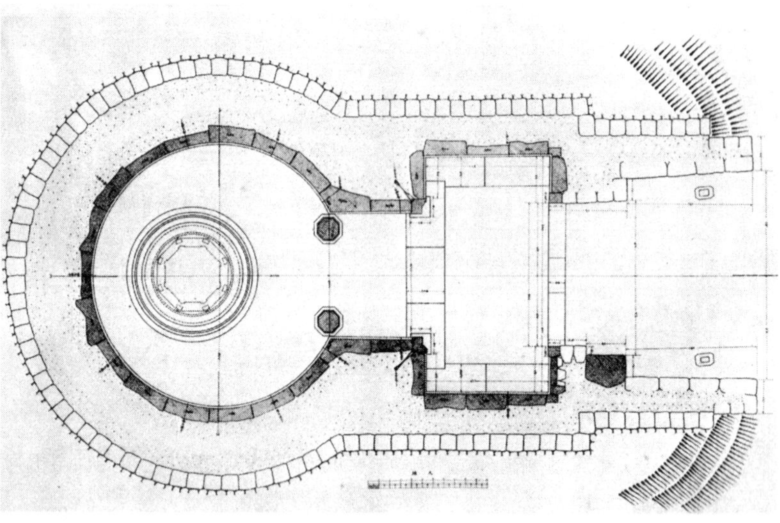

[도 3-39] 석굴암 실측도면, 『조선고적도보』 5.

85 『石窟庵と佛國寺: 朝鮮古美術大觀(1)』, p. 3.

부분이 있다.86 그는 중국의 석굴로 돈황 · 운강 · 용문을 손꼽았으며 조선에는 석굴을 경영할 바위산이 없어서 인공적으로 석굴을 축조하게 되었다고 썼다. 이 글은 조선인 고유섭이 펼친 '석굴사원으로서의 석굴암론'이다. 앞에서 인용한 대목이나, 세키노가 썼던 방식과 대동소이하다.

그리스 · 로마에서 인도 · 중국을 거쳐 한국에 들어온 불교미술이라는 도식과 그 고전주의적 전형을 석굴암으로 보는 것은 전파론적 시각에 입각한 근대 불교미술의 중요한 인식틀이 되었다. 이는 덴신을 필두로 근대 일본의 학자들에 의해 만들어지고 학습된 패러다임이다.87 덴신이나 세키노, 이토가 석굴사원과 불교조각을 연구한 것은 원래 일본미술의 원류(源流)를 구하려는 의도에 따른 것이었다. 석굴을 강조한 것은 불교와 그 미술이 인도에서 전파되었음을 가장 명확하게 드러낼 수 있었기 때문이다. 그러므로 인도 본연의 건축물이자 사원으로서 특수한 종교적 공간을 형성한 '석굴사원'이라는 점을 강조하는 것은 전파론에 입각해 불교미술을 설명할 수 있는 적절한 인식틀을 제공하는 역할을 했다. '석굴사원'이라는 특정한 미술형식을 강조할수록 인도미술과의 친연성이 분명해지고, 나아가 인도불교의 정수를 계승했다고 주장할 수 있는 것이다.

지금까지 석굴암을 둘러싼 논의 중, 전파론에 입각해 '석굴사원으로서의 석굴암'을 중시하는 입장을 '석굴' 패러다임으로 규정하고, 1910~1920년대를 중심으로 패러다임의 형성 과정과 의미에 대하여 살펴보았다. 이는 기본적으로 메이지시대 이래 구축된 일본미술사의 성립과 일본의

---

86 고유섭, 「朝鮮古蹟에 빛나는 美術(下)」, 『新東亞』 1934년 11월(1934).
87 덴신 이전에 그의 스승이었던 페놀로사의 역할이 컸다는 것은 말할 나위도 없다.

강점에 수반하여 이뤄진 조선미술사의 전개가 궤를 같이했다는 인식을 전제로 한다.[88] 오카쿠라 덴신 이후, 일본에서는 '일본은 아시아 미술의 보물창고'라고 믿었기 때문에 일본에 전해진 불교와 그 미술이 위대할수록 일본의 '현재'는 위대한 것이라고 강변했다. 덴신은 서구의 문명은 그리스 · 로마에서 나왔지만 유럽 각국이 이를 모두 자기 것으로 논하기 때문에 수 · 당의 문물을 모방하고 그것을 갈고 닦은 일본도 이를 자신들의 것으로 논해도 된다고 주장했다. 그의 요지는 동양의 보고인 일본만이 아시아의 맹주 역할을 할 수 있다는 것이었다.[89] 석굴사원이 인도에서 시작된 불교미술의 중요한 형식이라는 점에서 석굴을 강조할수록 인도미술과의 친연성이 분명해진다고 생각했고, 일본이 불교미술의 정수를 계승했다고 주장할 수 있었다. 그러므로 일본에 전해진 조선 불교미술의 정점을 석굴사원 석굴암에 두는 것은 당시 일본 학자들에게 중요한 의미를 지녔다.[90]

분명 '석굴' 패러다임은 전파론에 입각하여 불교미술을 설명할 수 있는 의미 있는 인식틀을 제공하는 역할을 했다. 석굴의 평면을 비교하여 석굴암의 원형을 구하는 방식은 현재까지도 진행되는 연구의 중요한 갈래이다. 그간 축적된 연구는 석굴암의 원형을 구하기 위한 지난한 노력이 돋보이는 의미 있는 작업이었고, 실제로 석굴암과 유사한 평면을

88 다카기 히로시, 「일본미술사, 조선미술사의 성립」, pp. 136~153 참조. 오카쿠라에 의해 성립된 일본미술사의 영향 아래 야나기 등이 조선미술을 보는 시각과 자신들의 정체성을 찾으려고 했다는 점은 Kim Brandt, "Objects of Desire: Japanese Collectors and Colonial Korea", *Positions*, 8:3(Duke University Press, 2000), pp. 711~743.

89 이에 대해서는 다카기 히로시, 위의 글, pp. 100~101.

90 小野玄妙, 『小野玄妙佛教芸術著作集』 第五巻: 健駄邏の佛教藝術"極東"の三大藝術, pp. 124~125. 원문은 1928년의 글이다. 오노는 여기서 극동의 3대 예술로 모두 불교미술을 들고 그 기원을 간다라에서 찾았다.

지닌 석굴이 발견되기도 했다. 그러나 암벽을 파고들어가 조영한 석굴과 축조된 석굴암은 조영 방법이 다르기 때문에 인도식 석굴사원의 영향을 받아 석굴암이 건축됐다고 단정하기는 조심스럽다. 오히려 석굴이 아니라 벽돌을 쌓아 만든 탑당이라면 좀 더 비교가 쉬울지도 모른다. 인도의 살리훈담 유적에서 볼 수 있듯이 말굽형의 평면을 지닌 벽돌 건축 탑당은 포스트굽타시대 이후 여러 곳에서 건립되었다(도 3-40). 전파론에 입각한 조각의 양식 검토 역시 같은 시기의 인도나 중국의 조각과 비교가 곤란한 면이 있다. 심지어 문화재청에서 관리하는 문화재정보센터 세계문화유산 사이트에는 석굴암 본존을 '굽타양식의 본존불'이라고 설명하고 있다.[91] 그러나 굽타양식에 대한 암묵적인 정의도 제대로 내려지지 않았을 뿐더러

[도 3-40] 인도의 살리훈담(salihundam) 사원 유적(사진: 필자).

91 http://www.cha.go.kr/newinfo/sub02/nt_seokgur.jsp?catmenu=IN_02_01_02_01.

'굽타'라는 인도의 한 왕조 이름을 미술의 특징을 설명하기 위한 형용어로 쓸 수 있는지 의문이다. 여전히 우리 사회 일각에서 매우 막연하게 굽타양식을 '상상'하고 있다는 생각을 금할 수 없다. 석굴 유형 위주의 접근은 예배 공간으로서 석굴사원 내에서 거행되었을 의식이나 신앙의 내용까지 담보하기 어렵다. 석굴암 전체에서 보이는 독창성은 인도 석굴의 평면과 중국의 당대 조각이라는 두 가지 전혀 다른 요소의 비교를 통해 알 수 있는 것이 아니다. 인도와 중국 어느 한쪽에서의 영향을 거론하며 석굴암을 설명하기는 쉽지 않다. 인도식의 석굴과 중국식의 조각이 마치 석굴암의 특성인 것처럼 보는 것은 전파론에 따라 인도와 중국의 영향을 모두 강조하여 편의적으로 설명하려는 의도처럼 보인다. 이런 부분들은 석굴 패러다임으로는 해결이 잘 되지 않기 때문에 그에 대한 문제제기를 정당하게 해준다.

이 책에서 시도하는 여러 논의와 문제제기는 기존의 연구들이 성립될 수 있었던 기반을 되짚어보려는 것이다. 석굴암 연구는 근대에 형성된 석굴 패러다임에서 여전히 자유롭지 못하다. 패러다임의 기반에 대한 성찰은 석굴암을 둘러싼 담론의 형성 과정과 학문적 전제들이 구축된 과정을 점검하기 위해 필요한 선행 작업이다. 석굴암 연구의 토대를 검토하는 일은 우리가 의식하지 못한 채 당연하게 여겼던 문제들을 새로운 시각으로 생각해볼 기회를 줄 것이다. 이와 관련하여 "우리가 무엇을 하는지 알지 못한다면 항상 정해진 틀 안에서만 진전을 보게 될 것"이라는 프라모드 찬드라의 지적은 기억할 만하다.92 미술사의 대상을 파악하는 관점은 생각하기 나름이며, 보기에 따라 시점의 이동이

---

92 Pramod Chandra, On the Study of Indian Art(Cambridge: Harvard University Press, 1983), pp. 1~2.

가능하고, 같은 현상이라도 그것을 파악하고 읽는 법이 달라지는 것이 당연하다. 석굴암이 근대적으로 발견되어 한 세기가 흐른 만큼 역사적·미술사적 개념들을 객관화하고, 전제에 대한 의문을 제기함으로써 석굴암, 더 나아가 우리 불교미술에 관한 논의를 더욱 풍성하게 할 수 있다고 믿는다. 그런 의미에서 본다면 지금이야말로 지금까지 이뤄진 연구와 그것을 가능케 했던 패러다임을 틀 밖에서 들여다봄으로써 석굴암 연구의 새로운 지평을 넓힐 수 있는 때이다.

제4장

조선의 표상(表象): 석굴암의 공론화

1. 야나기 무네요시의 「석굴암론」: 석굴암 인식론의 기초

조선미술의 미를 '비애의 미'(悲哀의 美)로 규정한 야나기 무네요시(柳宗悅, 1889~1961)가 석굴암에 대한 오늘날의 인식을 형성하는 데 상당히 중요한 역할을 한 사람이라는 것은 잘 알려져 있지 않다(도 4-1). 그가 조선의 도자기와 공예품을 주로 수집하였으며, 또 이들을 전시할 조선민예관(朝鮮民藝館)을 세우고 민예운동을 주도한 일만 유명할 뿐이다.[1] 야나

1 야나기 무네요시의 민예운동과 내용, 그 영향, 그의 미론에 관해서는 기존의 연구가 많고, 이 글의 논의 대상이 아니므로 기존 연구 성과에 대해서는 다음을 참고하기 바란다. 조선미, 「柳宗悅의 韓國美術觀」, 『미술사학』 1(미술사학연구회, 민음사, 1989); 이즈미 지하루, 「야나기 무네요시의 韓國美論과 宗敎哲學」(이화여자대학교 석사학위논문, 1993); 이인범, 「柳宗悅의 초기 '民藝' 개념」, 『미학 · 예술학 연구』 5(미학 · 예술학연구회, 1995). 또한 야나기 무네요시에 관한 연구사적 정리는 박계리, 「야나기 무네요시(柳宗悅)와 朝鮮民族美術館」, 『한국근대미술사학』 9(한국근대미술사학회, 2001), p. 42 주 1에 정리가 잘 되어 있다. 또한 그가 내세운 민중적 공예라는 의미에서의 민예의 개념과 야나기의 민예운동에 대해서는 히라야마 케이지, 「柳宗悅의 민예사상과 그 위치」, 『미술사논단』 13(한국미술연구소, 2001),

기 무네요시는 1916년에 조선과 중국을 방문한 것을 시작으로 모두 22회에 걸쳐 조선을 방문하고 조선 백자 · 민화 등을 수집했다. 그는 『조선과 그 예술』(朝鮮とその藝術), 『종교와 그 진리』(宗教とその眞理), 『차와 미』(茶と美) 등의 저서를 남겼고, 그 자신의 컬렉션을 기반으로 조선예술론을 개진했다. 1924년에는 조선미술관을 건립했고, <이조미술전람회>(李朝美術展覽會)를 개최하는 등 조선의 미술을 알리는 역할을 했다.

[도 4-1] 야나기 무네요시, 조선민예관.

조선미술에 남다른 애정을 보여준 일본인으로서 야나기가 자신의 생각을 정리해 출간한 『조선과 그 예술』(朝鮮とその藝術)은 한국에서 미학 및

pp. 187~204 참조.

미술사 성립 초기 단계에 적잖은 영향을 주었다.[2] 야나기가 수집한 미술이 주로 공예품에 치중되어 있었던 탓에 그의 조선미술에 대한 관심과 입장, 조선 사회에 미친 영향은 주로 공예품을 중심으로만 연구되었고, 그의 미론(美論) 역시 공예품에 의존한 것으로 알려졌다.[3] 그가 자신의 수집품들을 통해 내린 결론은 조선의 미술에 공통된 미적 감성이 있다는 것이었으며 그의 미학이 한국예술에 대한 이를테면 최초의 문제제기였다는 점은 눈여겨볼 만하다.[4] 조선의 도자기를 극찬했던 야나기의 태도는 조선시대의 미술을 퇴락한 것으로 파악하는 식민사관을 극복한 견해라고 이해하는 사람도 있지만 조선미술을 바라보는 그의 시각이 조선시대의 미술 전반에 걸쳐 일관성을 보이는 것이 아니라는 점은 충분히 유의할 필요가 있다.[5]

야나기는 공예품 이외의 한국미술에 대해서도 상당한 관심과 식견을 보이고 있었고, 특히 석굴암에 대해 무한한 애정과 경탄을 보였던 인물이다. 그가 남긴 석굴암에 관한 글은 학계에서 제대로 주목을 받지 못했으며, 이 글이 이후의 석굴암 인식에 영향을 주었다는 점은 잘 알려지지 않았다. 그가 석굴암에 관해 글을 썼다는 지적은 볼 수 있으나 지적에 그쳤을 뿐, 더 이상의 언급을 하거나 의미를 부여하지 않았다. 오히려 그의 글이 3·1 운동 직후라는 미묘한 시점에 발표되었다는 점이 더 부각되었고, 석굴암만을 단독 주제로 삼아 글을 쓴 근대 최초의 글이란 점은 간과되었다.[6] 이 장에서는 야나기가 남긴 석굴암에 관한 글을 분석하여 그가

2 이인범, 위의 논문, 1995, p. 146.

3 조선의 도자와 공예품에 대한 야나기 무네요시의 관심과 그의 취향은 2007년에 일민미술관에서 있었던 야나기 특별전 <문화의 기억: 야나기 무네요시가 발견한 조선, 그리고 일본>에서도 확인되었다.

4 이인범, 「柳宗悅의 초기 '民藝' 개념」, p. 87.

5 박계리, 「야나기 무네요시(柳宗悅)와 朝鮮民族美術館」, p. 52.

6 李進熙, 「石窟庵と柳宗悅」, 『韓國の古都を行く』(東京: 學生社, 1988), pp. 120~128.

세운 석굴암 인식의 기본 틀이 후대에 어떤 영향을 미쳤는지를 살펴보고자 한다. 냉정하게 말해서 석굴암에 관해 야나기가 남긴 글은 전문적인 논문이 아니다. 치밀하게 논증을 하거나 주제를 내세운 것은 아니지만 학술적인 성격을 가진 것도 인정해야 한다. 그럼에도 불구하고 야나기의 석굴암론이 후대 학자들의 관심을 끌지 못했던 것은 야나기 무네요시 연구자들이 그의 미적 감수성과 미학적 측면에 관심을 두고 연구했기 때문일 것이다. 여기서는 우선 야나기가 석굴암을 바라본 방법과 그 영향을 확인함으로써 일제강점기 조선의 문화유산에 지대한 관심을 두었던 일본인 지식인의 석굴암 인식이 이를 둘러싼 후대의 지식체계에 구체적으로 어떻게 반영되었는가를 알아보겠다.

1) 야나기 무네요시의 석굴암 방문과 「석굴암론」 발표

조선을 22회나 여행했던 야나기 무네요시가 석굴암을 처음 찾은 것은 1916년의 일이었다. 조선 땅을 밟은 일본의 지식인은 부지기수로 많지만, 야나기가 그중에서도 무려 22번이나 방문을 한 것은 조선에 대한 그의 관심과 애정이 상당했음을 말해준다. 그는 1916년부터 1941년까지 수시로 조선 전역을 답사하고 조선의 미술품을 수집했으며, 자신의 컬렉션을 기반으로 조선민족미술관을 경복궁 집경당에 설립했다.[7] 야나기는 처음 조선을 방문하면서 조선의 회화 · 조각 · 도자기를 보고 싶어 했으며 예술을 통해 동양의 정신을 이해하게 됐다는 희망에 즐거워했다고 한다.[8]

7 야나기가 조선의 미술을 수집하게 된 경위와 조선민족미술관을 건립하게 된 배경과 경과, 그 의의에 대해서는 박계리, 「야나기 무네요시(柳宗悅)와 朝鮮民族美術館」, pp. 41~68 참조.

8 야나기 자신이 쓴 내용을 토대로 한 조선 방문의 감회는 『시라카바』(白樺) 1916년 8월호에 실린 내용을 중심으로 한다. 다카사키 소지, 이병진 옮김, 「日本知識人의 朝鮮紀行」, 『한국문학연구』 27(경기대학교 한국문학연구소, 2004), pp. 117~124 참조.

야나기가 처음 조선미술에 관심을 가진 것은 귀족 자제들이 주로 다니던 학교였던 학습원(學習院) 고등과에 재학하고 있었던 1909년경부터였다고 한다. 조선과 중국을 여행하고 그 미술에 대해 그가 보여준 'Self Orientalist'로서의 이중적 태도는 민주주의와 인류애를 내세운 다이쇼(大正)시대 사회 분위기에서 태동한 것이었다고 평가된다.[9]

1916년 8월에 일본에서 출발한 야나기는 같은 달 19일에 합천 해인사를 둘러보고, 9월 1일에는 경주에서 석굴암을 방문했다(도 4-2). 그로부터 3년 뒤인 1919년에 그는 「석불사의 조각에 대하여」(石佛寺の彫刻に就いて)라는 글을 『예술』(藝術) 제2권 제5호 6월 특별호에 발표했다. 잘 알려진 대로 이 글은 야나기가 조선미술에 대해 쓴 최초의 소개 글이며, 석굴암을 정면으로 다룬 근대의 첫 저작이라는 점에 의미가 있다. 어느 나라의 누가 썼던지, 야나기의 이 글은 근대적인 시각에서 석굴암 자체를 본격적으로 다룬 최초의 글이다. 그는 다시 3년 뒤에 자신의 책 『조선과 그 예술』(朝鮮とその藝術)에도 이 글을 실었다. 이 책에는 「조선인을 생각한다」(朝鮮人を想う), 「조선의 미술」(朝鮮の美術), 「조선도자의 특질」(朝鮮陶磁の特質) 등 그동안 조선의 미술에 대해 그가 발표했던 글들이 포함되어 있었다. 야나기 자신이 밝히고 있듯이 이 책은 조선의 예술에 대한 사모와 3·1 운동으로 촉발된 식민지 조선의 문제에 대한 공분(公憤)을 자기 나름의 방식대로 문제제기한 것이었다.[10] 이 책에서 그가 부각시킨 조선의 미의식은 '애상미'(哀傷美), '비애미', '의지의 미'를 비롯하여 '천연과 인공의 조화', '친근함의 예술'에 이르기까지 다양하다.[11]

---

9 李秉鎭, 「柳宗悅が發見した朝鮮の美と大正的言說空間」, 『일본문화학보』 17(한국일본문화학회, 2003), pp. 1~17.

10 다카사키 소지, 이병진 옮김, 「日本知識人의 朝鮮紀行」, p. 118.

11 이인범, 「영원한 미, 조선의 線에서 발견되다」, 『한국의 美를 다시 읽는다』(돌베개, 2005),

[도 4-2] 석굴암을 방문한 야나기 무네요시. 1916년 추정.

무엇보다도 '근대적 발견'과 '복원'의 과정을 거친 1916년의 석굴암을 보고 야나기는 깊은 감명을 받았던 것으로 보인다. 그는 동경제국대학에 재학 중이었을 때, 직접 창간과 편집에 관여했던 일본의 문예지 『시라카바』(白樺) 2월호에 이왕가박물관 소장의 금동반가사유상과 석굴암의 조각을

pp. 80~81.

삽화로 싣고, "신라시대의 영예를 말하는 가장 뛰어난 작품"이라고 소개한 바 있다.[12] 여기서 그는 조선미술의 조형적 특징으로 선적(線的)인 요소가 두드러지는 것이라고 보았으며 바로 선적인 요소야말로 중국의 강대한 형태, 일본의 현란한 색채와는 전적으로 다른 한국예술의 특징이라고 하였다.[13] 석굴암에 대한 글에서도 마찬가지로 선적인 요소를 강조하고 있다.[14]

그가 발표한 「석불사의 조각에 대하여」(石佛寺の彫刻に就いて)는 학술적인 글은 아니다. 야나기는 본인이 석굴암에 대해 생각하고 관찰한 것을 학술적으로 풀어 보이기 위해 노력했을 뿐이다. 다소 감상문 같은 접근에서 시작하여 석굴암에 대한 무한한 경탄이 이어지는 이 글은 보기에 따라서 고급 독자를 위한 여행 후기, 혹은 감상문이라고 볼 수도 있다. 그러나 내부의 조각상들에 대한 자세한 설명과 개별적인 불교 존상으로서 갖는 의의를 설명한 점, 보는 사람의 시선 및 외부 광선의 효과에 대해서 진지하게 고찰한 점은 단순히 비전문가의 글이라고 치부할 수만은 없게 만든다. 「석불사의 조각에 대하여」(石佛寺の彫刻に就いて)의 덧붙이는 글(附記)에서 야나기 무네요시는 스스로가 고고학자도, 미술사학자도 아니었으며 불교예술에 대해 특별히 깊은 소양을 가진 사람도 아니라고 밝혔다. 그런데도 석굴암에 관한 그의 글은 석굴암에 관한 근대의 인식, 더 나아가 미술사적 기초를 확립하는 데 중요한 역할을 했던 것으로 생각되기 때문에 충분히 살펴볼 필요가 있다.

안드레 에카르트는 최초의 한국미술사로 알려진 『조선미술사』에서

12 다카사키 소지, 이병진 옮김, 「日本知識人의 朝鮮紀行」, p. 120.

13 이인범, 「영원한 미, 조선의 線에서 발견되다」, pp. 82~83. 이것은 종국에 '비애의 미'로 연결된다.

14 柳宗悅, 「石佛寺の彫刻に就いて」, 『藝術』 2: 5(1919), p. 132.

독일인 고체 부인(Gottsche)이 최초로 석굴암에 대하여 발표함으로써 예술 애호가들이 석굴암에 대해 관심을 갖게 되었다고 했다.[15] 독일의 잡지 『동아시아 시대지』(*Ostasiatische Zeitschrift*) 7권과 9권에 실린 고체 부인의 글이 각각 1918~1919년 호와 1922년 호에 실렸다는 걸 감안한다면 석굴암에 관한 한, 1919년 6월에 출간된 야나기 무네요시의 글이 더 빨랐을 가능성이 크다.[16] 더욱이 독일어 원고보다는 일본어 원고가 일제강점기 조선의 지식인과 일본인들에게 훨씬 영향력이 컸으리라는 것은 짐작하기 어렵지 않다. 에카르트가 석굴암을 찾은 시점은 석굴암이 일본인에 의해 발견된 직후인 1913년 가을이었다고 자신의 책에서 밝히고 있어서 그의 방문이 야나기보다 빨랐던 것은 사실이다. 그러나 그가 석굴암에 대한 글을 발표하지는 않았으므로 석굴암만을 다룬 글로는 야나기의 글이 가장 이른 셈이다. 에카르트가 석굴암을 경시하지는 않았다. 그 역시 석굴암과 비슷한 평면을 가진 인도의 석굴사원을 찾으려고 노력한 것으로 보이며 석굴암을 크리슈나기리의 차이티야와 비교하려고 했다(도 4-3). 대대적인 복원과 보수 이후, 석굴암은 구미에도 널리 알려졌으며 외국인들의 발길이 이어졌다. 그 가운데 유명인사로는 중국학자인 앙리 마스페로(Henri Maspero, 1883~1945)나 천문학자인 칼 루퍼스(Carl Rufus, 1876~1946)가 있다. 그들은 석굴암 앞에서 기념사진을 찍었으며, 간단한 기행문을 남기거나 나름대로 석굴암에 대한 설명을 시도하기도 했다.

15 안드레 에카르트, 권영필 옮김, 『에카르트의 朝鮮美術史』(열화당, 2003), pp. 98~99.

16 고체 부인의 글은 애석하게도 원문을 구할 수 없어 비교하지 못했다. 서지사항은 다음과 같다. B. Gottsche, "Sök-Kul-am, Das Steinhölen-kloster", Ostasiatische Zeitschrift, Vol. 7(1918~1919), pp. 161~178 및 Vol. 9(1922), pp. 306~309. 안드레 에카르트, 권영필 옮김, 『에카르트의 朝鮮美術史』, p. 98, 주 19 참조. 또 에카르트는 이 책에 실린 사진을 자신의 책에 실었다고 밝혔다. 안드레 에카르트, 권영필 옮김, 『에카르트의 朝鮮美術史』, p. 209.

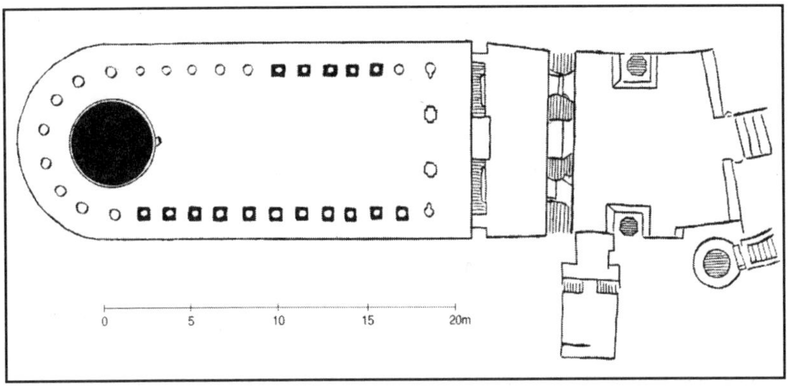

[도 4-3] 에카르트가 제시한 인도 크리슈나기리의 차이티야 석굴 평면도.

야나기가 당시 조선인 지식인들에게 미친 영향력에 비추어볼 때, 그가 석굴암을 분석한 방법과 인식틀의 파급력 또한 상당했으리라고 짐작할 수 있다. 앞 장에서 이미 거론했듯이 1922년 4월부터 1923년 5월까지 12회에 걸쳐 『개벽』에 「조선미술사미정고」를 연재했던 철학자 박종홍은 야나기 무네요시가 쓴 석굴암에 대한 글을 보고 탄복한 바 있다.[17] 그는 다음과 같이 썼다.

> 조선인으로서 우리 것을 연구할 바에야 남의 나라 사람보다 잘해야 하는데 야나기보다 못하게 된다면 아예 연구를 그만두는 편이 낫다고 생각했다.

앞에서 잠깐 언급했듯이 박종홍은 한 해 여름 동안 석굴암에 머물며 오래도록 관찰을 했지만 석굴암에 대한 자신의 생각을 서술하는 데

17 朴鍾鴻, 「讀書回想: 내가 哲學을 하기까지」, 『현실과 구상』(박영사, 1963), pp. 269~271, p. 275.

한계를 느꼈으며, 이로 말미암아 미술사 공부를 접었다고 했다. 일찍이 야나기가 조선의 미를 '비애의 미'라고 했던 것을 비판했던 그이지만 석굴암에 대해서는 야나기가 쓴 글을 읽고 자신이 생각했던 것 이상으로 잘 썼다고 느껴서 미술사 연구를 그만두었고, 이를 다행이라고 여겼다고 회고했다. 이처럼 야나기가 쓴 석굴암론은 거창한 이론을 내세운 학문적인 연구는 아니었지만 동시대를 살았던 조선인들에게 적지 않은 반향을 불러 일으켰다. 야나기의 석굴암론이 조선인에 의한 석굴암론 구축에 직접적인 영향을 주었다고 볼 수는 없을지라도, 박종홍의 예에서 볼 수 있듯이 조선과 조선인의 정체성을 확인하기 위한 당시의 여러 움직임과 관계가 있었으리라고 짐작된다. 1920년대 무렵부터 식민지 조선에서 '조선학', 혹은 '조선 연구'의 필요성이 주장되어 조선의 민족성이나 조선 문화의 독자성에 대한 관심과 논의가 시작된 것은 잘 알려졌다.[18] 이 시기에 문학 · 미술 등 다양한 분야에서 식민지 조선의 지식인들은 자신들의 정체성을 찾거나 새로이 확립하기 위한 끊임없는 노력을 경주했다. 그들의 노력은 1920년대 중엽에서 1930년대에 이르러 점차 가시화되었으며 석굴암에 관한 조선인의 글도 비슷한 시기에 등장하기 시작한다. 야나기의 석굴암론은 이와 같은 석굴암에 관한 최초의 '설명적 감상문'이자 논의의 시작점이었다는 점은 여러 번 강조해도 부족하지 않다.

2) 야나기의 석굴암론

야나기가 쓴 『조선과 그 예술』에서 말하는 예술은 오늘날 의미로는

---

18 1934년 9월 11일자 <동아일보>, 「조선연구의 기운에 즈음하여: 조선학을 어떻게 규정할 것인가」 참조. 이 시기 조선의 정체성을 찾으려는 여러 시도에 관해서는 『대동문화연구: 특집. 동아시아 근대지식의 형성에서 문학과 매체의 역할과 성격』 52(성균관대학교 대동문화연구원, 2005)의 논문들을 참조하기 바란다.

미술을 지칭한다.[19] 앞에서 말한 대로 그는 1919년 이후 2년 남짓한 짧은 기간 동안 조선의 예술에 대해 아홉 편의 글을 발표했다. 야나기의 예술론은 형식적인 조형 요소에 바탕을 둔 것으로 그가 눈여겨본 대상은 석굴암 · 첨성대 · 반가상을 비롯하여 전통 목조건축의 처마, 버선에 이르기까지 다양했다.[20] 석굴암에 관한 글은 사실상 단 한 편밖에 없으므로 그의 예술론 전반에서 차지하는 비중은 크지 않다. 야나기의 조선미술론이 근대적 학문으로서 미학 · 예술학 · 미술사 등이 체계를 갖추고 성립 · 전개되는 과정에서 중요한 역할을 했다는 것은 이미 지적되었다. 석굴암에 관한 글도 상당히 의미 있는 글임에도 불구하고 그간 과소평가되었다. 여기서 주목하고 싶은 것은 무엇보다도 야나기가 석굴암을 종교적 숭배의 대상이자 동시에 미적 대상으로 여기는 이중적인 태도를 취해다는 점이다. 그의 이중성은 당대(當代) 조선인들에게는 낯선 것이었다. 그가 보여준 태도는 '미술의 제도화' 시대로 일컬어지는 메이지시대 일본에서의 문화재 조사 및 보존정책 시행과 어느 정도 관련이 있다. '미술의 제도화' 시대는 1868년의 폐불훼석(廢佛毁釋) 이후, 사원과 신사 등지의 보물이 본격적으로 조사되면서 '사사보존내규'(社寺保存內規)가 제정되고, 이어서 '고사사보존법'(古社寺保存法)이 발효되면서 문화재의 등급이 매겨진 메이지시대를 의미한다.[21] 이때 매겨진 등급에 따라서 문화재를 보호하는 근대적인 문화재 보호정책이 실현됨으로써 정책의 골격이 세워졌던 때이다. 석굴암에 대한 야나기의 이중적인 태도는 일본에서 메이지시대 이후 확립된 서구식 문화재 정책으로 인해 예배 대상이었던

---

19 이인범, 「영원한 미, 조선의 線에서 발견되다」, p. 80. 주1 참조.

20 이인범, 「영원한 미, 조선의 線에서 발견되다」, p. 82.

21 佐藤道信, 『明治國家と近代美術』 참조.

불상이 박물관이라는 지극히 근대적인 공간에 진열, 전시되어 미술품으로 재규정되고 이로 인해 '미술품 감상'이 가능해진 데서 비롯된 것이었다고 해도 과언이 아니다.

1919년에 야나기가 발표한 「석불사의 조각에 대하여」(石佛寺の彫刻に就いて)는 모두 6개의 장으로 구성되었다.[22] 첫 장은 야나기 자신이 1916년 9월 1일에 석굴암을 방문했다는 사실을 밝히는 데서 시작한다. 이 부분은 글의 첫머리이니만큼 석굴암을 처음 갔을 때 야나기가 가지고 있었던 기본적인 관점과 시각을 확인할 수 있다. 그는 먼저 석굴의 개략적인 위치와 석굴을 방문했을 때 받은 자신의 첫 인상을 감상적으로 설명한다. 이어서 사람들이 석굴암이라고 하지만, 옛 기록에는 명확하게 '석불사'(石佛寺)라는 '굴원'(窟院)으로 나온다고 했다. 아마도 그가 글의 제목을 석불사라고 잡은 것도 이 때문인 듯하다. 석굴암의 원래 명칭이 석불사라는 지적을 야나기가 처음 한 것은 아니다. 이미 『조선고적도보』 해설편 석굴암 항목에도 김대성이 창립한 석불사라는 지적이 나온다.[23] 하지만 야나기는 이에 머물지 않고, 『삼국유사』와 비슷한 설명을 하고 있어서 그가 석굴암 관련 문헌을 공부했다는 것을 알 수 있다.

야나기는 먼저 '석굴암이 동양의 문화가 최고조에 이르렀을 때 만들어진 걸작'이라고 규정한다. 그에게 6세기에서 9세기까지의 시기는 '동양 문명의 황금기'이자, '예술의 시대'였다. 석굴암을 신라문화의 황금기로, 불교가 정점에 이르렀던 시대의 산물이라고 극찬하는 것은 다른 장의 서술에서도 계속된다. 그리고 달마대사가 서쪽으로 왔을 무렵 신라의

22 이 책에서는 柳宗悅, 『朝鮮とその藝術』 柳宗悅, 選集 4(日本民藝協會, 1972)에 수록된 글을 기반으로 하였음을 밝혀둔다.

23 『朝鮮古蹟圖譜』 解說篇 第5卷(朝鮮總督府, 1917), pp. 12~13.

불법(佛法)이 시작되었다고 하며, 한반도에 불교가 전래된 역사와 사회적 배경은 물론, 여러 불교 종파와 승려들에 대해 간략하게 설명한다. 아울러 삼국을 통일한 이 시대(통일신라)는 암울한 조선의 역사에 있어서 '유일하게 빛나는 광명의 시대'였다고 규정한다. 이처럼 조선사 전체를 '암울'한 역사로 보고, 그와 대비되는 '광명'의 신라를 찬양하는 이 태도는 전형적인 제국주의 지배 이데올로기 가운데 하나였다.[24] 이러한 그의 인식틀은 그가 의식했건 의식하지 못했건 간에, 조선이 이미 몰락한, 아니 적어도 몰락이 확실하게 예정된 문명이라는 식민주의의 이미지를 조작하고 고착시키는 데 일조했다.

계속해서 야나기는 신문왕에서 경덕왕대를 황금기 신라라고 지적하며, 이 무렵에 빈번한 당과의 교류로 그 전성기가 극에 달했다고 본다. 불국사·사천왕사·황룡사·백률사·해인사·통도사·범어사 등 셀 수 없는 사원이 건립되어 당시의 대도시 경주는 일본의 나라(奈良)에 비유할 만한 곳이었다고 쓰고 있다. 사실상 야나기가 조선의 역사에 대한 지식이 많았음에도 불구하고 신라 역사를 제대로 알지 못했다는 것을 보여주는 대목이다. 당시까지 알려져 있었던 유명한 사찰을 뭉뚱그려서 모두 이 시기에 건립되었다는 식으로 쓰고 있지만 이는 사실이 아니다. 또한 이 시기를 학술적인 면에서나 종교적인 면에서나 유례없이 종교가 발달했던 시대라고 하면서 당과 일본·통일신라를 함께 비교하여 범동아시아적인 시각을 보여준다.[25] 그러나 현학적으로 보이는 그의 설명은 몇 백

24 배형일, 「신화 속 故土 복원을 위한 유적 탐색: 메이지시대 한반도에서의 고고학·미술사적 조사(1900~1916)」, 윤상인·박규태 엮음, 『'일본'의 발명과 근대』(이산, 2006), pp. 247~284.

25 그는 당의 오도자와 이백을 들고, 일본에서는 고쿠분지(國分寺)가 세워지고, 도다이지(東大寺) 대불(大佛)이 건립되고, 사이쵸(最澄)가 입당했으며 엔랴쿠지(延曆寺), 도지(東寺)가 건립되었다고 설명하였다.

년의 시간과 공간을 뛰어넘는 막연한 것이었다. 더욱 흥미로운 점은 그가 석굴암을 통일신라라는 한 나라에서 제작된 것이 아니라 '수·당 불교의 결정체'이며, '동양의 종교 및 예술의 귀결'이라고 규정했다는 점이다. 한국과 중국은 전혀 다른 나라임에도 불구하고 통일신라의 석굴암이 수·당 불교의 결정체라고 단언한 것은 석굴암이 훌륭할수록 그것이 전해진 일본 문화가 훌륭해지기 때문이다. 그런 의미에서 야나기에게 있어서 '석굴암을 이해하는 것은 동양의 종교에 대한 가장 예리한 암시를 주는 것'이라는 설명은 어찌 보면 당연한 것이다.[26]

야나기의 석굴암론은 문헌을 고찰하는 2장으로 이어진다. 널리 알려진 대로 그 내용은 김대성이 불국사와 석굴암을 지었다는 내용이며, 그는 『삼국유사』와 『불국사사적기』(佛國寺事蹟記)를 참고로 했다고 밝히고 있다. 물론 그 자신의 주에 의하면 『동경잡기』와 『불국사고금역대제현계병기』(佛國寺古今歷代諸賢繼刱記)도 살펴봤지만 『삼국유사』와 『불국사사적기』를 가장 신뢰했다고 한다. 먼저 기록을 통해 김대성의 생애 및 석굴암을 짓게 된 내력과 경과를 자세하게 검토하고, 신림(神林)·표훈(表訓) 두 승려를 주석하게 하였다는 내용을 그대로 옮긴다. 여기까지는 누구나 잘 알고 있듯이 석굴암에 관한 입문인 셈이다. 하지만 석굴암에 주석하고 있었던 승려가 누구였느냐에 대해서는 이후에도 여러 불교학자들 사이에 논란이 이어졌다. 그는 석굴암의 예술적인 성취가 종교적 열정으로 인해 이룰 수 있었던 것으로 파악하고, 누구든 석굴암을 방문했을 때, 작품 저변에 흐르는 종교적 경험의 위대함을 느낄 수 있는데 이와 같은 작품은 종교와 예술과 명상을 한 몸에 갖춘 사람만이 만들어낼 수 있는 것이라고 설명한다.[27] 예술을 보고 느끼는 감흥을 종교적인

26 柳宗悅, 「石佛寺の彫刻に就いて」, p. 145.

차원에서 설명하려는 그의 이중적인 태도는 서구식 근대화를 경험한 일본 지식인이 갖는 성(聖)과 속(俗)의 딜레마이자 종교와 예술의 화해라고도 할 만하다.

그에게는 전설도 중요했다. 특히 무영탑(無影塔)의 전설은 석굴암을 조영하기 위해 당에서 공장(工匠)이 왔을 것이라는 추정의 근거가 됐다.28 그는 봉덕사(奉德寺) 종(鐘)이 당공(唐工)의 조력을 받았으나 예술 내용은 순연히 조선의 미를 보여주는 것처럼 석굴암도 조선의 마음을 통해서만 보이는 미의 표현이라고 하였다(도 4-4). 글만으로 본다면 야나기는 마치 자신이 조선 사람이나 되는 것처럼 조선의 마음을 통해서만 조선의 미를 볼 수 있다고 강조한다. 그가 붙인 '조선의 마음을 통해서만'이라는

[도 4-4] 봉덕사종을 옮기는 모습.

27 柳宗悅, 「石佛寺の彫刻に就いて」, pp. 154~155.

28 柳宗悅, 「石佛寺の彫刻に就いて」, p. 156.

단서는 조선의 고유성을 강조하기 위한 것처럼 보이지만 실상 당의 도움으로 통일신라의 미술이 성립되었다는 주장으로 인해 은연중에 조선의 타율성을 강조한 것이나 다름없다. 이러한 주장은 당시 문화의 흐름이 당에서 통일신라로, 다시 일본으로 이어졌다고 보았기 때문에 가능했던 발상이다. 야나기가 세키노 다다시와 같은 전형적인 관학자(官學者)가 아니라는 점을 들어 한국예술의 독자성을 부정하며 식민 이데올로기 생산에 직·간접적으로 종사했던 세키노 다다시, 구로이타 가쓰미 등과는 다른 입장에 있었다는 지적이 있었다.[29] 그러나 야나기 역시 자신이 속한 시대에서 자유로울 수 없었다는 점은 분명하다. 야나기의 석굴암론을 보면 그가 생각했던 조선미술의 큰 흐름이 오카쿠라 덴신이 만들어낸 동양미술사 인식틀에서 크게 벗어나지 않는다는 것을 알 수 있다.

그는 석굴암이 기록에서 말하는 대로 아무런 토목공사 없이 돌만을 쌓아 만들었을 것이라고 추정하고, 인근에서 '석불사'(石佛寺)라고 날인된 기와가 나왔던 일을 들어 후대에 목조건축이 세워졌을 것이라고 추정하였다. 단지 그의 추정에 불과한 이 부분은 목조건축이 있었다는 추정일 뿐, 어디에 목조건물이 세워졌다는 장소에 대한 추정은 아니다. 그런데 그가 달아둔 주석을 보면 당시 굴원(窟院, 석굴암) 아래 조선시대에 지어진 암자가 있고 그곳에서 <수광전>(壽光殿)이라고 쓰여진 편액(偏額)

29 이인범, 「영원한 미, 조선의 線에서 발견되다」, 주 5 참조. 근래 일본 관학자들에 의한 조선 유적 조사에 대한 검토가 이뤄졌는데, 그 중에서 關野貞을 중심으로 한 연구가 주목할 만하다. 식민사관을 가진 관학자들은 조선의 역사와 미술 모두 낙랑에서 시작한 것으로 보았기 때문에 이 방면에서의 연구가 먼저 시작되었다. 정인성, 「關野貞의 낙랑 유적조사·연구 재검토: 일제강점기 「古蹟調査」의 기억 1」, 『湖南考古學報』 24(호남고고학회, 2006), pp. 139~156 참조.

이 나왔다고 들었지만 그것을 보는 걸 잊어버렸다. 즉, 보지 못했다고 적고 있다. 수광전의 편액을 거론한 것이 야나기가 가장 먼저였는지, 혹은 다른 누군가에 의해 이미 거론되었는지는 확인되지 않았다. 다만 확실한 것은 그가 방문했을 당시, 석굴암과 그 앞의 암자에 <수광전>이라는 편액이 어디에도 걸려 있지 않았다는 사실이다. 수광전 편액은 오늘날까지도 석굴암 관련 연구에서 논의의 대상이 되는 중요한 문제 중의 하나이다. <수광전>이라는 편액은 근래에 이르기까지 석굴암 본존불의 존명(尊名)을 판단하는 중요한 근거 중의 하나였기 때문이다. 수광(壽光)은 아미타불의 또 다른 이름인 무량수(無量壽)와 무량광(無量光)의 마지막 글자를 함께 쓴 것이다. <수광전>이라는 편액은 아미타불을 모신 곳에 붙여지는 이름이므로 이 <수광전>이라는 편액이 발견된 것은 석굴암 본존불이 원래 아미타불로 제작되었기 때문이라는 주장의 중요한 근거 중 하나가 되었다.[30] 석굴암 본존불이 아미타불이라는 주장은 일본인들이 '석굴암 석가불'이라고 호칭하기 시작한 이래, 그들과는 전혀 다른 새로운 가설로 받아들여졌으며 이는 1980년대 중반까지 설득력 있는 추정으로 여겨졌다. 그러나 복원 이전의 사진은 석굴 자체에 현판을 걸 만한 곳이 없었음을 시사한다(도 4-5).

야나기가 일본의 지식인으로서 조선에 대하여 동정적인 시선을 유지하고 있었다는 것은 잘 알려졌다.[31] 제국주의 국가의 한 구성원이면서 수탈의 대상인 식민지에 대해 동정 어린 시선을 보내고, 그러면서도 자신의 출신 배경에 따라 어쩔 수 없는 이중적인 태도를 보인 것은

30 黃壽永, 「石窟庵本尊 阿彌陀如來坐像小考: 新羅 東海口遺蹟과 관련하여」, 『考古美術』 136 · 137(한국미술사학회, 1978), pp. 92~95.

31 야나기 무네요시를 다룬 대다수의 글에서 이 점은 늘 지적되고 있다. 예컨대 다카사키 소지, 이병진 옮김, 「日本知識人의 朝鮮紀行」, pp. 119~123.

[도 4-5] 복원 이전 석굴암 정면.

사실이다. 이는 이 글에서도 여지없이 드러난다. 그의 글 곳곳에서 석굴암이 왜구의 침입을 받지 않아 건축 당시의 옛 모습을 그대로 간직하고 있는 것을 다행으로 여기는 대목을 찾아볼 수 있다. 그는 석굴암이 침탈을 당하지 않은 것은 그 지리적 위치가 경주 평원에서 잘 보이지 않는 산간에 자리를 잡았기에 쉽게 눈에 띄지 않았기 때문이며, 이로 말미암아 불교가 박해를 받은 조선시대에 석굴암으로 향하는 순례의 발길이 끊어졌을 것이라고 추정했다. 조선시대에 적지 않은 선비들의 발길이 석굴암으로 이어졌던 것은 잘 알려졌지만 이를 무시하거나, 혹은 고려하지 않은 야나기의 태도는 일본인에 의한 '석굴암의 발견'을 강조하기 위한 것으로 읽힌다. 그는 조선 곳곳을 조사했던 세키노 다다시가 불국사를 상세하게 조사했지만 석굴암을 알지 못하고 돌아간 것은 석굴암이 당시 세인들에게 완전히 잊혀졌기 때문이라고 했다. 그러나 이 역시 사실과 다르다. 앞에서 거론했던 17세기 선비 정시한(丁時翰)의 『산중일기』(山中日記)를 비롯해 조선 후기의 시문들에서 경주 석굴암을 다녀온 문인들의 짧은 감상이 보인다는 것이 이를 말해준다.[32] 곳곳에서 발견되는 '사실'과 일치하지 않는 야나기의 석굴암론은 그가 정밀한 자료를 검토하여 글을 썼다기보다 자의적으로 석굴암에 관한 생각을 풀어냈기 때문이다.

3) 석굴암론에 보이는 야나기의 관점과 그 영향

(1) 야나기의 〈석굴암론〉과 그 사상적 배경

야나기의 관점에서 필자는 두 가지에 주목한다. 첫째는 야나기에게 내재되어 있었던 식민주의적 태도의 문제이다. 「석불사의 조각에 대하여」의 앞부분에서 석굴암에 관한 회상이 '자신에게 언제나 행복한 회고'라고 하면서 그는 석굴암에 관한 글을 쓰는 목적을 '영원한 옛 예술에 나타나는 영예(榮譽)를 말함으로써 독자들의 발을 석굴암으로 이끌어 새로운 경악(驚愕)과 이해의 길을 열게' 하기 위한 것이라고 밝혔다.[33] 불특정 다수의 대중들이 석굴암을 관람하러 오기 바란다는 이 대목은 그가 석굴암을 방문하고 느낀 자신의 감격을 다른 사람들과 공유하고 싶다는 희망을 보여주는 것이기는 하지만 그와 동시에 석굴암을 관광지화하고, 대중들의 유람의 장소로 환원시키는 역할을 하기에 충분했다. 이 점에 대해서는 조선 최초로 설립된 이왕가박물관과 창경원이 행락장으로서 '취미의 공간'을 만들어내기 위한 일제강점기의 '문명의 사업'이었다는 지적을 기억할 만하다(도 4-6).[34] 식민지 조선에서 대중들의 '취미'의 공간이자,

32 정시한, 신대현 번역 · 주석, 『산중일기』. 이외에도 석굴암을 방문한 문인들은 적지 않았던 듯하며 그들 중 일부가 남긴 시문이 전해진다.

33 柳宗悅, 「石佛寺の彫刻に就いて」, p. 142.

34 박소현, 「帝國의 취미: 李王家博物館과 일본의 박물관 정책에 대하여」, 『미술사논단』 제18호,

'유람'의 대상으로 재창조(再創造)된 식민지의 명승 · 유적지는 관람할 물건을 모아놓고 이들 유물과 그것을 만들어낸 식민지의 과거를 대상화(對象化)하고, 타자화(他者化)하는 박물관과 다를 것이 전혀 없다.[35] 야나기 본인이 어떤 석굴암론을 펼쳤든지 그와 관계없이 석굴암의 관광지화와 일제에 의한 이왕가박물관의 설립은 같은 맥락에서 해석될 수 있다. 유람인가, 관람인가의 차이일 뿐이다. '문명의 사업'은 일제에 의해 주어진 문명과 야만의 이분법에서 제국주의에 면죄부를 주는 정당화 사업이었다.

[도 4-6] 이왕가박물관 전경(『이왕가박물관 소장품 사진첩』).

한국미술연구소, 2004, pp. 143~169.

35 의도적인 식민지 명소의 창안에 대해서는 Benedict Anderson, Imagined Communities: Reflections on the Origin and Spread of Nationalism, London: Verso, 1991, 윤형숙 역, 『상상의 공동체』, 나남, 2005, pp. 228~237 참조.

두 번째 주목하는 점은 야나기가 석굴암이 만들어진 신라를 조선미술의 정점(頂点)으로 파악하고 있었다는 것이다. 그는 석굴암을 '영원의 걸작'으로 극찬하였으며, '동양의 문화가 최고에 도달했을 때, 그 영기(靈氣)를 살린 신라 사람들에 의해 만들어졌다'고 하였다.[36] 야나기는 6세기부터 9세기까지의 약 400년 동안이 동양 문명의 황금시대인데, 중국은 수당(隋唐), 일본은 스이코(推古) · 덴표(天平) 시대였으며, 조선은 통일신라시대였다고 덧붙였다. 그에 의하면 이 시기는 동아시아에서 종교와 예술에서 가장 위대한 작품을 생산한 시기였으며 불교의 시대였고 예술의 시대였다. 여기서 그가 왜 이 시기를 종교의 시대이자 예술의 시대라고 규정했는지는 아무런 설명도 하지 않았다. 이 대목에서 미술에 대한 야나기의 두 가지 태도를 읽을 수 있다. 그 한 가지는 그가 종교와 예술을 동일한 맥락에서 이해하고 있었다는 점이다. 그가 예술의 가치를 판단하고 평가하는 기준에 따르면 인류 역사상 가장 훌륭한 예술은 종교예술이다. 그리고 뛰어난 예술작품을 생산해낼 수 있는 능력은 깊은 신앙심이 있어야 가능하다는 것으로 해석된다. 이와 같은 그의 관점은 당시 일본 학계에서 근대적 학문으로 자리 잡은 '동양미술사관'에 그 배경이 있었다.

통일신라와 당, 그리고 일본의 스이코(推古), 덴표(天平) 시대를 모두 동양 미술이 정점에 이른 시기였다고 파악하는 인식의 패러다임은 어니스트 페놀로사의 영향을 받은 오카쿠라 덴신에 의해 만들어졌다. 오카쿠라 덴신은 근대 일본미술사의 기초를 확립한 인물로, 1890년에 동경미술학교에서 처음 일본미술사를 강의했다는 것은 앞에서 거론한 바와 같다.[37]

---

36 柳宗悅, 「石佛寺の彫刻に就いて」, pp. 142~143.

37 일본에서 古美術 조사와 일본미술사의 성립은 철저하게 국가적 프로젝트의 일환이었으며, 그런 의미에서 미술사가 관제 학문으로 성립되었고, 서구에 대한 제시를 목적으로 하였다는 것이 지적되었다. 이에 대해서는 사토 도신, 「'近代 日本美術史'의 形成과 그 硏究動向」,

페놀로사의 제자인 그의 미술사 서술은 각 나라를 왕조에 따라 시대 구분을 하고 그에 기반하여 정치사적으로 각 시대의 역사적 상황과 미술의 특색을 설명하는 방식을 택했다. 그런데 덴신은 일본이 스이코시대에 갑자기 이전에 없었던 찬란한 문학과 미술을 갖추게 되었으며 이는 외국과의 관계에서 생겨난 것이라고 보았다. 일본미술이 대부분 중국과 조선에서 받아들인 문물을 발전시킨 것이므로 일본미술사를 쓴다는 것은 일본과 외국과의 관계를 명확히 해나가는 과정이라고 생각했다.[38] 어떤 한 시대는 전성기로, 또 다른 한 시대는 쇠퇴기로 파악하는 그의 관점은 일본 역사의 시대 구분에도 그대로 적용됐다. 덴신은 스이코, 덴지(天智), 덴표(天平) 시대를 포괄하는 나라(奈良)시대를 고대(古代)로 규정하면서 이를 그리스·로마에 비견되는 고전기(古典期)라고 설정하였다.[39] 나라시대를 고전기로 규정함으로써 그 미술을 마땅히 배우고 따라야 할 만한 모델이자 규범으로 만들었다. 이는 그리스·로마에 대한 일종의 집착이며, 아시아 문화의 정점이 일본이라는 주장을 펴기 위해 일본을 그리스·로마와 같은 위치로 규정하려는 노력의 일환이었다.

1897년, 일본의 동경제국박물관에 파리만국박람회에 보낼 일본미술사 집필 의뢰가 들어왔다. 덴신이 이를 맡아 준비하던 중에 남긴 『일본미술사편찬강요』(日本美術史編纂綱要) 초고(初稿) 목차에서 그는 스이코시대와 덴지시대를 구분해 각각 다른 장으로 나누었다. 이 책은 덴신이 제국박물관(帝國博物館) 미술부장이던 1890년에 박물관에서 기획됐지만 출판되지는 않았고 초고가 남아 있을 뿐이다. 그런데 초고에는 스이코시대라는 장(章)

『미술사논단』 제10호(한국미술연구소, 2000), pp. 213~217.

38 기노시타 나가히로, 「岡倉天心과 美術史」, p. 313.

39 기노시타 나가히로, 위의 글, pp. 313~315.

의 제2절 전체에서 중국[支那]과 조선 고대의 미술을 다루고 있으며, 덴지시대는 '인도 고불상(古佛像)에 관한 고증', '인도 · 그리스 고불상에 관한 고증', '중국과 인도 및 서역과의 교류', '일본시대의 제작품 및 전래 양상'이라는 소제목으로 구성되어 있어서 흥미롭다.[40] 각각의 장(Chapter)이 4절 내지 5절로 이뤄진 일본미술사의 목차에서 정작 일본미술을 다룬 절은 겨우 마지막 한 절에 불과하며, 그 앞부분은 모두 중국과 조선, 인도의 미술로 채워진 셈이다. 결국 이 초고의 목차를 보면 나라시대의 일본 미술이 화려한 꽃을 피우게 된 데는 외국, 특히 중국과 조선의 영향이 컸다는 오카쿠라 덴신의 생각이 그대로 반영되었다.[41] 그런데 『일본미술사편찬강요』는 덴신이 갑자기 불미스런 일로 제국박물관 미술부장직을 사퇴하게 됨에 따라 기획이 중지되었고, 일본미술사는 후쿠치 마타이치(福地復一)가 그의 뒤를 이어 간행을 맡게 되었다. 후쿠치가 책임을 맡은 일본미술사는 1900년에 *Histoire l'Art du Japon*이라는 제목으로 출간되었으며 이를 일본어로 출간한 책이 『고본일본제국미술약사』이다. 덴신이 손을 뗀 이후 간행된 『고본일본제국미술약사』도 시대 구분은 차이가 있지만 동아시아에서의 미술의 큰 흐름에 대해서는 유사한 인식을 보여준다. 일본미술사는 처음 덴신이 기획한 대로 간행되지 못했지만 그가 잡은 기본 틀에서 크게 벗어났다고 보기도 어렵다. 그런 의미에서 본다면 덴신이 잡았던 일본미술사 서술의 지향점이 시사하는 바가 크다.

이러한 틀은 비단 일본미술사에만 국한된 것이 아니고, 아시아미술사 전반에도 적용되었다. 객관적으로 볼 때, 일본미술사는 동아시아에서

---

40 기노시타 나가히로, 「岡倉天心과 美術史」, <표 2> 참조.

41 후에 집필 방향이 바뀌게 된 이 책과 덴신의 생각과의 차이에 관해서는 기노시타 나가히로, 「岡倉天心과 美術史」, pp. 317~319 참조.

처음으로 서술된 한 나라[一國]의 미술사이며, 일본에서 관(官), 즉 당시 정부 주도로 구축된 것이었다. 여기에는 특히 『고본일본제국미술약사』의 영향력이 컸으며, 일본미술사의 서술 방식과 체제가 동양미술사 서술에 미친 영향을 감안하여 동양미술사라는 하나의 틀에서 일본미술사의 편찬을 조명해야 한다고 지적된 바 있다.[42] 오카쿠라 덴신이 구성한 일본미술사의 기본적인 인식틀은 크게 변하지 않은 채, 아시아미술사 연구의 기본 패러다임으로 작용하면서 지속적으로 확대 · 재생산되었다.

20세기에 들어와 일본의 연구자들은 유럽으로 유학을 가거나 방문을 함으로써 당시 유럽에서 이뤄지고 있었던 동양 연구에 고무되고, 그들의 방법론을 배워왔다.[43] 이들을 포함하여 일본미술 연구자들은 중국미술 연구에 경도되는 경향을 보이기도 하고, 조선과 중국의 유적을 조사하거나 발굴하기도 했다. 그 중에는 하마다 고사쿠(濱田耕作, 1881~1938), 다키 세이치(瀧精一, 1873~1945) 등이 포함되며 이들은 어떤 의미로든 20세기 이후 아시아미술사 연구에서 중요한 역할을 했다. 일찍이 서구로 유학을 다녀온 이들은 인도 불교미술에 관한 오늘날의 입장에서 봐도 손색없을 정도로 상당히 전문적인 지식을 갖추고 있었다.

오카쿠라 덴신 자신의 일본미술사는 야나기 무네요시가 석굴암에 대한 글을 출판한 1919년까지 출간되지는 않았다.[44] 그러나 일본미술사를 서술하는 것이 당시 일본의 국가적 과제였던 만큼, 일본미술사 관계

42 후지하라 사다오, 「東洋美術史學의 형성과정에서 역사관, 문화적 가치관: 분석방법을 둘러싼 日本과 歐美의 競合에 대해서」, pp. 357~358 주 15 참조.

43 19세기말에서 20세기에 걸쳐 유럽에서 이뤄진 고고학과 미술사 연구 경향과 저작, 이에 대한 일본 지식인들의 반향에 대한 구체적인 연구는 후지하라 사다오, 위의 논문, pp. 353~379 참조.

44 덴신의 강의에 기반한 일본미술사는 1922년에 『天心全集』에 포함되어 출간되었다.

저술은 덴신이 초안을 잡은 기본적인 윤곽과 크게 다르지 않았다.[45] 덴신이 만든 일본미술사의 기본 틀은 교육이라는 형태로 이미 1900년 전후에 일본의 지식인 사회에 널리 퍼져 있었던 것으로 추정된다. 야나기 무네요시와 종종 대비되는 전형적인 일본 제국주의 관학자 세키노 다다시 역시 덴신과 유사한 경향을 드러냈다. 건축을 전공한 세키노가 일찍부터 오카쿠라 덴신의 일본미술사 방법론을 따르고 이를 잘 이해하고 있었다는 점은 이미 지적된 바 있다.[46] 세키노보다 앞선 사람 가운데 일본미술사의 큰 틀에서 덴신의 영향을 보여주는 것은 구키 류이치가 1889년에 쓴 「구키군연설지대지」(九鬼君演說之大旨)와 1895년에 간행된 『헤이안통지』(平安通志)밖에 없다고 한다. 세키노가 1895년에 우지(宇治)의 호오도(봉황당, 鳳凰堂)를 주제로 「봉황당건축설」(鳳凰堂建築說)을 자신의 공과대학 졸업 논문으로 발표하면서 스스로 구축한 일본미술의 흐름을 보면 그가 통일신라의 미술을 중시했던 이유를 충분히 짐작할 만하다(도 4-7).[47]

그러면 세키노의 견해와 야나기의 석굴암론은 어떤 관계가 있는가? 세키노가 조선사학회에서 조선미술사를 강의한 것은 야나기의 석굴암론보다 시기상으로는 좀 늦지만 그의 생각들은 이미 조선 유적 조사를 했던 1902년부터 다양한 방식으로 계속 발표되었던 것이므로 조선미술사 자체의 강의와 출간 시기가 야나기의 석굴암론보다 늦게 발표되었어도 양자의 견해를 비교하는 데는 상관이 없다. 세키노는 1902년부터 조선에서

45 덴신의 책이 출간되지 못한 정황과 제국박물관에서의 『稿本日本帝國美術略史』 간행에 대한 전말은 기노시타 나가히로, 「岡倉天心과 美術史」, pp. 317~319.

46 다카기 히로시, 「일본미술사 · 조선미술사의 성립」, pp. 141~142.

47 다카기 히로시, 위의 논문, pp. 141~142. 세키노 다다시의 일본에서의 활동, 조선과 중국에서의 유적 조사와 그를 기반으로 한 업적, 제국주의 관학자로서의 위상 등을 중심으로 종합적인 전시와 검토의 결과물인 『精神のエクスペディシオン』, 東京: 東京大學 出版會, 1997이 좋은 참고가 된다.

[도 4-7] 평등원 봉황당, 1053년, 헤이안시대, 일본.

유적 조사를 시작했고, 『조선고적도보』 편찬을 주도했다. 하지만 조선미술사의 출간은 사실상 그의 사후에 이뤄졌다. 세키노가 각 시대마다 제작된 불상의 우수성에 근거를 두고 이로써 해당 시대 미술 전반의 상태를 알 수 있다고 주장한 것은 기본적으로 덴신의 미술사관을 그대로 따른 것이다. 그가 당나라의 영향을 받아 우수한 불상이 많이 제작된 신라가 조선에서 가장 우수한 미술을 꽃피운 시대라고 본 것은 당연한 일이다. 『조선미술사』에서 세키노는 통일신라시대가 조선미술의 전성기였으며, 조선 특유의 취향이 발휘되어 화려함과 정교함이 극치에 다다랐다고 설명한다.[48] 통일신라를 조선의 정점으로 파악하고, 일제강점기 당시의 조선을 무능하고 쇠락한 시대라고 주장하는 것은 비단 세키노에게서만 볼 수 있는 것이 아니며 조선과 관계가 있었던 대부분의 사람들에게

48 關野貞, 심우성 역, 『朝鮮美術史』, p. 167.

서 공통적으로 찾아볼 수 있는 일이다. 가령 이토 히로부미가 1909년에 평양에서 했던 연설에서도 역시 이와 같은 역사관이 반영되었다.[49] 세키노는 석굴암이 완전히 신라 장인들의 창의에 의해 이뤄진 것이라며 당시의 발달된 건축술에 놀랄 따름이라고 하면서, 본존불은 조선에서 가장 우수한 조각으로 중국이나 일본의 작품 가운데 이에 견줄 만한 것이 없다고 극찬했다(도 4-8).[50] 조선사학회에서의 세키노의 강연과 출간은 야나기 무네요시의 「석불사의 조각에 대하여」보다 일찍 행해진 것이 아니므로 그가 야나기에게 영향을 주었다고 말할 수는 없다. 하지만 석굴암의 존재를 알고 난 이후 세키노의 기본 입장은 항상 같았다. 오히려 그가 석굴암을 알게 된 이후 자신의 역사관을 확고하게 주장할 수 있는 근거를 찾았다는 생각을 하지 않았을까? 즉, 일정한 역사의 흐름을 미리 정해놓고, 석굴암과 같은 미술자료를 그에 꿰맞추었으리라는 의심을 갖지 않을 수 없다. 야나기가 세키노에게서 직접적인 영향을 받았다고 할 수는 없지만 당시 일본의 지식인들이 동일한 역사관 내지 미술사관을 공유하고 있었다고 보는 것이 자연스럽다. 세부적인 관점이나 시각에서는 차이를 보여서 각 시대마다 이름을 다르게 불렀지만 그와 관계없이 기본적으로는 같은 입장이었다.[51]

야나기 무네요시는 학습원 고등과에 재학하던 1910년에 이미 문예지 『시라카바』(白樺) 창간에 관여하며 활발하게 문예 활동을 펼쳤던 만큼

49 다카기 히로시, 「일본미술사 · 조선미술사의 성립」, p. 150.

50 關野貞, 심우성 역, 『朝鮮美術史』, p. 179, p. 196.

51 덴신과 세키노, 이토 츄타 등의 시대구분법은 다음의 책 <표 2>에 일목요연하게 정리되어 있다. 廣瀨繁明, 「明治期におげる <文化財> 保護政策と關野貞: 美術史から 建築史, そして考古學への展開」, 『日本におげる美術史學の成立と展開』 平成九～十二年度科學研究費補助金基盤研究(A)(2)研究成果報告書(2002), p. 164.

[도 4-8] 석굴암 본존불.

일본에서도 매우 중요한 지식인이다. 그런데 야나기가 대표적인 식민주의 동양학자인 시라토리 구라키치(白鳥庫吉, 1865~1942)에게서 배웠다는 점은 거의 주목을 받지 못했다. 1890년부터 학습원 교수직을 맡았던 시라토리는 유럽에서 2년간 공부하고 돌아온 1904년부터는 동경제국대학에서 역사학 교수로 재임했다. 동경제국대학 철학과를 졸업한 야나기가 조선을 '정체와 타율성'이라는 시각으로 파악한 것이 시라토리로부터 역사를 배웠기 때문이라는 지적은 기억할 만하다.[52] 시라토리는 인도 고유의 사상에 서역의 사상이 더해져서 훨씬 풍부해진 대승불교가 일본에 전래되었으며 여기에 인도와 당 문화의 정수를 조화시킴으로써 일본이 동양의 중심이 되었다고 본 인물이다.[53] 동아시아와 일본을 바라보는 관점에 있어서 오카쿠라 덴신과 시라토리 구라키치는 차이가 없다. 이들에게 '과거'의 중국과 조선이 찬란한 문화를 꽃피웠다는 것을 지적하고 인정하거나 이를 찬미하는 것은 아무런 문제가 되지 않는다. 오히려 당시 일본의 지식인 그룹은 중국과 조선이 창조해낸 우수한 문화를 적극적으로 찾아내려 했다고 생각한다. '과거'의 중국과 조선 문화예술이 찬란하면 찬란할수록, 정교하면 정교할수록 그것들을 받아들여 활짝 꽃피운 일본의 '현재'는 더욱 영화로운 것이 되기 때문이다. 『조선고적도보』에 실린 낙랑과 고구려의 유적과 유물은 '쇠락하는 미(美)'이며, '몰락하는 문명'이라는 이미지를 조작하기 위한 것이었다는 지적도 비슷한 맥락에서 볼 수 있다(도 4-9).[54] 조작이라기보다는 식민통치의 필요성과

52 稲賀繁美, 「岡倉天心 · 柳宗悅 · 魯迅: 東洋美術觀をめぐって」, 『비교문학』 별권(한국비교문학회, 1998), p. 145.

53 시라토리의 사상적 배경과 그의 역사관, 일본에서의 동양사 구축 과정에서의 그의 시각과 근대 일본에서의 역할에 대해서는 스테판 다나카, 박영재 · 함동주 옮김, 『일본 동양학의 구조』, pp. 259~262 참조.

[도 4-9] 고적조사 당시의 장군총, 5세기, 지안(集安).

문명국 일본의 우월성을 홍보하기 위한 의도를 명백하게 보여준다고 하는 편이 낫겠다. 이미 타자화(他者化)된 과거 중국과 조선의 미술은 '낭만화된 과거'이자 일본이라는 동양의 선구자를 뒷받침해주는 '화석'이며 '박물'(博物)로 기능했던 셈이었다. 야나기가 석굴암을 '영원의 걸작'으로 극찬한 것은 이상과 같은 제국주의 일본 지식인들이 만든 '동양'관이자 미술사관의 연장선상에서 해석할 수 있다.55

54 배형일, 「신화 속 故土 복원을 위한 유적 탐색: 메이지시대 한반도에서의 고고학·미술사적 조사(1900~1916)」, p. 263.

55 서구에 대립되는 '동양'의 개념이 하나의 창안된 관념이며 여기에는 제국주의적 관점이 개재되어 있다는 '동양 담론'에 대해서는 스테판 다나카, 박영재·함동주 옮김, 앞의 글 및 스테판 다나카, 「근대 일본과 '동양'의 창안」 참고.

(2) 야나기의 〈석굴암론〉이 미친 영향

앞에서 살펴본 바와 같이 석굴암이 근대적으로 발견된 이후인 1919년에 야나기 무네요시는 석굴암에 대해 상세하게 검토한 글을 처음 발표했다. '극동의 3대 보물'이라고 일컬어졌던 석굴암에 대한 첫 번째 저작인 야나기의 이 글이 당시 사람들에게 미친 영향은 적지 않았다. 야나기의 글에서 영향을 받은 것으로 추정되는 석굴암론은 정식으로 제도권 미술사 교육을 받은 일본의 미술사가(美術史家) 하마다 고사쿠의 글로 이어진다. 하마다는 시라토리 구라키치의 제자로 후에 교토제국대학의 동양학 발전에 기여했던 인물이며 일본에서도 제2세대의 동양미술사학자에 해당한다. 그는 다이쇼(大正) 14년(1925)에 간행된 『불교미술』(佛教美術) 제5책에 「덴표조각과 신라조각: 그 대표로서의 나라 삼월당과 경주 석굴암」(天平彫刻と新羅彫刻: 其の代表として奈良三月堂と慶州石窟庵)이라는 논문을 발표했다.[56] 이 글에서 석굴암이 주제는 아니지만 매우 비중 있게 다뤄졌고, 정식으로 교육받은 미술사학자에 의한 논고라는 점에서 충분히 살펴볼 만한 가치가 있다. 하마다의 글은 석굴암을 통일신라 미술의 정화(精華)로 간주하고 이를 일본 덴표 미술의 정수(精髓)인 도다이지(東大寺) 산가츠도(三月堂, 일명 홋케도: 法華堂)의 건축 및 조각과 비교한 것이다(도 4-10). 사실상 석굴암과 산가츠도는 아무런 관계가 없다. 건축적으로나 내부의 불교조각으로나 처음부터 비교가 될 만한 대상이 아니다. 그럼에도 불구하고 이들을 비교한 것은 예의 '사관'(史觀) 때문이었다고 생각한다. 석굴암을 조선미술의 정수라고 간주한 것이나 일본미술의 절정을 덴표시대라고 보고 그 절정이 도다이지 산가츠도에 있다고 주장하기 위해 양자를

56 濱田耕作, 「天平彫刻と新羅彫刻: 其の代表として奈良三月堂と慶州石窟庵」, 『日本美術史研究』(東京: 座右寶刊行會, 1940), pp. 79~94(원출: 『佛教美術』 5, 1925).

[도 4-10] 도다이지 산가츠도(三月堂), 8세기, 나라, 일본(사진: 필자).

선택한 것이다. 석굴이 인도·서역에서 중국 육조시대를 거쳐 동쪽으로 전해진[東傳] 석굴사(石窟寺)의 계통을 따른다고 한 것은 야나기와 동일하다. 정확히 말하면 석굴암에 대한 인식의 밑그림을 마련한 세키노 다다시를 비롯한 여타 일본 지식인들의 생각과 틀에 박힌 듯이 같다.

하마다는 산가츠도를 덴표시대의 일대 기념물(monument)로 간주하고 석굴암을 이에 비견된다고 했다. 그가 이처럼 석굴암을 성당(盛唐) 미술의 영향으로 만들어진 신라 미술의 최대 기념물이자, 건축과 조각의 완전한 조화를 보여주는 것이라고 하면서 덴표 미술과 비교한 점은 야나기보다 훨씬 발전된 미술사적 접근을 보여주는 것이다. 일본미술사 전공인 하마다는 같은 글, 88쪽에서 자신이 석굴암의 구조와 조각에 대해서는 상세하게 기술할 만하지 못하다고 쓰고 있어서 그가 야나기 무네요시의 글을 상당 부분 참조했으리라는 추정을 할 수 있다. 실제로 그의 글에는 산가츠도와 석굴암을 구체적으로 비교한 부분은 찾아볼 수 없고, 단지 이들이 '각 시대 미술의 정수를 보여주는 것'이며 '건축과 조각의 유기체적인 결합을 보여주는 완벽한 조화를 이룬 작품이라는 공통점이 있다'는 지적을 했을 뿐이다.[57] 그런데 석굴 내부에 안치된 보살상과 나한상들이 본존인 석가모니를 참배하는 것과 같은 시계(視界)를 보여주도록 배치되었다고 한 점은 야나기가 쓴 석굴암론 제6장에서 다루었던 각 조상(彫像)들이 지닌 시선의 방향에 관한 대목과 그대로 일치한다.[58] 석굴암 내부를 비추는 광선의 효과와 조상들의 시선, 참배자의 위치를 서로 결부시켜서 이들 사이에 모종의 일관성이 있다는 지적은 야나기의 석굴암론이 지니고 있는 독자성 중의 하나이다(도 4-11). 또 한편으로는 불국사 건설과 관련된 영지(影池) 전설을 상기시키기도 한다.[59] 하마다는 석굴암에 비견되는 중국 석굴의 예로 산서성 태원의 천룡산(天龍山) 석굴을 들고 석굴암과 천룡산 석굴이 역사적으로 관계가 있는지는 명확하게 말하기 어렵다고 하였다. 그런데 하필이면 왜 천룡산 석굴일까? 이 점에 대해서는 앞부분에서 다뤘듯이 하마다가 이 글을 쓴 시점이 바로 세키노가 중국에 가서 천룡산을 근대적으로 '재발견'한 1917년과 가까운 시점이기 때문에 자연스럽게 관심을 갖고 있었으리라고 추정할 수 있다. 이어서 그는 중국 장인의 손으로 석굴암 조성이 이뤄졌을 것이며, 화강암을 다루는 기술을 정복한 신라의 특수한 기술이 얼마나 (당시의) 국민정신을 반영할 수 있었는지 명확하지 않다고 쓴다. 하마다의 이 부분 역시 야나기가 '당의

57 濱田耕作, 위의 논문, pp. 84~87, 88.

58 濱田耕作, 「天平彫刻と新羅彫刻: 其の代表として奈良三月堂と慶州石窟庵」, p. 92.

59 濱田耕作, 「天平彫刻と新羅彫刻: 其の代表として奈良三月堂と慶州石窟庵」, p. 93.

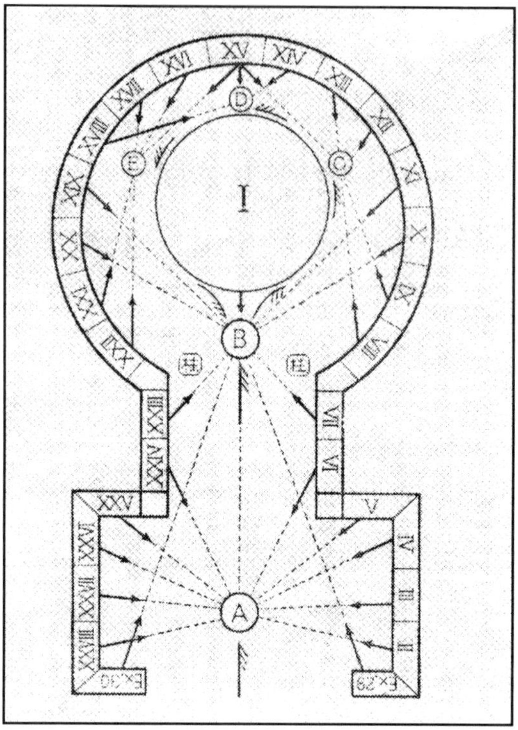

[도 4-11] 야나기가 파악한 관람자의 동선과 부조상의 시선.

장인이 석굴암을 만들었으나 이는 오직 조선의 마음을 통해서만 보이는 미를 표현한 것'이라고 한 부분을 연상시킨다. 당의 장인이 만들었다는 말 자체가 야나기의 경우와 마찬가지로 타율적인 역사를 강조하는 식민사관의 일환이며, 그와 마찬가지로 시라토리의 제자였던 하마다 고사쿠가 타율적인 석굴암 건축론에 동의한 것은 당연한 일이다. 여기서 필자가 이 대목을 식민사관이라고 강조하고 싶은 마음은 없으나 당에서 온 장인이 당이 아니라 신라의 마음과 미를 표현했다는 모순된 기술이 반복되고 있는 점이 흥미롭기만 하다. 이 점은 식민지 조선에 대한 식민사관의 타율성을 강조하려는 이성과 신라 미술의 아름다움에 대한 감성적

찬탄 사이에서 이들이 가질 수밖에 없었던 딜레마를 잘 보여준다.

야나기의 <석굴암론>은 미술사적인 측면에서만이 아니라, 여러 공적·사적 이유로 경주와 석굴암을 방문하려고 했던 수많은 일본 관광객, 관람자들에게도 영향을 주었다. 특히 당시 고적으로 가득한 경주를 찾는 일본인들의 발길이 끊이지 않았는데, 이들에게 가이드북 역할을 했던 책 중에 석굴암을 다룬 부분이 발견된다. 1940년에 나카무라 료헤이(中村亮平)가 펴낸 『조선 경주의 미술』(朝鮮慶州の美術)은 원래 쇼와(昭和) 4년(1929년)에 초판을 냈고, 쇼와 15년 2월에 경주 남산의 석불과 마애불을 보강하여 재판을 발행했는데, 같은 해 10월에 무려 11판을 찍었던 인기 있는 책이었다.60 재판의 석굴암 부분에 특별히 보강된 것이 없으므로 이 책의 석굴암 관련 내용은 실제로 초판이 간행된 1929년에 쓰인 내용이라고 생각한다. 나카무라의 책은 목차가 불국사에서 시작해 석굴암으로 이어지는데 그 중에서 석굴암 부분은 거의 40쪽에 이른다. 나카무라는 석굴암이 건립된 시대를 설명하면서 마치 야나기의 글을 그대로 옮긴 것처럼 상세하게 거론하고, 이 시기, 즉 통일신라를 '동양 불교문명의 융성기'였다고 설명한다. 앞에서 인용한 것과 같은 그의 설명에 따르면 신라에서는 분황사·사천왕사·백률사 같은 절들이 창건되었고, 중국에는 수당의 문화와 이백이라는 시인이 있었으며, 일본은 엔랴쿠지, 도지 등이 건설된 스이코시대라고 쓰고 있다.61 이 부분은 나카무라가 야나기의 설명을 액면 그대로 옮겨 쓴 것처럼 보일 정도로 거의 대부분 일치한다. 또 석굴암이 메이지(明治) 말경에 발견되었다고 한 점과 (조선) 반도

60 中村亮平, 『增補 朝鮮慶州の美術』(東京: 改造社, 1940), pp. 59~97. 필자는 재판본인 증보판을 참조하였다.

61 中村亮平, 위의 책, pp. 62~63.

예술의 정화라고 할 만한 전당(殿堂)이 조선의 억불숭유 정책 아래서도 그대로 보존된 것이 경탄할 만하다고 한 대목,[62] 석굴암의 위치가 마을에서 멀리 떨어져 있어서 임진왜란에도 불구하고 해를 입지 않아 다행이라고 한 대목은 분명 야나기의 글에서 나오는 내용과 일치한다. 한편 나카무라가 석굴암이 메이지 말엽에 발견되었다고 쓰면서, 발견 당시에 마을의 촌로(村老)들이 석굴암을 알고 있었기 때문에, 이때의 (일본에 의한) 발견은 '예술품'으로서의 발견을 의미한다고 지적했다는 점은 매우 흥미롭다.[63] 그의 딜레마는 조선인들이 알고 있었던 석굴암의 존재를 일본인이 발견했다고 선전하는 것이 불합리하다는 점을 스스로 알고 있었다는 데 있다. 그는 이를 해결하기 위해 '예술'이라는, 당시 아시아에서는 여전히 낯설었던 근대적 개념을 들고 나왔다. 일본인들의 '발견'은 석굴암을 예술로서, 아니 예술품으로서 발견한 것이라고 애써 일제의 역할에 의미를 부여하려고 노력한 게 역력하다. '보는 방법'을 달리하는 것, 그럼으로써 새로운 의미를 부여하는 것은 앞에서 언급했듯이 나카무라가 처음 들고 나온 절충안은 아니었고, 세키노와 야나기에서부터 은연중에 암시되었던 해결책이었다. 그는 자신의 책에서 굴 내에 있는 부조상들을 제대로 볼 수 있도록 관람자에게 적절하게 움직이도록 동선(動線)을 제시한다. 관람객의 위치에 따라 조각들을 다르게 볼 수 있다고 나카무라가 쓴 것도 야나기가 석굴암 평면도에 이미 표시했던 것과 별 차이가 없다. 다만 야나기는 관람자의 동선을 조상이 지닌 시선의 방향에 따라 '예술품'으로서 감상할 수 있는 적절한 방법을 제시하는 것이라고 했고 나카무라는

62 석굴암의 근대적 발견에 대해서는 姜熺靜, 「석굴암의 근대적 재발견: 20세기초 형성된 석굴암 인식의 기초를 중심으로」 참조.

63 中村亮平, 『增補 朝鮮慶州の美術』, p. 64.

불상 광배의 위치에 따라서 예배자의 위치가 정해진다고 한 점이 차이가 날 뿐이다(도 4-12).[64]

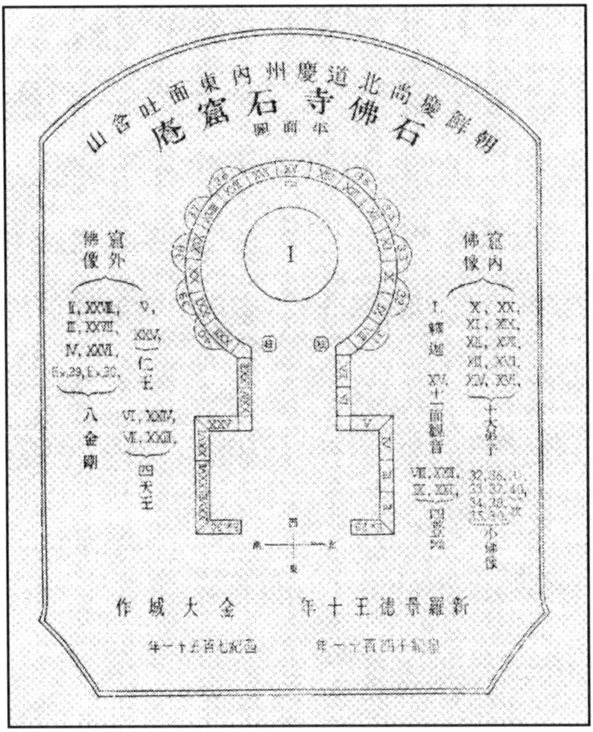

[도 4-12] 야나기가 생각한 석굴암 존상배치도.

여기서 언급한 두 편의 글은 모두 1920년대 후반에 씌어졌다. 이들 글에서는 필자들이 각기 독자적인 방법으로 석굴암에 대해 해설한 부분도 있지만 상당히 많은 부분에서 야나기 무네요시가 이미 설명한 내용을

64 柳宗悅, 「石佛寺の彫刻に就いて」, pp. 186~196; 中村亮平, 『增補 朝鮮慶州の美術』, pp. 93~96.

반복한다. 석굴암이 조선미술의 정수이며 이를 정점으로 해서 조선의 미술은 점차 쇠락했다고 한 부분이나 당 장인의 도움을 받아 만들었을 것이라는 추정은 물론 야나기나 세키노의 서술 방식과도 같다. 또 석굴암이 근세에 이르기까지 세간에 알려지지 않았고, 왜구들에 의해 파괴되지 않았던 이유가 경주 시가의 평지에서 잘 보이지 않는 지리적 위치 때문이라고 했던 점, 석실 벽면의 부조상들의 시선이 관람자의 동선과 일치할 수 있도록 고안되었다고 주장한 점은 야나기 무네요시가 처음으로 언급했던 부분들이다. 1962년에 복원된 현재 석굴암 전실의 팔부중상은 일제강점기의 보수 당시, 즉 야나기가 보았을 때의 배치와는 다르다.[65] 야나기는 전실의 팔부중을 집금강신(執金剛神, Vajrapāṇi)이라고 오해하고 있었음에도 불구하고 나카무라 료헤이는 이를 그대로 따라서 썼다. 이와 같은 몇 가지 언급은 단적인 예에 불과하지만 야나기의 석굴암론이 일제강점기 많은 사람들에게 영향을 주어 석굴암에 관한 근대 패러다임의 기본 틀이 형성되는 데 중요한 역할을 했다는 것을 충분히 짐작할 수 있다.

야나기 무네요시가 「석불사의 조각에 대하여」를 발표한 지 거의 100년 가까이 되어간다. 그의 석굴암론은 사실상 근대에 형성된 최초의 본격적인 석굴암론이었음에도 불구하고 제대로 연구된 바가 없다. 석굴암에 관한 다양한 언급이 활자화되어 보급되기 시작한 것은 근대의 세례를 받은 이후, 즉 근대적으로 '재발견'된 이후였다. 그 중에서 야나기의 글이 발표된 후에 더욱 활발하게 간행되었다는 점을 생각하면 야나기의 석굴암론에 대해 관심을 가질 필요는 충분하다. 야나기에 의하여 본격적으로 조선을 대표하는 종교예술로, 조선미술의 정화로 규정된 것을 시작

65 1960년대의 복원 및 수리공사에 대해서는 文化財管理局, 『石窟庵修理工事報告書』(1967)를 참조.

으로 그가 제시한 석굴암 인식의 기본 틀은 큰 변화 없이 유지되었다. 그는 석굴암의 성격을 종교적 예배 대상이면서 동시에 예술작품이라고 선언적인 규정을 했을 뿐만 아니라 수광전의 현판 및 목조 전실(前室) 유무, 부조상들의 시선에 관한 고찰 문제에 이르기까지 중요한 이슈에 대한 언급을 했다. 야나기가 발표한 석굴암론은 상세하게 논의되지 않고 그대로 후대까지 지속되었다. 당시 구축된 일본미술사의 연장선상에서 석굴암을 우리 미술의 정점으로, 조선시대 미술을 쇠락한 것으로 바라보는 그의 시각은 오카쿠라 덴신이 일본미술사를 전개한 방식과 상통하며, '동양'(東洋)의 창안자이자 식민사관의 이론가였던 시라토리 구라키치에게서 영향을 받은 것이었다.

2. 1920년대의 석굴암론: 과거의 영광, 영화로운 유산

조선 사람들이 석굴암에 오른 것이 일제강점기에 처음 이뤄진 일은 아니다. 당연히 구한말까지 조선 사람들은 자신들의 이념이나 사상 · 종교에 구애받지 않고 석굴암을 방문했다. 불교신자들은 자신의 신앙을 위해서, 선비들은 유람을 위해서 석굴암에 올랐다. 조선시대 석굴암을 방문한 불교신도들에 대한 상세한 기록이 남아 있지 않지만 석탄일 같은 때, 많은 신도들이 운집했다고 전한다.[66] 하지만 '미술'이라던가

66 이에 대해서는 황수영, 「石窟庵」, 『石窟庵』, 예경산업사, 1989, p. 34. 한편 조선 후기 선비들의 석굴암 방문을 말해주는 시문들에서 그들이 유람을 목적으로 경주 석굴암에 올랐음을 알 수 있다. 이는 정시한의 『산중일기』로 대표된다. 정시한, 신대현 번역 · 주석, 『산중일기』, pp. 417~421. 관련 글로 김상현, 「石窟庵에 관한 文獻資料의 檢討」, pp. 94~102; 강희정, 「석굴 패러다임과 석굴암」, pp. 163~194 참조.

'예술', 혹은 '문화재' 같은 관념이 생겨나기 전이었던 만큼 조선 사람들은 석굴암을 '한 번 가봄직한 경승지' 정도로 생각했을 것이다. "미술은 그것을 미술로 보는 것, 즉 그것에 대한 담론 없이 성립하지 않는다"는 명제를 남긴 가라타니 고진은 일본에서 이전에도 문화재가 존재했으나 그것들을 '미술'로 발견한 것은 페놀로사라고 하여 일본미술사에 있어서 페놀로사의 역할을 중시한 바 있다.[67] 오늘날처럼 석굴암이 우리나라의 상징으로, 우리나라를 대표하는 유적으로 자리 잡게 된 것은 일제강점기의 일이다. 석굴암이 조선시대와는 비교도 안 될 만큼 많은 대중들과 가까워지게 되었던 것도 조선이 일본의 식민지였던 때이다. 일본인들은 석굴암을 '발견'한 것이 자신의 크나큰 치적인 양 선전했고, 그들이 발견했다고 주장한 시점에서 얼마 지나지 않아 대대적인 석굴암 복원공사를 했다.[68] 석굴암의 '발견'과 '보수'는 일본이 조선을 강점한 초창기에 행한 중요한 치적 중의 하나로 강조되었다. 이처럼 조선을 강점한 일본에 의해 석굴암이 '근대적으로 발견'된 이후, 비로소 석굴암에 관한 사람들의 인식은 공공연하게 논의될 기회를 얻게 되었다.

석굴암은 어떤 과정을 거쳐 일반 대중과 만나게 되었나? 석굴암과 대중 간의 조우는 석굴암의 위상에 어떤 영향을 주었을까? 결과적으로 석굴암은 어떻게 조선을 대표하는 문화재가 되었는가? 이 장에서는 석굴암이 공공연한 관람의 대상이 되어 대중의 인식에 깊이 박히게 되는 경로와 과정을 석굴암의 '공론화'(公論化)로 규정하고자 한다. 이때

---

67 가라타니 고진(柄谷行人), 「미술관으로서의 역사: 오카쿠라 덴신과 페놀로사」, 하루오 시라네 · 스즈키 토미 엮음, 왕숙영 옮김, 『창조된 고전: 일본문학의 정전 형성과 근대, 그리고 젠더』(소명출판, 2002). p. 306.

68 수리 · 복원 과정의 전모에 대해서는 黃壽永, 「石佛寺創建과 重修」, 『石窟庵修理工事報告書』(文化財管理局, 1967) 참조.

의 공론화는 구체적으로 일본에 의해 근대적으로 '재발견'된 석굴암이 조선과 조선인이라는, 정치적으로 사라진 나라, 주권 없는 국민을 통합해 주는 유형(有形)의 상징이 된 사회적 과정을 의미한다. '공론'에 대해서 근대 국민국가가 형성될 때, 낡은 체제를 부정하고 새로운 지배질서의 정당성을 부여하는 핵심적인 이론이라는, 다소 정치적인 규정이 된다.[69] 그러나 이 책에서는 '공론'을 '대중적으로 공공연하게 이뤄진 논의와 그 과정'으로 한정하고 논의를 전개하려고 한다. 이는 석굴암이 조선을 대표하는 유적으로 인식되고, 나아가 조선의 표상으로 자리하게 된 배경에 '공론화'라고 하는 보이지 않는 사회적 합의의 전개 과정이 있었다는 것을 전제로 한다.

1940년에 쓰인 경상북도 소개글에는 석굴암이 동양 제일의 미술품이며 경주의 상징이라고 나온다.[70] 21세기에 사는 오늘날의 우리도 여전히 석굴암이 우리나라를 대표할 대한민국의 자랑스러운 문화재이며, 세계문화유산으로 등재되었다는 사실에 자부심을 갖는다. 그러므로 석굴암에 관한 현재 인식의 토대가 성립됐다는 측면에서도 일제강점기에 이뤄진 석굴암의 공론화 과정은 충분히 논의될 가치가 있다.

여기서는 크게 두 가지 방향에서 석굴암의 공론화를 살펴보고자 한다. 첫 번째는 일본인에 의한 공론화 과정이다. 석굴암의 '근대적 발견'이 일본인에 의해 주도되었기 때문에 석굴암을 둘러싼 일본인의 언설(言說)과 그 의미를 먼저 알아보는 것은 당연한 일이다. 발견과 보수의 전 과정이 모두 조선총독부에 의해 '관'(官) 주도로 이뤄졌다는 것은 제국주

69 박진우, 「일본 근대국가 형성기의 '공론'」, 윤상인 · 박규태 엮음, 『'일본'의 발명과 근대』(이산, 2006), pp. 107~126.

70 조선박람회에 맞춰 각 도의 물산을 소개하는 글이 실려 있다. 「半島의 物産과 문화: 13道各道를 展望하며」, 『三千里』 12권 5호(1940), pp. 252~253.

의의 정책과 관련해서 시사하는 바가 크다. 다음으로는 조선의 입장을 살펴보겠다. 20세기 들어서 비로소 뒤늦게 근대적 인식 및 학문체계를 받아들이게 된 조선 사람들이 근대적 사고체계 속에서 석굴암에 관한 생각을 어떻게 주체적으로 소화하고 전개시켰는가를 살펴볼 예정이다. 일본과 조선이라는, 제국주의와 식민지라는 대립적 관계에 있었던 두 축에서의 공론화는 각각의 정체성(identity) 문제로 귀결된다. 일본은 일본과는 다른 '타자'(他者)인 조선의 표상으로 석굴암을 선택했으며, 조선 역시 마찬가지로 일본에 대한 조선인의 자기 정체성을 확립하기 위한 방편으로 석굴암에 대한 공론화를 주도했다. 그런 의미에서 본다면 석굴암이라는 우리의 문화유산을 매개로 조선과 일본은 각각 자신들의 정체성을 확인하고 정립하려고 시도했다고 볼 수 있다. 결과적으로 사람들의 눈에 보이는 유형의 물질로 이뤄진 석굴암은 그들 스스로의 역사적 위상을 규정하도록 돕는 역할을 했다고 할 수 있다. 이와 같은 맥락에서 본다면 석굴암에 대한 인식의 문제는 한국이나 일본 모두에게 정체성의 문제와 긴밀히 결부된다.

1) 규정된 '타자', 조선의 표상 석굴암

잘 알려져 있듯이 통일신라 35대 경덕왕 때의 김대성(金大城)은 전생(前生)의 부모를 위해 석굴암을 세웠지만 적어도 조선시대 이후 석굴암의 원래 조영 목적은 창건 당시의 의미를 잃었음이 분명하다. 문헌으로 확인되지만 않을 뿐, 창건 이후 오랜 세월 동안 석굴암은 불교 사원으로, 성스러운 예배의 공간으로 중요한 역할을 했으리라는 점은 자명하다. 성소로서의 석굴암의 위상은 '근대적 재발견'과 함께 일제의 의도대로 박제된 종교적 기념물로, 관광의 대상으로 변할 수밖에 없었다. 정시한을 비롯한 17, 18세기 조선의 선비들도 석굴암으로 유람을 갔으나 그들의 여행을 근대적인 의미에서의 관광과 동일한 의미로 해석할 수는 없다. 근대의 관광은 일상에서 벗어나 즐거움을 추구하는 행위이며, 목적지에 대한 특정한 이미지가 조직적으로 공급되는 것을 전제로 하는 사실상 상업적인 활동이다.[71] 자신의 정치적 입장에 관계없이 석굴암에 올랐던 조선의 선비들은 유학자로서 본연의 자세를 잃지 않았고, 종교적인 경외심을 갖지도 않았으나 석굴암을 대단한 장관(壯觀)이라고 생각했다.[72] 석굴암을 목적지로 한 여행, 그리고 그와 관련되는 '명승고적'이라는 인식은 20세기 초에 이뤄진 일본에 대한 재발견과 일본인들이 제시한 문화재라는 새로운 개념 규정, 관광지로의 유도 및 관람 안내에 의해 변화하게 된다.

'관광지'로서의 석굴암과 그에 대한 인식은 어떠했던가? 석굴암이 관광의 대상이 된 것은 구한말부터 소개되어 일제의 조선 병탄 이후, 급작스럽게 늘어난 근대적 의미의 여행과 밀접한 관련이 있다. 근대적 의미에서의 여행은 서구의 정책을 모방했던 메이지 이후 일본인들에게 자신이 무엇인가를 알려주는 중요한 수단으로 간주되었다.[73] 특히 일본인들에게 식민지 조선으로의 여행은 조선이라는 '타자'를 통하여 근대국가 '일본' 국민으로서의 자아를 확립하는 데 중요한 의미를 지녔다. 따라서 철도를 이용한 조선 여행에 대한 안내서가 일찍부터 다수 출간된 것은 역시 관 주도로 관광사업을 이끌었던 일본에서 당연한 일이었다.[74] 일본이

71 서기재, 「戰略으로서의 리얼리티: 일본 근대 「여행 안내서」를 통하여 본 '평양'」, 『비교문학』 34(2004), p. 71.

72 이에 대해서는 정시한, 신대현 번역 · 주석, 『산중일기』, pp. 420~421; 김상현, 「石窟庵에 관한 文獻資料의 檢討」, pp. 94~102 참조.

73 中山正善, 『鮮滿之素見』, 天理教教廳印刷所(1927), p. 1; 서기재, 「戰略으로서의 리얼리티: 일본 근대 「여행 안내서」를 통하여 본 '평양'」, 주 1 재인용.

74 서기재, 「일본 근대 「여행안내서」를 통해서 본 조선과 조선 관광」, 『일본어문학』 13(2002),

식민지 간접 지배 방식을 택한 영국과 달리 본국과 식민지의 동조화를 택한 것은 잘 알려진 것이다. 그러므로 영국 · 프랑스 등의 선진 제국주의 국가와는 달리 후발 제국주의 국가 일본의 정책은 식민본국 일본에서 행해진 것과 비슷한 방식으로 식민지에서도 진행되었다. 나라 전역에서 대대적인 관광이나 여행을 하게끔 추진한 것은 일본에서도 마찬가지였다. 일본에서 근대적 · 상업적 의미에서 관광이 시작되고 그에 맞추어 여행안내서가 발간된 것은 메이지 이후의 일이었다.

일본이 스스로 동양 관광의 지침이라고 자칭했던 영문 『여행안내서』(*An Official Guide to Asia*)가 철도원(鐵道院)에서 1913년에 간행된 것을 시작으로 기차시각표와 함께 여러 종류의 여행안내서가 잇달아 출간됐다. 이 시기에 간행된 중요한 조선관광 안내 책자로는 1921년에 간행된 『사계절의 조선』(四季の朝鮮), 1926년의 『만철 조선 · 만주안내』(滿鐵鮮滿案內) 등이 있는데 여기에는 모두 석굴암이 포함되어 있다. 이들 여행안내서에는 각 지역마다 해당 지역에서 봐야 할 명소 · 경승지 · 유적 등을 포함한 권장 여행 코스가 실려 있다. 가령 경상북도의 경우, 경주를 중심으로 여행을 하도록 안내하고 있는데, 그중에는 <불국사를 중심으로 한 코스>로 괘릉(掛陵) · 불국사 · 석굴암을 돌아보는 일정이 제시되어 있다. 일정 안내에는 석굴암의 위치와 간단한 내력이 적혀 있다.[75] 그런데 안내문 중에 토함산에 올라 석굴암에서 바라보면 '일본해'(동해)가 보인다고 적은 것과 석굴암 본존불을 "신라 조각 중 유수의 것으로 중보(重寶)"라고 높이 평가한 것이 있어 주목된다(도 4-13). 동해가 보인다는 것은

---

pp. 427~428.

75 小西榮三郎, 『朝鮮 · 滿洲 · 支那案內』(東京: 信濃每日新聞社, 1930), pp. 29~30. 1930년에 출간된 것이지만 대부분의 글은 철도원에서 간행했던 같은 이름의 『朝鮮 · 滿洲 · 支那案內』(鐵道院, 1919)에 기반을 둔 것으로 보인다.

석굴암을 통해 이른바 일본과 조선이 같은 뿌리라는 '일선동조'(日鮮同祖)의 사상을 강조하고 일본과의 관련성을 주장하기 위해서 일본인들이 심심찮게 언급했던 것이다.[76]

[도 4-13] 석굴암에서 바라본 동해(사진: 필자).

조선 여행의 지침 역할을 했던 당시의 관광안내서들은 '내지인'(內地人)인 일본인을 새로 그들의 영토가 된 '신내지'(新內地), 즉 식민지 조선으로 안전하게 안내하는 역할을 했다. 당시 일본인의 조선 여행은 조선의 산천과 풍물을 보면서 일본 현지와의 비교를 통해 스스로 자신들, 즉 일본의 정체성을 확인하는 과정이기도 했다. 따라서 이 시기에 일본인들이 조선 전역을 여행하고 남긴 기행문 형식의 여행기가 적지 않다. 이들

76 小西榮三郎, 『朝鮮 · 滿洲 · 支那案內』, pp. 29~30. 거의 같은 내용이 『四季の朝鮮』에도 실려 있다. 龜岡營吉, 『四季の朝鮮』(京城: 朝鮮拓植資料調査會, 1921), pp. 58~59.

여행기에서는 조선을 '타자'이기는 하지만 일본 외부에 존재하는 '타자'가 아니라 자신들의 내부에 있으면서 그 안에서 차별되는 '타자'로 이해하고 있다는 지적은 주목할 만하다.[77] 즉 '신내지'가 된 조선은 이미 자기, 즉 일본 안의 '타자'라는 의미이다.

근대 일본의 비평가인 고바야시 히데오(小林秀雄, 1902~1983) 역시 자신의 경험을 글로 남겼다. 그는 조선과 중국을 수차례 여행한 뒤 종군기(從軍記)를 남겨 일본의 국가 정체성(national identity) 확립에 기여한 인물로 평가되는 사람이다.[78] 고바야시는 조선 여행기인 「경주」(慶州)에서 "석굴암을 방문하고서 이내 피로감을 느꼈다"고 썼다.[79] 그가 조선에 대해 남긴 유일한 여행 기록에서 경주를 표제로 삼은 것은 경주가 한국을 대표하는 지역이라고 생각했기 때문이 아닐까? 더욱이 경주의 유적, 그중에서도 석굴암에 대해 특기(特記)한 것은 일본인에게 석굴암이야말로 조선의 상징으로 받아들여졌다는 의미이기도 하다. 대다수의 일본인에게 조선을 방문한다는 것은 경성이나 평양, 혹은 경주를 관광한다는 의미였고 고바야시 역시 마찬가지였다. 그런데 그는 자신이 석굴암에서 느낀 피로와 불쾌감은 석굴암 불상의 조각가가 섬겼던 부처가 자신에게는 없기 때문에 생겼을 것이라고 스스로를 이해시키려고 했다. 자신에게는 신앙심이 없기 때문에 석굴암에서 피로를 느꼈다는 얘기이고, 반면 (석굴암의) 조각가는 신심이 워낙 깊어서 석굴암 본존불과 같은 걸작을 만들 수 있었다는 뜻이다. 종교미술 앞에 선 그의 감정과 자신의 감정에 대해 스스로 내린 해석은 종교미술에서 종교를 제거한 근대적 미술 개념

77 서기재, 「일본 근대 「여행안내서」를 통해서 본 조선과 조선 관광」, p. 433.

78 이한정, 「코바야시 히데오(小林秀雄)의 '아시아' 체험」, 『日語日文學硏究』 32(1998), pp. 297~299.

79 大岡昇平 · 中村光夫 外編, 『小林秀雄全集』 第7卷(東京: 新潮社, 1978), p. 21.

때문에 생긴 (이성적) 혼돈일지 모른다. 다르게 보자면 석굴암이 본국 일본이 아니라 식민지 조선에 있다는 사실 때문에 생긴 (감정적) 혼돈으로 해석할 수도 있다.[80] 석굴암에 대해 그가 들었던 찬사와 기대, 그리고 석굴암이 식민지 조선에 있다는 사실은 모든 것에 우월감을 가지고 있었던 내지인, 즉 일본인에게 다소 모순된 것으로 여겨졌을 것이다. 이는 아마도 '황국 신민'으로서 고바야시가 가지고 있었던 선민의식으로 가득한 오만한 자아와 상충하는 일이었을 것이다.

조선을 여행하는 일본인이라면 누구나 가봐야 할 곳으로 석굴암이 첫 손꼽힌 것은 당시에 이미 석굴암이 조선의 표상으로 인식되었기 때문이다. 이는 전술했듯이 오카쿠라 덴신이 '미술은 나라의 정화(國の精華)'라고 주장하고 미술을 중요하게 여기도록 만든 것과 밀접하게 관련된다. 덴신은 미술을 장려하고 보존·감독·교육하는 것을 중시하고 이를 통해 '나라의 정화'를 발휘하게 해야 한다고 주장했다.[81] '나라의 정화'라고 규정하려면 가장 민족적인 것을 찾아야 했고, 민족을 대표할 만한 상징을 찾아야 했다. 국민국가의 구축이 필수적인 목표였던 메이지시대 이래 일본에서는 혈연과 지연이라는 끈에 묶여 전근대적인 공동체 속에 있었던 개인을 근대국가의 '국민'이라는 더욱 큰 공동체의 단일한 집단으로 일체화하는 것이 무엇보다 중요한 당면 과제였다.[82] 따라서 그들은

80 에세이 성격의 글이지만, 고바야시 히데오의 감상에 대한 해석을 시도한 것으로 다음의 글을 참조할 수 있다. 김윤식, 『비도 눈도 내리지 않는 시나가와역』(솔, 2005,) pp. 181~215.

81 오카쿠라 덴신은 유서 깊은 미술사 잡지인 『國華』 발간사에서 이처럼 무엇보다 미술을 중시하는 명제를 제시했다. 岡倉天心, 「『國華』發刊の辭」, 『天心全集』 3(東京: 平凡社, 1979), pp. 22~28.

82 윤상인, 「일본의 근대학문과 내셔널리즘」, 윤상인·박규태 엮음, 『'일본'의 발명과 근대』(이산, 2006), pp. 7~16. 당시의 일본은 부국강병을 당면 목표로 설정하고 그에 부합되는 학문을 우선시했다.

혈연 중심의 전근대 사회에서 개별적으로 흩어져 있던 개인을 '국가' 단위로 통합하기 위해 신화·역사·종교와 같은 문명을 중심으로 상상의 공동체를 부각시켰다. 역사적인 연속성, 민족적 순수성, 전통 문화의 고유성은 그들이 만들어낸 공동체 이야기의 중심 플롯이 되었다.[83] 일본에서는 근대 '국가'로의 통합과 그에 적합한 이데올로기를 확립하기 위해 공공연하게 관 주도의 문화정책이 추진되었다. 19세기말 이미 덴신을 중심으로 일본 전역에서 유적과 유물을 조사하고 이를 '문화재'로 체계화시켰던 경험은 세키노 다다시를 촉탁(囑託)으로 고용한 조선총독부의 주도 아래 식민지 조선으로 이어졌다. 조선 병탄 이후에 행해진 조사는 효율적인 식민 지배를 위해 조선민족을 단일하게 통합시킬 필요에 의한 것이었다. 일본에서 그랬던 것처럼 주권 없는 식민지이지만 조선 사람들을 국가라는 단위의 근대적인 공동체로 통합시키기 위하여 단군신화를 비롯한 신화·민담·역사학이 이용되었다. 여러 차례에 걸쳐 총독부 주관으로 이뤄진 조선 유적 조사와 각종 발굴을 통해 조선미술사가 구축됐고, 일본은 이렇게 발굴된 유적과 유물을 일본에 병탄된 일본의 '신내지－새 조선'의 시각적 표상으로 삼았다.

1900년, 일본 나라에 처음 '제실박물관'(帝室博物館)이 설립되고, 일본인에게 문화재를 공개함으로써 국민통합을 꾀한 것은 일본과 유럽에서 거의 동시에 이뤄진 일이었다(도 4－14). 그만큼 일본은 문화재 행정과 박물관 건립에 있어서 서구의 움직임을 빠르게 받아들였고, 그 경험은 조선에도 그대로 이식되었다. 문화재 관련 행정의 기틀을 세웠던 구키류이치(九鬼隆一, 1852~1931)는 '사찰의 유물은 사적인 것이 아니라 공공성을 지닌 공적인 것이므로 박물관에 진열해야 한다'고 주장했다. 구키는

83 윤상인, 위의 글, pp. 10~16.

[도 4-14] 나라제실박물관(현재 독립법인 나라박물관) 전경(사진: 필자).

문화재가 국가나 국민의 것이라는 논리를 서구에서 빌려왔던 것이다. 그는 메이지 20년대 이후, 문화재 보호와 행정을 담당한 중요 인물로서 초대 미국 공사와 제국박물관 총장을 지냈는데, 원래 후쿠자와 유키치의 문하에 있다가 관계(官界)에 입문한 인물로서 사상적으로 후쿠자와의 '존왕론'(尊王論), '제실론'(帝室論)의 영향을 받았다. 그는 문화재 보호가 황실의 권위 신장과 연결되며 국민의 애국심을 환기시킨다고 설명했다. 구키가 신앙의 대상인 불상을 '미술'의 대상으로 취급하는 가치의 전환을 주도한 대표적인 인물이었다는 점은 지적된 바 있다.[84] 이처럼 '미술' 개념의 도입과 이의 공론화 과정에서 과거의 유물은 '문화재'로 규정되고, 이는 다시 기존의 사적(私的)인 맥락을 벗어나 박물관이나 미술관에서

---

84 高木博志, 「近代 日本의 文化財 保護와 古代美術」, 『미술사논단』 제11호(2000,) pp. 103~115. 천황제와 문화재를 결부시킨 것에 대해서는 高木博志, 『近代天皇制の文化史的研究』 참조.

공공연하게 전시됨으로써 대중에게 자신들이 공동체라는 시각적 자의식을 심어주도록 설정되었다. 메이지 정부에 의해 관광지로 전환된 유적이나 사적지는 순례를 통해 대중이 국민국가의 구성원으로서 동질감과 일체감, 나아가 국민으로서의 정체성을 확립하는 데 기여하도록 고안됐다.

2) 석굴암 관광: 과거를 지배하다

식민지 조선의 미술사를 일본이 서술하는 것 또한 조선과 그 역사상의 유물로 대변되는 조선의 시간과 공간을 일본이 지배하고 있다는 것, 그리고 그 지배의 정당성을 주장하기 위한 것이었다.[85] 1912년에 간행된 『이왕가박물관 소장품 사진첩』(李王家博物館所藏品寫眞帖)의 영문 서론에는 순종(純宗, 재위 1907~1910)에게 뭔가 흥미로운 것을 제공하고자 동물원과 식물원 · 박물관을 세우기로 했다고 되어 있다(도 4-15). 고미야가 쓴 이 글에 의하면 1907년 겨울에 덕수궁에서 새 처소로 옮기기로 되어 있던 이왕, 즉 순종에게 새로운 즐거움을 주기 위해 동물원과 박물관을 세우고자 한다는 것이다.[86] 일본어 원문에는 없는 이왕가박물관의 이 설립 목적은 "전시된 유물이 대중들에게 흥미와 교훈이 될 것"이라는 영문 서론에서 단적으로 드러난다.[87] 박물관에 유물을 전시하여 대중에게

85 高木博志, 「일본미술사 · 조선미술사의 성립」, pp. 136~153.

86 小宮三保松, 『李王家博物館所藏品寫眞帖』(1912). "… to provide something interest … so that he might find a new pleasure in life." 참고로 이 사진첩의 서론은 영문과 일문의 내용이 약간 다름을 밝혀둔다.

87 "such specimens of art as will prove interesting and instructive to the general public …" 이어서 한국미술 연구의 자료가 되고, 고대의 미술 애호가들의 요구에 부응할 것이라고 했다. 小宮三保松, 위의 글. 이왕가박물관의 성립과 의미에 대해서는 睦秀炫, 「일제하 李王家博物館의 식민지적 성격」, 『미술사학연구』 227(2000), pp. 81~89. 이 글에서는 박물관의 설립을

[도 4-15] 일반인들에게 개방된 이왕가박물관(『이왕가박물관 소장품 사진첩』).

보이고, 관광이라는 새로운 형식을 통해 대중이 유적을 찾게 만든 것은 '근대적'인 오락과 취미를 창출하기 위한 정책적인 시도였던 것이다.[88] 이것은 근대적 취미를 갖추고 문명화된 일본과 아직 비문명 상태에 있었던 조선을 대비시키는 역할을 하기도 했다. 어떤 의미에서는 이와 동시에 근대국가 일본의 정체성을 명확히 하려는 시도였다고 볼 수 있다.

위와 같은 총독부의 관점은 1915년에 첫 출간된 『조선고적도보』 서문에서도 다시 확인된다. 이 책의 서문에는 "한국 고적(古蹟)의 존재를 알리고, 과거의 신비 속에 감춰졌던 예술적 사실들을 드러냄으로써 역사의 증거, 예술의 모범을 찾고자" 한다고 쓰여 있다.[89] '예술의 모범'을 보여주는

'순종의 무료함을 달랠 오락'으로 파악하고, '일본의 보호를 받은 조선의 모습이 근대화되었음을 과시할 기회'로 삼은 것이라고 보았다.

88 박소현, 「帝國의 취미: 李王家博物館과 일본의 박물관 정책에 대하여」, pp. 143~169.

89 『朝鮮古蹟圖譜』 제1권, 朝鮮總督府(1915) 참조.

것이 한국 고적의 역할인 셈이다. 여기서 말하는 과거 속에 감춰진 예술은 조선 역사의 증거이기도 했지만, 현실에선 이미 쇠락한, 되돌릴 수 없는 과거 문명의 흔적이기도 했다. 『조선고적도보』에 실린 문화재 중에서도 조선을 대표하는 유적이 된 것은 단연 석굴암이었다. 석굴암은 서문에서 밝힌 대로 '과거의 신비 속에 감춰졌던 예술'이었으며, '예술의 모범'이었다. 『조선고적도보』 5권에 실린 석굴암 사진과 도면들은 석굴암이라는 미술을 대내외에 알림과 동시에, 이를 '발견'한 일본의 선진적 능력을 강조하는 역할도 했다. 세계의 어떤 미술과 견주어도 손색없는 위대한 신라의 유산인 석굴암을 '제대로 보존하고 유지하지 못한' 조선을 대신하여, 일본이 수리·복원했다는 점을 강조하기 위해 석굴암을 보수하기 전과 보수 후의 사진을 나란히 도록에 실었다(도 4-16).[90] 사진을 통한

[도 4-16] 보수 전후의 석굴암 사진.

90 『朝鮮古蹟圖譜』 제5권, 朝鮮總督府(1917) 참조.

석굴암의 과거와 현재의 극명한 대비는 출판물을 통해 세간에 유통되었고, 그 이미지는 대중화되었다. 일본은 석굴암을 통해 조선의 '과거'와 '현재'를 대비시킴으로써 '문명화된 일본'의 개입으로 조선의 옛 영화를 찾아주었음을 과시했다. 석굴암에 대한 조선총독부의 입장은 자신을 보호할 능력조차 없는 조선 사람들을 대신하여 조선의 문화유산을 일본이 관리해준다는 것이었다.

조선의 초대 총독 데라우치 마사타케는 1912년에 석굴암 · 불국사 등을 방문하고서, 경주 고적의 보존에 관한 긴급대책을 수립하도록 지시했다.[91] <매일신보>의 기사는 이를 잘 보여준다. 총독부 소속 토목기사 기코토모다카(木子智隆)가 조사를 한 이후, 석굴암은 '긴급한 수리가 필요한 구조물'로 규정되었고, 이때부터 약 3년간 2만 2천 원이 넘는 막대한 비용을 들여 대대적으로 수리 · 복원되었다.[92] 1930년대 조선인 교사의 월급이 40원 정도였던 것을 생각하면 이것이 얼마나 큰 액수인지 미루어 짐작할 수 있다. 이와 같은 일련의 과정을 거쳐 복원된 석굴암은 일본제국에 의해 마치 찬란했던 조선의 과거, 신라의 영화를 되찾은 것처럼 포장되었다. 데라우치 총독이 총독부에 찾아오는 국내외 손님들에게 『조선고적도보』를 선물로 준 것은 조선 통치의 정당성을 선전하려는 목적에 의한 것이었다. 1910년에 간행된 『조선미술대관』(朝鮮美術大觀)에 소네 부통감이 석굴암을 발견했다고 쓴 것과 1912년에 데라우치 총독이 석굴암을 보수하라고 지시를 내렸다는 것은 석굴암의 공론화가 총독부 주도로 시작되었음을 시사한다(도 4-17). 책에는 연전에 소네 통감 일행이 이

---

91 木村精雄, 「朝鮮の考朽して」(1924); 黃壽永, 「石窟庵의 創建과 沿革」, 『歷史敎育』 8,(1964), 『黃壽永全集 2, 韓國의 佛像(下)』(혜안, 1998), p. 421; 大坂六村, 『趣味之慶州』(慶州: 慶州古蹟保存會, 1939), pp. 102~105.

92 첫 번째 석굴암의 복원공사에 대한 전말은 黃壽永, 위의 글, 1964, pp. 289~294.

[도 4-17] 석굴암을 방문한 소네 일행 추정, 1910년경.

굴에 와서 처음 이를 발견한 것 외에 우리나라 학자 및 조사원 누구도 아직 발길이 닿지 못하였다. 조선의 석조각 불상 가운데 가장 오랜 걸작일 것이다"라고 나온다.[93] 소위 '발견'과 '보수'의 전 과정이 조선총독부의 주관으로 이뤄졌다는 것은 무엇을 의미하는가? 『취미의 경주』(趣味の慶州)를 쓴 오사카(大坂六村) 역시 일본에 의한 근대적 재발견 이후 석굴암의 보존과 복원이 관(官) 주도로 이뤄진 사업임을 분명하게 했다. 그에 의하면 소네 부통감이 처음 석굴암을 순시한 이후(발견담), 세키노 다다시의 조사를 통해 시급한 보수가 필요하다고 인식하고 있었던 차에 고대미술에 대해 깊은 이해를 가지고 있었던 데라우치 총독이 보수를 하도록 지시했다

93 『朝鮮美術大觀』(朝鮮古書刊行會, 1910), 제II부 彫鑄.

(복원담)고 하였다. 보수하는 과정 중에 우여곡절이 많았지만 기무라 시즈오(木村靜雄)가 낸 복안대로 불국사에서 석굴암까지 이르는 길을 먼저 뚫었다고 썼다(도 4-18).[94] 이렇게 뚫린 길은 석굴암으로의 접근을 용이하게 해주고, 이를 통해 근대적 관광이 가능하게 만들었다. 이는 불국사에서 석굴암까지 이르는 토함산 속 공간적인 이동뿐만 아니라

[도 4-18] 관광 안내 자료에 실린 석굴암으로 향하는 길과 석굴암 입구 원경.

94 大坂六村, 『趣味之慶州』, pp. 102~105.

머나먼 마음속 과거로의 시간여행을 가능하게 하기도 했다. '오늘의 조선'이 아니라 '과거 조선'의 영화를 대변해주는 석굴암 관광은 유적을 발견하고 보호할 줄 아는 문명의 제국 일본의 자랑이 되었다. 조선의 자랑거리가 아니었다. 1930년대 일본 황족이 석굴암에 가서 찍은 사진은 이를 잘 대변해준다(도 4-19).

[도 4-19] 석굴암 앞에서 기념 촬영한 일본 황족들.

무엇보다 석굴암까지 다다르는 도로가 개통됨으로써 경주 시가에서 석굴암으로의 물리적인 접근이 용이해졌을 뿐만 아니라, 석굴암에 대한 이방인의 방문이 부쩍 늘어나고, 그에 따라 석굴암이 머나먼 과거 역사의 유적이라는 심리적인 거리도 줄어들게 되었다.

석굴암에 대한 찬사는 먼저 세키노 다다시에 의해 시작됐다. 그는 석굴암이 중국의 영향을 받아 만든 인공 석굴임에도 불구하고 완전히 신라인의 창의로 축조된 석굴이라고 지적함으로써 신라인의 독창성을 높이 평가했고, 본존불은 무엇에도 비길 수 없는 걸작이라고 했다.[95] 야나기 무네요시도 석굴암의 예술적 가치를 누구보다 높이 평가한 인물이며, 석굴암에 대한 그의 글은 석굴암을 본격적으로 다룬 최초의 글이라는 점은 앞에서 거론한 바와 같다.[96] 그의 영향을 받은 나카무라 료헤이(中村亮平, 생몰년 미상) 역시 "석굴암이야말로 신라 예술의 정수를 모은 것이며, 조선만이 아니라 온 지상미(地上美)의 전당"이라고 극찬해 마지않았다.[97] 이들은 모두 쇠락해서 지금은 일본의 도움을 받아야만 하는 식민지 조선의 찬란한 과거 역사를 웅변해주는 미술로 석굴암을 지칭한 것이며, 조선의 과거와 현재를 극명하게 대비시킴으로써 이를 관할하고 통제하는 능력을 갖춘 고도(高度)의 문명국가 일본의 국민으로서 자부심과 정체성을 확고하게 보여주었다. 석굴암을 일본의 '신내지' 조선의 과거 영화를 상징하는 것이라고 '타자화'함으로써 제국 일본의 정체성도 더욱 명확하게 만든 셈이다.

3. 1930년대의 석굴암론: 세계의 자랑, 민족의 영예

그러면 앞에서 거론한 바와 같이 일본인들이 근대적으로 '발견'하고

95 세키노를 비롯하여 일본인이 석굴이라는 측면에서 석굴암에 주목하고 인도에서 전파된 불교미술의 정수라는 인식틀을 세운 것에 대해서는 강희정, 「'석굴' 패러다임과 석굴암」, pp. 163~194.

96 柳宗悅, 「石佛寺の彫刻に就いて」. 원문은 1919년 『藝術』 6월호에 실렸던 것이다.

97 中村亮平, 『增補 朝鮮慶州の美術』(東京: 改造出版社, 1940), p. 63.

'복원'하여 식민지 조선의 지나가버린 과거의 영광을 상징하게 된 석굴암에 대한 조선인들의 반응은 어떻게 발전했을까? 강점 이후, 석굴암은 오카쿠라 텐신이 주창한 대로 '나라의 정화'로 인식되었고, 조선을 대표하는 미술이 되었다. 가라타니 고진은 텐신이 스스로 대표하는 것은 결국 자기 자신에 의해서가 아니라 '타자'의 표상에 의존함으로써 가능하다고 생각했음을 지적했다.[98] 이것은 석굴암이 조선을 대표하는 상징물이 되기까지 제국주의 '일본'이라고 하는 또 다른 타자의 인지(認知)를 얻는 과정을 거쳐야 했다는 점을 이해하는 데 도움을 준다. 석굴암이 조선의 정화라는 반열에 오르게 된 것은 처음에 조선총독부와 일본 지식인에 의해 이뤄진 일이라고는 해도, 석굴암을 통한 민족적 자아의 각성이 이뤄지는 데는 그다지 오랜 시간이 필요하지 않았다. 굳이 구분을 하자면 이는 호미바바가 말하는 탈식민성(postcoloniality)에 해당한다. 식민 지배를 받으면서도 제국주의의 영향에서 벗어나 민족주의적 지향을 찾아 저항하려는 움직임들을 탈식민성이라고 한다면 당시 조선에서 보여준 미술 표상을 통해 민족적 자아를 획득하려는 의지야말로 탈식민을 추구하는 첫 단계라고 할 수 있다.

1) 민족의 자랑: 식민지 조선의 '반작용'

서구 사회에서 근대적 자아는 자기 자신을 바라보고 그에 대한 성찰을 하면서 비로소 성립되었지만 일본의 식민지로 전락한 조선의 지식인에게 근대적 자아는 단지 자기 자신에 관한 개인적인 차원의 문제가 아니라 민족적 자의식을 의미했다. 그런 의미에서 1920년대 이후 조선의 지식인들 사이에서 '우리 것, 우리 문화'를 알고자 하는 열기가 일기 시작한

98 가라타니 고진(柄谷行人), 「미술관으로서의 역사: 오카쿠라 텐신과 페놀로사」, p. 306.

것은 어쩌면 당연한 일이었을 것이다.[99] 이 시기에 우리 것에 대한 관심이 고조된 까닭은 일본 제국주의라는 거대한 타자에 의해 자신들의 정체성을 규정해야만 하고, 규정할 수밖에 없는 상태에 있었기 때문이다.[100] 식민치하의 조선인들은 '자신은 누구인가', '나란 무엇인가'를 통해 거꾸로 자신을 타자로 규정해온 주체에 대해 자신을 주장할 수 있는 근거를 마련할 수 있었다. 제국주의의 억압 아래서 국학(國學)은 정치 · 경제 · 역사 공동체로서의 조선에 대한 정체성을 찾기 위한 중요한 시도였다. 제국의 '신내지'라는 외부로부터 주어진 '상상의 공동체'가 스스로의 실체를 찾고 자신을 구체화하려고 노력하는 것은 제국주의의 '작용'에 대한 필연적인 '반작용'이며 역사적 산물이었다. 조선학(朝鮮學), 혹은 국학운동이 본격화한 것은 1930년대로 알려졌지만 1920년대에 이미 지식인 사이에 국학운동의 맹아가 나타났다. 이는 무엇보다 '우리의 손으로 우리의 것을'이라는 다분히 가치지향적인 움직임이었다.

개인적인 차원에 머물러 있던 국학의 맹아는 1930년대에 이르러서야 본격화되었다. 이 무렵 조선의 과거 미술은 근대적인 개념에 입각하여 다시 조명되었고, 조선의 지식인들 역시 스스로 주목하지 않았던 과거 역사의 산물을 새로운 시선으로 보기 시작했다. 조선미술에 대한 안확(安廓, 1886~1946), 박종홍(朴鍾鴻), 권덕규(權悳奎, 1890~1950)의 글들은 이 새로운 경향을 잘 보여준다. 1933년에 『조선소설사』(朝鮮小說史)를 출간한 김태준(金台俊)의 열정을 설명하는 대목에서 김사량(金史良)이

99 류준필, 「1910~20년대 초 한국에서 자국학 이념의 형성과정」, 『대동문화연구』 52(2005), pp. 35~61.

100 우동선, 「미술사가 고유섭의 건축연구와 역사관」, 『비주얼』 창간호(2002), p. 90.

> 조선의 문화재는 과거의 전통을 보다 엄격하게 음미하고, 정당하게 계승하여 독자의 조선 문화를 수립하고자 하는 단계에 있는 듯하다. 여기에 요원의 불과 같은 기세로 새롭게 대두한 것이 조선학의 연구이다

라고 쓴 것은 1930년대 당시의 정황을 잘 전해주는 것이다.[101]

한편 일제강점기 조선인에 의해 이뤄진 석굴암의 공론화는 크게 두 가지 방향에서 진행되었다. 그 한 가지는 견학이나 답사의 맥락에서 이뤄진 여행을 통한 공론화이다. 직접 가서 실제로 보는 시각적 확인의 과정은 당시까지 생소했던 '문화재'에 관한 새로운 개념을 대중들에게 전파시키고, 지나간 과거의 유적이며 보호되어야 하는 국가의 유산이라고 인식하게 만드는 데 일조했다. 이때까지 문화재라는 용어가 쓰이진 않았고, 고적이라는 말이 보편적으로 쓰였으나 그 내용에 있어서는 오늘날 이야기되는 문화재와 같은 의미라고 생각한다. 역으로 오늘날 고적이라는 용어가 잘 쓰이지 않는 것과 같은 이치이다. 또 다른 한 가지는 각종 매체를 통한 보도와 지식인들의 다양한 저작 활동을 통해 대중의 교양이라는 형식으로 보급된 공론화의 과정이었다. 여기서는 1920~1930년대 사이에 각종 신문과 잡지에 실린 석굴암 관련 기사를 통해 두 측면에서 이뤄진 석굴암의 공론화를 살펴보겠다. 이들 기사는 전통적인 언로(言路)가 막힌 채, 근대적인 논의의 장으로 새로 등장한 신문과 잡지라는 언론 매체를 통해 이뤄진 식자층(識者層) 중심의 여론 형성이 석굴암의 공론화에 크게 기여했음을 보여줄 것이다.

1920년대부터 1930년대까지 <조선일보>에는 대규모 관광단 모집 공고

---

101 金史良, 김태준 · 安宇植 역, 「朝鮮文化通信」(1940), 『朝鮮小說史』(東京: 平凡社, 1975), pp. 328~329(우동선, 「미술사가 고유섭의 건축연구와 역사관」, 『비주얼』 창간호, 2002, p. 100 재인용).

가 여러 차례 실렸는데 그중 눈에 띄는 것은 최남선(崔南善, 1890~1957)이 강연을 한다는 광고이다(도 4-20). 1925년 10월 25일자 <조선일보> 2면에는 경성(京城) 여행 안내사와 조선일보사 본사에서 합동으로 경주견학단을 조직한다는 광고가 실렸다.[102] 광고는 "실익(實益)과 취미를 겸한 곳에

慶州古蹟見學團員募集

◇參加會費

◇申請 京城旅行案內社 本社及本社支局

◇申請期間 十月二十九日午後四時까지

主催 京城旅行案內社 後援 朝鮮日報社

老人이 跳降重傷

[도 4-20] 경주견학단 모집 광고.

독자 여러분을 안내하고자 한다"고 했으며, 견학과 관련한 최남선의 강연이 있다고 선전했다. 여행단의 조직은 수월하게 이뤄진 것으로 보인다. 이 견학단 모집 광고는 우리나라 언론에 나오는 비교적 이른 시기의 상업적인 관광 광고이며, 경주를 그 목적지로 하고 있다는 점이 주목할 만하다. 1914년 경원선 철도가 개설된 후, 금강산으로의 여행이 계속 이어졌고 금강산이 민족의 영산이 되기는 했으나 그것은 단순한 자연

102 <조선일보>, 1925년 10월 24일자.

경관에 불과했다. 경주 석굴암으로의 여행은 과거 문명으로의 탐사였다. 여행이 시작된 이후, 견학단이 도착한 곳마다 현지의 상황이 상세하게 신문에 보도되었다. 같은 해 11월 7일에는 석굴암을 찾아간 것으로 보도되었고, 11월 9일자의 경주견학단 수행기에 <석굴암 불상은 국방의 수호신>이라는 제목의 기사가 실렸다.[103] 기사의 첫머리는 "토함산에 올라가니 홍예처럼 뚫린 굴이 나타나는데 이곳이 바로 나라의 자랑거리, 예술의 정수가 감춰진 곳"이라는 표현으로 시작됐다. '홍예처럼 뚫린 굴'이라는 표현에서 석굴암 입구가 막혀 있는 구조가 아니었음을 알 수 있다. '나라의 자랑거리'란 결국 오카쿠라 덴신이 말한 '나라의 정화(精華)'인 셈이다. 1925년에는 대규모 관광단을 모집한 것이고, 그 이전부터 개인적이거나 혹은 소규모의 여행객들이 석굴암을 중심으로 하는 경주 여행을 해왔다는 것은 자명하다. 이는 일제에 의한 발견담 유포 및 대대적인 복원 이후 근 10년 사이에 상당한 변화가 있었음을 의미한다. 이와 같은 형식의 경주고적견학단 모집 공고는 같은 해 10월 28일자에도 나온다.[104] 광고를 보면 역시 최남선의 강연이 예정되었다는 것과 함께 경성 · 평양 · 개성 · 조치원 · 수원 · 대구 등 조선 전역에서 여행객을 모집한다는 내용이 있어서, 견학단이 전국적인 규모로 조직되었음을 알 수 있다. 전국에서 견학단을 조직해서 경주를 간다는 것은 얼마나 경주가 중요하게 여겨졌는지를 말해주는 것이다. 대대적인 견학단 모집 광고는 계속 이어지지는 않았으며 1930년 9월 16일자에 다시 김천에서 경주 탐승단을 모집한다는 광고가 나온다. 여기에도 불국사와 석굴암이 역시 중요 탐승지로 일정에 포함되어 있다.[105]

103 <조선일보>, 1925년 11월 9일자.

104 <조선일보>, 1925년 10월 28일자.

또 한 가지 간과할 수 없는 것은 관광이 여의치 않은 사람들과 일반 대중들을 위해 환등영사회(幻燈映寫會)가 열렸다는 영사회 관련 기사이다. 1920~1930년대에 걸쳐 주로 경주의 사립 계남학교(啓南學校) 주관으로 <고적환등영사회>(古蹟幻燈映寫會)라는 이름의 영사회가 시행되었다. <고적환등영사회>는 주로 1920년대에 집중되었는데, 주로 계남학교와 같은 각지의 사립학교가 주최가 되었다. 1923년 8월 15일에는 경북 예천에서, 8월 18일에는 경북 언양에서 영사회가 개최되었고, 다음 해 1월 5일에는 포항, 5월 2일에는 다시 언양에서 열렸다.[106] 1924년 언양의 <영사회> 기사에 "모든 문명의 고적(古蹟)이 역사의 페이지를 빛나게 하지만 유독 우리에게만은 자조(自嘲)를 주게 되는 것은 세인들이 모두 아는 바"라고 나온다. 이는 찬란한 문명을 지녔던 조선의 쇠락한 현재 상황을 한탄하는 내용이라는 점에서 주목된다. 영사회에서 다뤄진 것은 대개 조선의 '미술'이었다. 특히 신라의 미술이 중심이 되었다. 1924년 7월에 강경에서 열린 환등회에서는 첨성대 · 석귀(石龜) · 봉덕사종 · 다보탑 · 석굴암을 신라 5대 미술로 지칭하고 이들을 시작으로 45점의 미술을 보여주는 환등시사회를 열어 청중의 갈채를 받았다는 내용의 기사가 실렸다(도 4-21).[107] 1925년에는 경주의 남명학교(南明學校)가 주관하여 조선 전역을 순회하는 영사회를 개최할 예정이며 영천에서 먼저 시작됐다는 기사가 나온다. 이는 오늘날의 관점에서 보면 사회교육의 일환으로 생각할 수 있으며, 일제강점기라는 시대 상황에서 민족의 자의식을 구축하고 민족적 자긍심을 고취시키는 계몽운동의 일환이었으리라고 생각된

105 <조선일보>, 1930년 9월 16일자.

106 <조선일보>, 1923년 8월 15일, 18일 및 1924년 1월 5일, 5월 2일자.

107 <조선일보>, 1924년 7월 8일자.

다. 영사회의 개최 목적이 신문에 명확하게 드러나진 않았으나, 지방을 중심으로 열렸다는 점에서 농민운동과 비슷한 계몽적 성격이 있었음을 짐작할 수 있다. 조선의 미술을 환등기로 보여줌으로써 과거의 문명을 매개로 민족의 일체감을 고취시키고 민족의식을 고양시키려고 했을 것으로 추정된다. 영사회나 환등시사회와 같은 움직임은 일제에게는 아이러니였다. 쇠락한 조선의 현재가 오히려 회복해야 할, 마땅히 되돌아가야 할 민족의 지향점으로 바뀌고, 자긍심을 불러일으키는 것은 일제가 의도하지 않은 결과이다.

[도 4-21] 이전되기 전의 봉덕사종.

한편 대규모로 이뤄진 공식적인 관광의 조직화는 근대식 교육기구인 학교를 통해 이뤄졌다. 학생들의 집단적 참여로 이뤄지는 수학여행은 대표적인 공공 여행이었으며, 학교 구성원이 속한 공동체의 결속을 강화하고 동질성을 부여하는 역할을 했다. 신문지상에 각급 학교의 수학여행 기사가 실리기 시작한 것은 1920년대부터이다. 우리나라 학생들의 수학여행이 확인되는 최초의 신문기사는 <조선일보> 1920년 8월 3일자에 실린 것이다. 기사에는 경성중학교 학생들이 원산으로 여행을 갔다고 나온다.[108] 1921년 3월에 일본 교토(京都)사범의 학생들이 수학여행을 와서 총독부를 방문했다는 기사가 있는 것으로 보아, 일본인 학생의 조선 수학여행 역시 이전부터 계속되었던 것으로 보인다.[109]

1920년대 초반의 주요 수학여행지는 평양과 금강산, 혹은 진남포, 신의주 등지였으나 점차 경주로 가는 학교가 늘어났다. 가장 최초로 확인되는 기사는 1921년 5월자로 보성고보 4학년 학생들이 경주로 수학여행을 갔다는 내용이다. 학생들이 경주 어디를 방문했는지는 분명치 않지만, 조선인 학생의 경주 수학여행에 관한 첫 기사로 주목된다. 석굴암행 수학여행이 신문지상에서 확인되는 것은 1923년의 일이다. 같은 해 5월 7일자 '각급 학교 수학여행'이라는 제하의 기사에는 대구 신명여자중학교, 포항소학교 등지의 학생들이 불국사와 석굴암을 향해 떠났다는 내용이 실려 있다(도 4-22).[110] 대규모 경주관광단 모집기사가 나온 것이 1925년이고 보면 확실히 1923년경부터 경주로의 접근성이 좋아지고, 대규모 관광단을 수용할 수 있는 시설들이 구비되기 시작했던 것으로

---

108 <조선일보>, 1920년 8월 3일자.

109 같은 해 3월과 4월 연이은 수학여행단의 방문기사가 실려 있어, 일본에서 자국 학생들에게 식민지 조선을 답사하도록 한 것을 알 수 있다.

110 <조선일보>, 1923년 5월 7일자.

[도 4-22] 첨성대, 휘문고등보통학교 4학년생들 수학여행 모습.

보인다. 그런데 같은 해에 석굴암을 포함하여 경주로 수학여행을 갔다고 기사에서 언급된 학교를 보면 대개 대구 · 포항 · 울산 등지에 있는 학교로 경주와 가까운 지역에 집중되어 있다. 이는 당시 대부분의 학교가 학교 소재지와 가까운 곳으로 수학여행을 간 것과 일치한다. 아마도 여행 관련 인프라가 제대로 갖춰지지 않은 상황이었고, 경비 문제도 있었기 때문에 비롯된 일이라고 생각된다. 전체 학생들의 참여가 강제된 수학여행은 당시로서는 대대적인 규모로 이뤄진 공식적인 답사로서 여행지에 대한 '대중의 눈'을 동일하게 획일화시키고, 그와 동시에 구성원들의 공동체 의식을 고취시킬 수 있는 제도였다. 수학여행은 처음에는 명승지 여행이나 산업시설 시찰이 중심이었지만, 이후 점차 조선의 정체성을 확인할 수 있는 지역이 여행지로 선정되는 경우가 늘어갔다. 1930년 중동학교(中東學校) 교장 최규동(崔奎東)은 "경주에 가서 석굴암이나 불국사를 구경할 때, 그리 깊은 사적 탐구에까지 들어가지 않더라도 우리들도 세계에 족히 자랑할 만한 위대한 예술을 가졌었다는 것만이라도 눈앞에 보이고 알려준다는 것이 얼마나 그들에게 깊은 인상과 감명을 줄 것인지 모르는 것이다"라고 말했다.[111] 이로 미루어보면 어린 학생들도 조선인으로서의 자긍심을 느낄 수 있도록 경주로의 수학여행이 종종 계획되고, '세계에 자랑할 만한' 석굴암을 방문했으리라는 것을 짐작하기는 어렵지 않다.

---

111 「現實에 비쳐본 中等教育 改良方針 問題」, 『별건곤』 33(1930), p. 29. 수학여행에 들어가는 비용과 잦은 사고 등으로 인해 그에 대한 전면적인 검토의 필요가 대두되었던 것으로 보인다. 중등교육 개선에 관한 설문 항목 중에 수학여행에 대한 교육자들의 의견을 구한 부분이 있었다. 이를 보면 당시에도 여러 문제가 있었지만 수학여행을 강행했으며, 사회구성원으로서의 일체감, 소속 집단에 대한 소속감, 단체생활에서의 규율 준수 등을 교육적 목적으로 삼았던 것으로 보인다. 목적지는 새로운 산업현장이나 역사유적을 돌아볼 수 있는 곳으로 정해졌다.

1930년 10월, 경주에 수학여행을 다녀온 이화여고 4학년생 정봉득(鄭鳳得)은 <조선일보> '부인문예'(婦人文藝)란에 「경주기행」(慶州紀行)이라는 제목의 감상문을 연재했다. 정봉득은 "아침마다 생각하고, 저녁마다 그리던 이 나들이"라고 수학여행 가기 전의 들뜬 마음을 표현한 뒤, "신라 탑 중에 가장 우수한 다보탑을 방문"하고서 "조상이 만든 불후의 예술을 기념하기 위해 기념사진을 박았고", 이어서 불국사를 거쳐 석굴암에 올라갔다고 썼다. 그는 '석굴은 불국사와 함께 창건되었으며 화강암으로 축조한 것으로 내부는 궁륭형'이라고 설명했다. 계속해서 정봉득은 석굴암에 대해 상세한 설명을 덧붙였지만 그 내용은 사실상 『조선고적도보』나 야나기 무네요시의 <석굴암론>과 별반 다르지 않다. 이는 고등학교 4학년 학생으로서 자신이 충실하게 학습 받은 내용을 여행 감상문에 거의 그대로 옮겨놓았기 때문이다. 자신이 습득한 지식을 옮긴 것이다. 이를 보면 늦어도 1930년 무렵에는 석굴암에 대한 개략적인 설명이 이미 다양한 경로를 통해 사회적으로 널리 보급되어 있었음을 알 수 있다. 개인적으로 자기가 받은 느낌을 적은 부분을 제외하면 정봉득의 감상문 내용은 거의 세키노의 설명을 답습하고 있다. 정봉득이 "신라 사람들은 석굴암과 불국사를 주고 갔는데 우리는 무엇을 후손에게 남겨주려는고"라고 쓴 대목에서 당시 예비 지식인으로서의 성찰적 소회가 엿보인다. 그의 글은 영화로운 유적 앞에서 미래를 전망하는 식민지의 예비 지식인이 가질 수 있는 자의식의 발로(發露)라고도 할 수 있다.

답사, 혹은 수학여행은 시각적인 확인의 과정이며 '보는 행위'를 통해 인지를 획득하는 과정이다. 관광이나 여행이 단체로 이뤄지는 경우에는 똑같은 대상을 함께 보는 단일한 체험을 함으로써 공동의 시각적 인식을 공유하게 한다. 시각을 통한 인식은 다시 글이나 교육을 통해 좀 더 체계적인 지적 인식으로 이어진다. 반면 이보다 일반적인 방식의 공론화는 언론 보도와 지식인들의 논의, 문학 창작 등에 의해 활성화되었다.

2) 조선의 정신: 민족자존의 상징, 석굴암

1920년부터 <조선일보>와 <동아일보>를 비롯하여 『개벽』, 『별건곤』과 같은 잡지에도 석굴암에 관한 글이 보이기 시작한다. 1923년 6월 3일자 <동아일보>는 '세계(世界)의 경이(驚異)'라는 제하의 연재를 시작하면서 첫 기사로 석굴암을 내세웠다.

> 경주 석굴암의 불상은 동양 최고(最古)의 미술 작품으로 가장 위대한 것의 하나라 칭한다. [……] 전부 화강암 구조로 진기미묘(珍奇微妙)함이 실로 우리 조선민족의 자랑거리다.[112]

이 연재는 신문지상을 통해 세계의 문화유산을 소개하는 성격이 강했는데, 세계의 문화유산 중에서도 첫 번째로 석굴암을 거론한 것은 다분히 의도적인 것이었다고 볼 수 있다. 무엇보다도 석굴암이 세계적인 유적과 견줄 만한 조선의 자랑거리라는 점을 강조함으로써 민족의 자긍심을 고취시키기 위한 목적이 있었다고 해석할 수 있다. <동아일보>는 1926년에 다시 '동방십만리(東方十萬里)를 편조(遍照)하는 대신광(大神光)'이라는 제하에 석굴암에 대한 글을 게재했다. 투고한 사람은 경주에 사는 박영근이라는 인물로, 그는 신문에 자기 고장의 명물을 자랑하는 코너를 만들려는 목적으로 투고를 했던 것으로 보인다.[113] 또한 같은 해 7월 20일자 순회탐방 코너에는 다시 경주의 명승고적으로 불국사 · 석굴암

112 <동아일보>, 1923년 6월 3일자.

113 <동아일보>, 1926년 7월 1일자. 이 글에서 다룬 신문 · 잡지 지상의 글에 대한 시비(是非)는 가리지 않겠다.

· 첨성대를 간단하게 소개하는 기사를 실었다.**114** 이처럼 신문지상에 빈번하게 오르내림으로써 석굴암은 독자들에게 친숙하게 여겨지고, 그에 대한 고정된 인식이 균일하게 독자들에게 주입되는 효과가 있었다. 이러한 이론적 인식은 쉽게 이해될 수는 있지만, 직접 가서 시각적으로 확인하는 과정을 거쳐 자신의 눈으로 인식한 결과가 아니라는 점에 주의해야 한다. 위의 기사들이 보여주는 것은 석굴암에 대한 오늘날의 인식과 별반 다르지 않다는 점도 여전히 주목할 필요가 있다. 신문기사들은 눈으로 직접 보고 확인하는 과정이 생략된 채, 석굴암 관련 '패러다임'을 주입식으로 공론화하는 역할을 했다고 해도 과언이 아니다.

한편 1925년에 <중외일보>는 「미술의 대표 석굴암 석불에 청태(靑苔)가 발생(發生)」이라는 제목의 기사에서 제1차 수리공사 이후 석굴암 내부에 습기가 차 이끼가 낀 사실을 보도했다.**115** 이는 단순한 사실 보도에 불과하지만 일본에 의해 수리된 후에 생긴 이끼라는 점을 폭로함으로써 당시 복원 수리의 문제점을 지적했다. 세계 어느 문화재와 견주어도 손색이 없는 우리 고유의 문화유산을 일본의 손으로 손상시켰다는 비판의 의미도 내포되었다는 점에서 복원 이전과 이후를 대비시켜 제국의 치적을 홍보하려고 했던 총독부에 반하는 기사를 실었던 것이다. 이와 유사한 기사는 다른 신문들에도 몇 차례 더 실렸다. 제국의 치적에 손상이 가는 것을 조선통독부는 원하지 않았겠지만 1917년, 1920년의 수리에도 불구하고 여전히 손상의 우려가 있다는 것은 인정하지 않을 수 없었다. 습기 문제를 해결하기 위해 부분적인 소규모 보수가 이어졌다. 신문지상에 빈번하게 기사가 실렸다는 것은 그만큼 석굴암에 대한 주목도가 높았다는

114 <동아일보>, 1926년 7월 20일자.

115 <중외일보>, 1925년 12월 26일자.

의미이기도 하다. 이는 기사를 통해 대중이 석굴암에 대해 더 잘 알게 되는 결과로 이어졌다.

정봉득의 수학여행 감상문에서 볼 수 있었듯이 세키노 다다시와 야나기 무네요시 등에 의해 이뤄진 석굴암 인식의 기본 틀은 조선인 지식인들에게도 학습되었다. 공개강좌나 강연, 신문지상에서의 언급을 통해 석굴암 인식의 패러다임이 교육되고 학습되어 조선 전역으로 퍼져나갔던 것이다. 국어학자 권덕규(權悳奎, 1890~1950)는 1921년 『개벽』(開闢)에 「경주행」이라는 글을 실었다.[116] 그는 이 글에서 "불국사의 다보탑이 석굴암과 함께 '천하의 절보(絶寶)'라는 세키노(關野) 박사의 설명을 들었다"고 썼다(도 4-23). 이어 권덕규는 세키노가 "다보탑이나 석굴암 같은 것이 인도나 중국에는 없고 그 의장(意匠)은 오직 조선 사람의 생각으로 만들었다"는 내용과 더불어 "조선의 보배가 되는 동시에 세계의 보배"라고 했다는 말까지 덧붙였다. 권덕규는 "우리가 공학(工學)의 지식이 없어 무슨 논의할 것이 없거니와 박사의 침이 말라하는 설명에 어깨가 으쓱하였다"고 했다.[117] 여기서 우리는 석굴암에 대한 평가를 '공학의 지식'에 근거한 것으로 생각했다는 점에 흥미를 갖지 않을 수 없다. 권덕규의 글은 석굴암에 관한 사실 관계 설명이나 가치 판단에 이르기까지 조선인들이 갖게 된 생각이 일본이라는 프리즘을 통해 얻은 것임을 확인시켜준다. 권덕규는 세키노만이 아니라 도리이 류조(鳥居龍藏, 1870~1953)의 설명도 들었는데, 도리이가 석굴암 십일면관음에 대해 "이 조각을 보면 장중한 생각이 들지 않고, 사랑스럽고 정다운 생각이 난다"라고 한 말을 인용했다. 하지만 '현재의 우리(조선인)는 비참하다'는 내용이 이 뒤에 이어지며

---

116 권덕규, 「경주행」, 『開闢』 12월호(1921), pp. 60~76.

117 위의 글, pp. 71~72.

[도 4-23] 일제강점기의 다보탑.

권덕규의 다른 글에서도 조선 문명의 찬란함과 대비되는 현실에 대한 탄식은 계속된다. 그는 고려자기, 경주 석굴암을 우리의 자랑이라고 하고, 지금 조선 사람들은 자랑이 없다고 단언한다.118 권덕규가 어떤 경로로 세키노와 도리이의 설명을 직접 들었는지는 알 수 없다. 다만 1920년대 조선의 지식인들 가운데 그와 유사한 경험을 한 사람이 드물지 않았으리라는 추정은 가능하다.

권덕규의 글과 비슷한 시기인 1920년의 『개벽』 제1호와 다음 해에 간행된 『개벽』 10월 임시호에도 유사한 내용이 실렸다. 석굴암 · 첨성대를 '동양 최고 예술로 그 이름이 천하에 쟁쟁하다'는 것과 '세계에 손색없는 역사를 자랑할 만하지만 다만 지금은 사정이 그렇지 못하다'는 일말의 자조(自嘲)어린 내용이다(도 4-24).[119] 그런데 이러한 탄식하는 문투의 글은 1920년대 후반으로 가면 점차 식민지로 전락한 조선 현실에 대한 개탄보다는 찬란한 문화를 자랑하는 내용이 주류를 이루게 된다. 1929년에 출간된 『삼천리』(三千里) 창간호의 '과거사연구'(過去史硏究) 코너에 국사학자 황의돈(黃義敦, 1890~1964)은 다음과 같이 썼다.[120]

> 석굴암은 김대성의 발원으로 엄청난 정력을 희생하면서 성공한 세계 유일의 미술조각품으로 당대 문화의 정신을 유감없이 발휘하는 동시에 20세기 문명인의 이목을 놀래게 하는 바이다. [……] 특히 관음보살상은 우리 민족성이 표현된 대표적 작품으로서 반도의 산하를 영원히 빛나게 하려는 아름다운 보물이라 할 것이다.

냉정하게 말해서 그에게 석굴암이 '세계 유일의 미술조각품'이라고

---

118 위의 글, p. 73. 본문 중에 인용은 현대식 우리말로 바꾼 것이다. 권덕규, 「내가 자랑하고 싶은 조선 것」, 『별건곤』 12 · 13(1929).

119 李東園, 「筆頭에 臨한 感」, 『開闢』 제1호(1920), p. 69. 朴達成, 「回顧夏路七千里」, 『開闢』 제16호(1921), pp. 46~47.

120 黃義敦, 「신라의 찬란한 문명과 신라민중의 영화: 그 서울 경주는 어떠하였나 ①」, 『三千里』 제1호(1929), p. 19.

[도 4-24] 첨성대, 633년경, 신라(사진: 필자).

판단할 수 있는 기준은 없었을 것이다. 그럼에도 불구하고 그는 단언한다. 그리고 갑자기 '20세기 문명인의 이목을 놀라게 한다'라고 말한다. 창건 이래 언제나 같은 자리에 있었던 석굴암이 마치 그동안 없었던 것처럼 20세기 문명인의 눈에 띈 것이다. '근대적 재발견'에 의한 결과라고 하지 않을 수 없다. 황의돈의 글은 앞에서 언급한 권덕규의 글에 비하면 매우 긍정적이다. 다른 1920년대의 글에서 보이는 것과 같은 자조나 비탄의 분위기는 보이지 않는다. 오히려 세계에 내세울 만한 보물을 가졌다는 자부심마저 엿보인다. 친일 승려였던 김태흡(金太洽)의 글에서도 역시 이와 비슷한 분위기가 감지된다. 그 역시 조선의 미술을 보려면 역시 경주의 석굴암을 보지 않을 수 없다고 쓰고, 대단히 긍정적인 내용으로 일관한다.[121]

같은 해 7월 18일부터 8월 19일까지 현진건(玄鎭健, 1900~1943)은 경주를 여행하고 그 감상을 <동아일보>에 「고도순시(古都巡視): 경주」라는 기행문으로 연재했다. 그는 석굴암에 대해

> 좌우 돌벽에 새긴 인왕(仁王)과 사천왕(四天王)이 흡뜬 눈과 부르걷은 팔뚝으로 나를 위협한다. 어깨는 엄청나게 벌어지고, 배는 홀쭉하고, 사지는 울퉁불퉁한 세찬 근육(筋肉)!
>
> 나는 힘의 예술의 표본을 보는 듯하였다. [……]
>
> (석가상은) 한 군데 빈 곳 없고, 빠진 데 없고, 어디까지나 원만(圓滿)하고 수려(秀麗)한 얼굴, 알맞게 벌어진 어깨, 슬며시 내민 가슴, 통통하고도 점잖은 두 팔의 곡선미, 장중(莊重)한 그 모양은 천추(千秋)에 빼어난 걸작이라 하겠다

121 물론 그가 친일파였기 때문에 가능했을 수도 있다. 金太洽, 「朝鮮佛敎의 功過論」, 『開闢』 新刊號(1934), p. 34.

라고 쓰고 "동서양 건축사에서 가장 영광스런 한 장을 차지할 것"이라며, 조각마다 신품(神品)이라고 감탄해 마지않았다.122 그의 감상문은 문학성이 워낙 높기 때문에 고등학교 교과서에 실리기도 하지만 당시 조선인들의 '마음의 고향'인 경주, 그중에서도 불국사와 석굴암을 전혀 자조적인 부분 없이 긍정적으로 찬탄하고 있다는 점에서도 주목할 만한 가치가 높다(도 4-25).

[도 4-25] 불국사 사진엽서.

조선민족이 자신 있게 내세울 수 있는 미술인 석굴암을 창조할 만한 능력이 있었다는 긍지는 다른 문인(文人)들의 글에서도 잘 드러난다. 1939년에 김억(金億, 1896~?), 박종화(朴鍾和, 1901~1981), 김동환(金東煥,

122 현진건의 순례기 원문을 현대어로 출간하고 그에 적합한 해설을 더한 책은 현길언, 『현진건 산문집』(한양대학교 출판부, 2003) 참조.

1901~?) 등 5인은 <「반도산하」(半島山河)를 말하다>라는 제목으로 좌담회를 열고, 그 내용을 『삼천리』에 실었다. 그들 외에 좌담회에 참석한 인물은 노자영(盧子泳, 1898~1940), 전영택(田榮澤, 1894~1964)이 있었다. 박종화가 먼저 불국사와 석굴암에 대해 감탄하며 "본존 부처님에게서 진 · 선 · 미(眞善美)를 다 찾을 수 있다"며 "이 천년문화를 가지면 애급(埃及), 희랍(希臘)과 어깨를 나란히 하리란 자신이 난다"고 했다.[123] 이에 뒤이어 월탄 박종화는 석굴암 십일면관음을 소재로 한 시를 읊는다. 이 부분은 조선의 정화(精華) 석굴암이 조선 사람들, 적어도 조선 지식인들에게는 이집트 · 그리스 문화에 버금가는 중요한 미술로 세계에 자랑할 만한 문화라고 여겨졌음을 말해준다. 인용문은 박종화가 말한 부분이지만 단지 그만 이와 같은 생각을 했다고 보기는 어렵다. 오히려 앞에서 언급했던 <동아일보>의 연재물 <세계의 경이>에서 이미 드러난 바와 같이 이들의 생각은 1909년의 '근대적 재발견' 이후 20여 년간 계속되어온 '석굴암 공론화'의 결과로 해석되어야 한다.

그러나 조선의 자랑인 석굴암 사진이 당시 잡지에 실린 경우는 거의 없다. 이는 조선의 신문사나 출판사에서 『조선고적도보』나 『진미대관』과 같은 대대적인 조선미술 도록(圖錄)을 펴낸 적이 없는 것과 같은 맥락이다. 일본이 거액의 비용을 들여 일본과 우리나라의 미술사 연구 대상을 도록으로 출간하여 근대 국민국가가 중요하게 여긴 미술의 역사적 체계를 시각화하고 이를 배포함으로써 대중화하려고 했던 것과 대조적이다. 일본에서는 일본미술사의 구축과 관련 도록의 간행이 국가적 차원에서 이뤄졌다. 서구에 일본이란 무엇인가, 즉 일본 자신은 누구인가를 내보이기 위한 목적으로 이러한 사업이 진행되었지만 조선에는 이를 담당할

123 좌담회 <「半島山河」를 말하다>, 『三千里』 11권 4호(1939), p. 88.

주체가 없었다. 그런데 조선의 잡지에 석굴암 사진이 실리지는 않았지만 석굴암에 관심을 둔 미술가들은 여럿 있었다. 다만 이들의 실제 작품이 남아 있는 경우는 없고, 신문이나 잡지에 실린 사진이 있을 뿐이다. 1925년에 김복진(金復鎭, 1901~1940)이 그린 <본존불 스케치>가 대표적인데 원본은 없고 사진이 <시대일보> 1925년 7월 1일자에 실려 있다. 이는 약간 옆에서 올려다본 본존불의 모습을 사실적으로 묘사한 그림이다(도 4−26).[124] 한편으로 이도영(李道榮, 1884~1933)이 1925년에 개최된 제25회 서화협회에 출품한 <석굴암 관음보살상>도 신문에 실렸다(도 3−19 참조).[125] 이 보살상 그림 역시 약간 옆에서 올려다본 시각으로

[도 4−26] 본존불 스케치, 김복진, 1925(<시대일보>).

124 <시대일보>, 1925년 7월 1일자.

125 1925년 제25회 서화협회 출품작으로 <조선일보>에 실렸다.

관음보살을 그린 것으로 화면 가득히 관음을 꽉 채우는 방식을 택해서 마치 사진 찍듯이 그린 것이 특이하다. 김복진의 석굴암 <본존불 스케치>는 당시 부각되고 있었던 조선의 향토색에 대한 관심을 반영한다(도 4-27). 김복진이 조선미술과 통일신라의 불상에 대해 생각하고 있었던 향토성을 반영한 그림으로 볼 수 있는데 이 점에 대해서는 『개벽』에 실린 글을 참조할 수 있다.**126** 김복진과 이도영의 두 작품은 모두 원본이 존재하지 않고, 신문지상에 실린 사진으로 가늠할 수 있을 뿐이다. 하지만 상태가 좋지 않아서 원래 그림의 진면목을 알 수 없어서 유감이다. 이들은 모두 문인들의 활동 못지않게 미술계에서도 석굴암을 당시 시선으로 다양하게 재현하려고 시도했던 것을 확인할 수 있다는 점에 의미가 있다.

석굴암의 공론화는 일본에 의한 근대적 재발견과 동시에 총독부의 주관으로 이뤄지기 시작했다. 조선총독부는 석굴암을 조선의 대표적인 과거 미술로 상정하고, 대대적인 수리·복원 공사를 통해 근대적 취미의 공간인 관광지로 변화시켰다. 『조선미술대관』, 『조선고적도보』 등의 간행물을 통해 쇠락한 조선의 영화로웠던 과거를 상징하는 석굴암의 발견 당시 사진과 총독부가 보수한 이후의 사진을 함께 싣고, 이를 대중적으로 유통시킴으로써 문명화된 일본이 비문명의 조선을 보호하고, 지나간 조선의 영광을 되돌려주려고 한다는 환상을 주고자 했다. 이를 통해 일본이 의도한 바는 대내외적으로 조선 통치의 정당성을 확보하는 것이었음은 두 말할 나위가 없다. 세키노 다다시와 야나기 무네요시, 도리이 류조, 하마다 고사쿠와 같은 일본의 지식인들도 석굴암의 공론화에 한몫했다. 그들은 한결같이 석굴암 조영의 독창성과 신라인의 탁월한 예술적 감각을 경탄했는데, 이것은 조선의 찬란했던 역사를 비루한 현실과

126 최열, 『힘의 미학 김복진』(재원, 1995), pp. 33~37 참조.

[도 4-27] 석굴암 본존불 측면(사진: 김태식).

대비시켜 당대 식민지 조선인의 정체성을 열등한 것으로 규정하는 데 일익을 담당했다.

일본이라는 외부로부터, 조선총독부라는 위로부터 주어진 조선의 단일한 공동체로서의 정체성은 석굴암을 조선의 표상으로 만듦으로써 공고해졌지만, 점차 조선인 스스로 자의식을 깨닫게 하는 매개로 작용하기도 했다. 1920년대 이후 조선인 스스로 우리 것을 알고 확인하려는 분위기가 확산되었다. 각 학교의 수학여행과 조선인의 여행 등을 통해 우리 것을 눈으로 직접 확인하려는 움직임이 늘어났고, 지식인들은 각자의 방법으로 석굴암에 대한 글이나 미술작품을 남겼다. 석굴암을 대상으로 기행문·시·시조·소설을 쓴 문인들의 창작 활동은 민족적 자아의 출발지인 석굴암 열기를 더욱 확대시켰다. 외부에서 주어진 타자로서의 인식은 다시 스스로의 눈과 머리로 확인하려는 민족적 자아 확립으로 이어졌다.

[도 4-28] 1930년대 여행안내서에 실린 석굴암 원경.

조선을 지배하기 위해 미술에 대한 우열을 강조했던 일본에 의해 각인된, '세계 어디에서도 찾아볼 수 없는 유산, 석굴암'이라는 인식의 공론화는 조선인으로 하여금 자기 스스로에 대한 자존(自尊)과 자긍심을 부여하여 조선의 공동체 의식을 북돋우는 역할도 했다. 경주로 연결된 철도와 관광안내서에 빠짐없이 등장하는 석굴암 · 불국사는 성공적인 조선 통치의 시각적 상징이나 다름없었다(도 4-28). 그러나 일본의 '타자'로 대상화된 석굴암이 한편으로는 조선의 지식인에 의해 민족정신의 구현체이자, 민족을 결집시켜주는 구심점으로 자리하게 된 것은 일본이 예상치 못한 반작용(反作用)이었다. '석굴암의 근대'는 제국주의와 식민지, 종교적 공간에서 문화재로의 변환으로 이뤄진 공론화의 역사이기도 하며, 그 결과는 '민족자존'의 상징이었다.

제5장

다시 고대로 돌아가서:
의례도량으로서의 석굴암

지금까지 석굴암에 대한 오늘날의 우리 인식이 상당 부분 근대에 '만들어진' 내용이라는 것을 살펴봤다. 이로써 석굴암이 어떻게 한국을 대표하는 '나라의 표상'으로 자리 잡게 되었는지, 그 역사적인 전개 과정을 이해할 수 있게 됐으리라고 생각한다. 세부적으로는 일제강점기 때 이뤄진 큰 틀에서 벗어난 부분도 있고, 그와는 다르게 포장된 부분도 있을 것이다. 그러나 '나라의 표상이자 민족문화의 정수로서의 석굴암'이라는 인식의 중요한 틀은 변함없이 유지되었다고 생각한다. 이러한 틀은 일본이 메이지 유신 이후 구축한 '동양 문명의 보고'이자 견인차라는 식으로 '동양'에서의 일본을 규정하고, 그에 맞게 일본미술사를 '만들어낸' 데서 출발하게 된다. 이를 단순하게 만들면 일본미술사와 연동되는 조선미술사의 흐름, 조선미술사의 황금기 통일신라, 황금기를 상징하는 통일신라 미술의 정점 석굴암이라는 어찌 보면 대단히 일목요연한 도식이 성립하는 것이다. 이미 앞에서 지적한 대로 석굴암은 근대에 재발견된 것도 아니었고, 잊혀진 문명도 아니었다. 단지 식민지가 되어 주권을 빼앗긴 나라의 위대한 문화유산이었을 뿐이다. 일제강점기에 '근대적으로 발견'되어 이전과는 다른 의미를 새로 부여받음으로써 처음 건축된 이래 오랫동안 지속되었을 예배 공간으로서의 석굴암은 원래의 역할과 기능을 상실한 채, 한국을 대표하는 관광지이며 한국미술의 정수로 감상(鑑賞)의 대상이 되었다. 원래 건축의 목적을 생각한다면 종교와 예술을 맞바꾼 셈이다. 물론 현재 석굴암에서 예불하고, 기도하는 기본적인 종교 의례가 이어지고 있는 것은 부인할 수 없는 사실이다. 그러나 통일신라시대였다면 어땠을까? 아마도 오늘날과는 전혀 다른 방식의 의례가 행해진 신성한 공간이 아니었을까?

그러면 여기서 고대로 다시 돌아가서 오늘날과는 전혀 달랐을 석굴암의 원래 맥락(context)을 되짚어보자. 불전(佛殿)으로서, 혹은 사원으로서 석굴암은 도대체 어떤 역할을 했을까? 어떤 종교적 기능을 수행하는 공간으로 설계됐던 걸까? 무엇보다도 기존의 연구에서 부족하다고 생각된 부분은 예배 공간으로서의 석굴암에 관한 연구이다. 석굴암에 관한 선행 연구에서는 여러 가지 측면을 상당히 깊이 있게 검토하여 우리들의 인식의 지평을 넓혀주었다. 그러나 도상 · 양식 · 소의경전 · 조각수법 · 건축 · 복원 문제 등에 중점을 두었기 때문에 의례 공간으로서의 석굴암이 가졌던 기능적인 측면에 충분한 주의를 기울이지 않았다. 여기서 필자는 석굴암이 갖는 우요의 공간으로서의 역할을 생각해볼 필요가 있다고 본다. 다시 말해서 예경을 하기 위해 오른쪽으로 도는 우요(右繞, pradaksina)를 고려해서 석굴암 주실은 원형으로 설계되었다고 감히 주장하고자 한다.

석굴암 주실은 화엄의 '자내증'(自乃證) 세계를 나타내기 위한 것이라고도 한다. 그렇지만 화엄의 세계를 시각적으로 구현하는 일만이 목적이었다면 범천 · 제석천 · 10대 제자를 같이 배치해야 했을까? 이들은 대부분 석가모니의 어떤 설법에도 등장하는 청중들이다(도 5-1). '화엄의 세계'에만 등장하는 청중이 아님에도 불구하고 시각적으로 구현된 '화엄의 세계' 속에 배치해야 했던 것일까? 석굴암 주실 벽면에 범천·제석천·10대 제자를 조각해 세운 것은 본존불과 성중들 사이에서 우요하는 예배자에게 화엄의 세계 속에 함께 있다는 '경험의 공유'를 느끼게 하고 싶었던 것은 아닐까? 석굴암에 대한 연구를 의식 공간으로서의 건축물이라는 점으로 확장해야 하는 건 아닐까?

[도 5-1] 석굴암 제자상, 수리 이전.

석굴암을 인도 석굴사원의 전통을 잇는 예배당(禮拜堂)으로 간주하고, 그 주실이 본존 주위를 돌면서 예불을 드리는 공간으로 마련된 구조라는 지적이 이전에 없었던 것은 아니다.[1] 그러나 이때의 초점은 예배공간이라는 점보다는 석가모니 둘레를 돌며 공경을 나타내는 제자들을 표현하여 석가모니의 성도 직후를 재현하려고 했다는 데 있었다. 그러면 우요는

1 이기선, 「한국 금당의 평면구성과 예불공간」, 『文化史學』 27(2006), pp. 1003~1006. 석굴암만을 다룬 것이 아니라 우리나라 가람의 평면을 요잡의 측면에서 파악하려고 한 연구로 석굴암과 무량수전·팔상전을 같은 맥락에서 다루고 있다.

무엇이며 종교적으로 어떤 의미를 갖는가를 알아보자. 우요를 포괄하는 넓은 의미의 용어는 요잡이며 일반적으로 위요(圍繞) · 선요(旋繞)라고 쓰이기도 했다. 경전 중에는 요잡이라는 말보다는 '탑이나 불상의 둘레를 세 바퀴 돈다'는 의미로 요삼잡(繞三匝)이라는 말이 더 많이 쓰였다. 『반니원경』(般泥洹經)과 『중아함경』(中阿含經)을 보면 부처님 둘레를 세 번 돌아 예를 표한다는 뜻으로 요삼잡이라고 썼다. 두 경전에 모두 '부처님 발아래 머리를 조아리고 그 주위를 세 바퀴 돌고 간다'는 부분이 공통으로 들어 있다.[2] 그러므로 요삼잡은 석가모니가 이 땅에 계셨을 때부터 인도에서 행해졌던 전통적 예경법(禮敬法)으로 부처님께 존경을 표하는 방법이었다는 것을 알 수 있다.[3] 그런 의미에서 본다면, 존경하는 성스러운 대상의 둘레를 오른쪽으로 도는 요잡은 인도에서는 고대로부터 내려온 전통의 하나로 자연스럽게 불교에 수용되었음이 분명하다. 하지만 이 예법이 문화가 전혀 다른 서역 및 중국 · 한국으로 전해질 때는 이전에 없었던 전혀 새롭고, 또한 낯선 행위로 소개되었다. 즉 요잡은 불교가 소개되기 이전의 동아시아에는 없었던 새로운 의식 절차였다. 이 점은 『법원주림』(法苑珠林) 제20권 「치경편」(致敬篇)에서 확인된다.

> 그런데 인도의 경배는 중국과 같지 않다. 저들은 절하는 것은 적고 요잡이 많은데 우리는 절하는 것이 많고 요잡이 적으며 저들은 어깨를 드러내고 발을 드러내는 것을 공경이라 하는데 우리는 두건과 신을 모두 갖추어야 공경이라고 한다. 진실로 승속의 다른 위용은 곧 지역의 차이이다. 다만 스스로 위의를 자세히 살펴 그때에 맞춰 일의 완급을 조절해야 할 뿐이다.[4]

2 "皆前稽首佛足 繞三匝而去" 『般泥洹經』, T. 1: 177c. 및 "卽從坐起 [……] 繞三遶而去" 『中阿含經』 T. 1: 500b.

3 "時婆羅門歡喜踊躍. 繞佛一匝作禮而去." 『法苑珠林』 第37卷 經塔編, 旋繞部.

『법원주림』의 이 부분은 전통적으로 예의를 나타내기 위해 중국에서는 절을 하는 풍습이 있었던 반면 인도에서 '요잡'이라는 새로운 예경법이 불교와 함께 전래되었음을 암시한다. 아울러 이 두 가지 방법의 차이를 인정하고 존중할 수 있도록 요잡이 중국의 전통 예법과는 다르지만 인도에서는 일반적으로 행해지는 경배의 방법이며, 지역에 따라 그 경배의 방식이 다를 뿐, 공경을 표한다는 내용과 의미하는 바는 같은 것이라고 설명한다.

원래 인도에서 우요는 살아 있는 불타 석가모니에 대한 공경을 표현하는 것이었으나 석가모니가 열반에 든 이후에는 그의 진신(眞身)을 대신하여 사리를 모신 탑에 존경심을 표현하기 위해 오른쪽으로 도는 예법 전통이 되었다. 그러나 이미 석가모니가 열반에 들고난 후, 오랜 세월이 지나고서야 불교가 전해진 중국과 한국에서 예경의 본래 뜻이 제대로 전달되기는 어려웠을 것이다. 그러므로 동아시아로 전해진 요잡의 주된 의미는 예경보다는 복회(福會)에 더욱 비중을 두는 쪽으로 변했을 가능성이 크다. 이를 보여주는 것은 『우요불탑공덕경』(右繞佛塔功德經)이다. 경전에는 '요'(繞)의 의미가 무엇이냐는 질문에 대해 '탑을 오른쪽으로 도는 공덕을 쌓아 인간이 맞닥뜨리게 되는 재난인 팔난(八難)에서 벗어나고 새로 윤회하는 곳마다 복을 얻는 등의 다양한 과보(果報)를 받게 된다'고 답한다.[5] 이를 보면 요잡은 존경심을 표현하면서 동시에 선업(善業)을 쌓아 복을 받고자 하는 인간 본연의 바람을 나타내는 불교적 신앙 행위가

---

4 T2122, 53:433.

5 T700, 16:801. 요불과 요탑에 대한 지침은 이른 시기의 여러 경전에서부터 나오며 이들 대부분은 앞에서 언급한 바와 같이 붓다에 대한 존경을 나타내는 방법으로 이를 설명하고 있다. 『四分律』, 『十誦律』, 『鼻奈耶』 등 참조.

되었음을 알 수 있다.

한편 '우요'라는 개념이 없었던 중국에서는 도는 방향을 몰라서 어느 쪽으로 돌아야 하는지도 잘 몰랐던 모양이다. 이에 의정(義淨)은 『남해기귀내법전』(南海寄歸內法傳)에서 '오른손이 안으로 향하게 도는 것'이라고 명시하여 우요의 방식을 명확하게 알려준다.[6] 『사분율』, 『십송률』 등의 각종 율장(律藏)에는 요불(繞佛), 요탑(繞塔)은 물론이고 때로는 건물 둘레를 돈다는 의미로 요당(繞堂)이라는 용어도 나온다. 율부 경전에서부터 요잡을 말하고 있는 것은 불 · 탑 둘레를 오른쪽으로 도는 일이 초기 불교부터 장려된 예경의식이었기 때문이고, 점차 이것이 발달하여 건물 둘레를 도는 요당도 권하게 되었다고 생각한다.

『삼국유사』 「현유가해화엄」(賢瑜伽海華嚴)조에는 통일신라에서 예경을 위해 요불이 이뤄졌음을 알려주는 기사가 있다.[7] 잘 알려졌듯이 이 내용은 유가종의 조사 태현(太賢)이 용장사(茸長寺)의 장육미륵상(丈六彌勒像) 둘레를 돌자, 불상도 태현을 따라 돌았다는 것이다(도 5-2). 요불의 기록은 태현의 경우를 제외하고는 『삼국유사』에 보이지 않지만 당시 요불이 특별히 기록할 만한 일은 아니었으며 또한 전혀 생소했던 행사도 아니었던 일로 보인다. 용장사 미륵불 외에 요불의식의 가능성이 있는 예가 바로 석굴암 본존불이다. 석굴암에서 요불을 했다거나 우요를 했다는 문헌기록은 발견되지 않았지만 석굴암 주실의 원형 구조로 미루어 본존불 둘레를 도는 요불의식이 행해졌으리라고 추정된다. 이미 석굴암

---

6 "佛言.旋塔有三法. 一足舉時當念足舉. 二足下時當念足下. 三不得左右顧視唾寺中地. 右繞者經律之中制令右繞.若左繞行為神所呵. 乃至左繞麥[卄/積]為俗所責. 其徒眾矣." T2122, 53:582c 『法苑珠林』 第37卷 經塔編, 旋繞部.

7 "瑜珈祖大德大賢, 住南山茸長寺. 寺有慈氏石丈六, 賢常旋繞, 像亦隨賢轉面." 『三國遺事』 卷第 4(義解第 5).

[도 5-2] 용장사 장육상의 일제강점기 때 모습.

본존을 중앙에 안치하고 그 둘레에 범천 · 제석천 · 보살 · 10대 제자 부조상을 조각한 것은 부처를 예배하면서 우요삼잡(右繞三匝)하는 대중을 나타내려는 목적이라는 지적이 있었다.[8] 그런데 이는 본존을 둘러싼 권속들이 요잡을 하는 주체가 되어 석가모니를 우요하는 광경을 조형한 것이라는 의미이다. 반면 필자가 여기서 주장하려는 바는 석굴암 주실의 원형 구조는 처음부터 주실 안에 들어선 불자들이 우요를 실천에 옮길 수 있도록 배려하여 설계했다는 점이다. 사실상 석굴암의 원형 주실은 건축구조로 보면 쉽게 건설하기 어려운 형태이며, 굳이 건축하기 어렵게 원형을 택할 필요는 없었다. 필수적인 이유가 아니라면 원형의 건축을 시도할 이유가 없다. 단지 미적 감상을 위해서였을까? 아니면 석굴사원을 모방하기 위해서였을까?

앞에서 거론했듯이 인도 → 중국 → 한국으로 이어지는 전파론의 큰 틀 안에서 석굴사원을 지은 것이라고 설명하는 일은 쉽다. 그러나 정말 '석굴 전파론'이 설득력을 가지려면 단순히 '석굴이 있다'는 것만으로는 부족하다. 내부 구조가 비슷하다든지, 건설법이 같다든지 어떤 공통의 특징이 있어야 한다. 그러나 이 전파론에는 '석굴사원'이라는 규정만 있을 뿐, 공통의 특징이 무엇이라고 내세운 것이 없다. 널리 알려진 인도나 중국의 석굴사원 중에 원형 평면을 가진 경우가 있을까? 대부분의 석굴은 방형 평면이거나 말굽형이며, 암벽을 깊게 파서 여러 개의 방을 만든 승방굴들도 적지 않다. 가령 석굴암의 평면에 가까운 예로 곧잘 비교되었던 인도의 로마스 리쉬(Romas Ṛśi) 석굴도 암벽을 파고 들어가 만든 석굴이며, 단지 원형 주실과 방형 전실이 있다는 것

8 강우방, 「石窟庵 佛教彫刻의 圖像解釋」, 『미술자료』 57(1996)(『법공과 장엄』, 열화당, 2000, p. 253 재수록).

외에는 건축방식이나 조각이나 어떤 것도 석굴암과 비슷한 점이 없다(도 5-3). 심지어 이 석굴은 불교석굴도 아니며 자이나교의 아지비카(Ajivika) 파가 수행하던 곳으로 알려졌다. 석굴암이 자이나교 사원의 영향을 받았을 리는 없지 않은가? 단지 방형 전실과 원형 주실이라는 석굴의 평면만을 단순하게 비교하다보니 이런 오해가 생기는 것이다. 그리고 이는 명백히 '석굴전파론', '석굴 패러다임'의 강박에 기인한다. 그러면 석굴암은 왜 굳이 어렵게 원형의 공간으로 축조했는가? 요잡을 통한 종교적 신성을 고양하기 위한 것이 주목적이었기 때문이 아닐까? 어떤 목적이 분명히 있었기 때문에 평면 원형의 공간을 만들었을 것이며 그 목적은 우요에 있었다는 것이 필자의 주장이다.

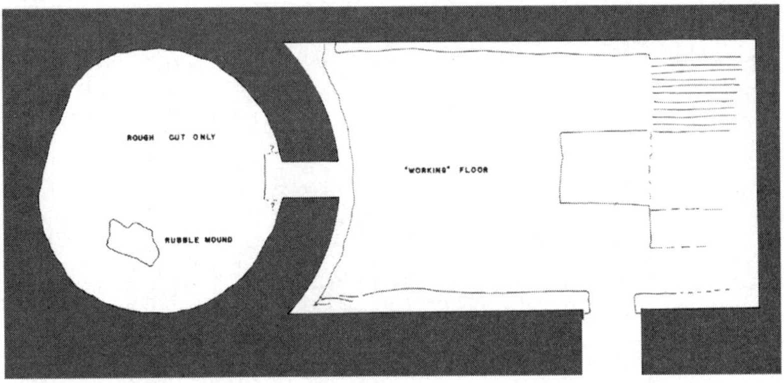

[도 5-3] 로마스 리쉬 석굴 평면도, 기원전 2세기, 인도.

앞에서 석굴암 내부 벽면의 조각들이 우요삼잡하는 모습을 조형한 것이라는 주장이 있었다고 지적한 바 있다. 이는 주실이 왜 원형으로 건축되었는가를 말하기 위한 것이 아니라 순전히 조각의 관점에서 석굴암 내부에 있는 각종 보살, 천(天), 제자상이 어떤 장면을 묘사한 것인가를 설명하기 위한 시도였고, 그에 따른 해석이었다. 석굴암의 모든 조각에 관한 연구들은 사실상 정면에서 위로 올려다보는 시선을 전제로 조각되었다는 점에 초점이 맞춰져 있다(도 5-4). 즉 조각들의 위치 · 높이 · 방향들은

[도 5-4] 본존 둘레의 권속 위치를 보여주는 석굴암 평면도(『조선고적도보』 5).

모두 고개를 숙이고 몸을 낮춰 절하는 예배자의 시선에 맞춰진 것이고, 그에 적합하게 보살 · 10대 제자 조각의 비례와 양감 처리, 세부 묘사가 계획되었다는 것이다. 그러나 본존불을 주실 한가운데 안치하고, 전례

없는 평면 원형의 공간을 기획했다는 점을 고려하면 이러한 원형 주실과 조각의 배치가 요잡을 고려해 기획되었다고 생각하지 않을 수 없다. 불교미술에 있어서 요탑과 요불은 둘 다 배관(拜觀)과 예경을 위한 것이었기 때문에 근본적으로 큰 차이는 없다. 탑과 상, 어느 쪽이든 붓다를 상징적으로 시각화한 것이기 때문이다. 그렇다면 불상을 신성한 예배 대상이자, 부처님의 재현으로 간주하게 된 이래, 통일신라에서 불상 둘레를 도는 요불은 용장사 장육상 둘레를 돌았던 태현의 예에서 볼 수 있듯이 종종 행해진 일이었고, 예불의 의미를 지녔다고 생각할 수 있다. 석굴암의 원형 주실은 처음부터 요불을 효과적으로 할 수 있는 원형 공간으로 기획된 것이 아니었을까?

불멸(佛滅) 후 처음 스투파가 조성되고 나서, 인도에서 스투파 둘레를 돌며 동시에 상이나 부조를 배관하고 기도했던 것은 잘 알려진 일이다.[9] 산치 스투파의 복발 둘레에 만들어진 요도는 요잡을 배려해 만든 구조를 보여주는 가장 이른 시기의 축조물이다(도 5-5). 인도에서 처음 만들어진 탑-스투파는 예배자가 복발(覆鉢) 둘레를 돌 수 있게 요도를 두었다는 점에서 요잡을 위한 불교미술의 시원에 해당한다. 인도에서는 건축물이나 석굴사원의 내부, 혹은 외부에서 탑이나 불상 둘레를 도는 요잡이 행해졌다. 때로는 제켈이 지적한 바와 같이 석굴사원 내부에 세워진 스투파 주위를 돌며 요탑 공양을 할 수 있도록 반원형의 앱스(apse)와 회랑을 마련하기도 했다.[10] 아잔타 제19굴 평면이 말굽형인 것은 석굴 내부에 세운 스투파 뒷벽을 반원형으로 만들어 요잡을 하도록 배려했기

9 디트리히 제켈, 이주형 옮김, 『불교미술』, p. 144.

10 디트리히 제켈, 위의 책, pp. 171~172. 제켈은 이러한 구조를 스투파를 봉안한 원형 사당과 그 앞의 회당이 결합되어 발전한 형태라고 보았다.

[도 5-5] 산치 스투파, 기원전 1세기, 쿠샨시대, 인도(사진: 김용준).

[도 5-6] 아잔타 제19굴, 5세기, 굽타시대, 인도(사진: 김용준).

때문이다(도 5-6). 인도에서 스투파 표면에 불상과 불전부조가 조각되고, 불상의 비중이 점차 커지면서 요탑과 요불의 경계는 흐려지거나 없어지게 되었을 것이다.

스투파가 안치된 인도의 석굴사원과 달리 동북아시아에서는 탑과 상이 분리된 경우가 많기 때문에 탑 둘레를 도는 요탑과 불상 둘레를 도는 요불이 각각 별개의 일이었던 것처럼 여겨지기 쉽다. 하지만 인도의 스투파처럼 외부에 부조를 새기거나 감실을 두어 불상을 봉안한 경우에는 요탑과 요불은 같은 의미를 지닌다. 석굴 내부, 혹은 실내 공간에서의 요잡은 서역과 중국에 만들어진 중심주굴(中心柱窟)에서도 거행되었을 것이다(도 5-7). 인도 석굴사원 안에 모신 스투파는 둥근 복발이 그대로 남아 있어서 말굽형의 평면을 보이지만 고층의 목조건물형 탑이 세워진 중국문화권은 이와 달랐다. 목조건물형의 탑은 평면이 방형이므로 중국의 석굴사원이 말굽형으로 조영된 경우는 드물다. 오히려 인도식 스투파의 형식은 중앙아시아에서 중국으로 전해지면서 사각의 중심주로 바뀌었다. 4~6세기 사이에 집중적으로 건립된 서역과 중국의 중심주굴은 정면에서 예배하거나 집단적인 의례를 하기 어려울 정도로 정면의 공간에 여유가 별로 없다. 후대의 석굴사원처럼 한 번에 굴을 널찍하게 파지 않고 굳이 가운데 부분을 남기고 그 둘레를 파서 중심주로 만든 것은 인도의 석굴에 스투파를 안치한 것과 맥락이 같다. 이는 중심주 둘레에서 중심주에 새겨진 붓다와 탑을 예경하고, 또한 선업을 쌓는 공간을 마련하기 위해서였을 것이다. 막고굴 몇몇 굴을 제외하면 중심주를 에워싼 공간이 그다지 넓다고 하기 어려운 경우가 대부분이기 때문에 중국의 중심주굴 내에서 집단적인 의례를 했다기보다는 개인적 · 개별적으로 선요의식을 치렀던 것으로 보인다. 중심주굴 내부에 조각된 불상 · 보살상과 천인 · 불전부조를 포함하여 벽면에 새겨진 다양한 조각은 예배자들로 하여금 중심주를 돌면서 붓다의 생애를 이해하게끔 한다. 그와 동시에 특정한 종교적 체험을 뛰어넘어 '붓다의 세계'와 '자기의 세계'라는 결코 비슷하지

[도 5-7] 운강석굴 제2굴 중심주. 5세기 후반, 북위, 중국(사진: 필자).

않은 두 세계의 공시성(共時性, synchronicity)을 선험적으로 깨닫게 하고 종교적 일체감을 고양시키는 역할을 한다.[11] 눈에 직접 '보이지 않는' 사리와 사리를 모신 탑만이 세워진 공간은 불상이 안치된 예배 공간과는 전혀 다른 경험을 제공할 수 있다. 석굴사원 내부라는 어두컴컴한 공간에서 이뤄지는 요잡은 예배자로 하여금 더욱 긴밀하고 신성한 종교적 일체감을 갖게 할 것이다. 그런 의미에서 본다면 석굴암 주실과 중심주굴은 기본적으로 같은 종교적 역할을 했을 것이다.

그렇지만 거의 완벽한 원형에 가까운 석굴암 주실은 스투파가 모셔진 아잔타나 인도의 다른 석굴사원 내부와 비교하면 둘레 벽면에 일관된 계획에 따라 부조상을 안치했다는 점에서 차이가 난다. 만일 누군가가 석굴암에서 본존불 둘레를 우요하게 된다면, 그는 본존불은 물론 벽면의 10대 제자 · 보살 등의 부조를 보지 않을 수 없다. 이들은 부조이지만 석가모니의 제자이고, 협시로서 예배자에게 다가선다. 본존 석가모니에게 배례하고 우요를 하는 신자라면 누구든지 석굴암 주실이라는 이 공간 속에서 자신이 '살아 있는' 석가모니를 예경하는 10대 제자의 일원이라는 환상을 가질 수 있다. 그는 석가모니의 10대 제자들과 함께 부처님 둘레를 돌면서 예경을 하는 셈이다. 그런 의미에서 본다면 석굴암 주실은 본존 석가모니불을 바라보면서 정면에서 오체투지하고, 백팔배를 올리도록 고안된 즉자적이고 2차원적인 공간이 아니라 종교적 환영 속에서 성스러운 체험을 하도록 구축된 다자적(多者的) · 3차원적인 건축구조이다. 다시 말해서 석굴암은 '신'(神)과 '나'라는 1대 1의 단순하고, 서로 다른

11 칼 융(Karl Jung, 1875~1961)이 말하는 공시성의 개념은 원래 '(인과율)에서 벗어난 것처럼 무관하게 보이는 서로 다른 사건들이 의미 있게 전개되는 배후에는 우주의 섭리가 있다'는 의미이다. 이 책에서 말하는 공시성은 요잡의 우연적 행위를 통해 서로 다른 두 세계가 공존하는 것처럼 여겨지는 성격을 말하는 것이다.

공간의 존재로 만나는 일견 대립적인 관계보다는 요잡이라는 예경의식을 실천함으로써 '신의 제자로서의 나', '석가모니의 불제자로서의 나'를 자각하도록 배려한 입체적 공간으로 설계되었다고 보아야 한다는 것이 필자의 생각이다(도 5-8). 석굴암 주실에서 본존 석가모니불을 우요하는 자는 벽면에 서 있는 보살 · 천(天) · 제자들과 같은 공간에서 그들과 같은 의식을 행함으로써 스스로 성중(聖衆)의 일원이 될 수 있다. 그는 공경하고 예배하면서 마치 깨달은 자 붓다 석가모니가 현세에, 바로 자신 앞에 있는 듯, 자신이 석가모니의 승가 공동체의 일원인 양 요불을 거듭하게 될 것이다. 그에게 중앙에 앉아 있는 거대한 석가모니는 전능(全能)한 우주의 주인[宇宙主]으로, 자신보다 약간 높은 곳에서 자신과 같이 요불을 하는 보살과 제자들은 붓다는 아니지만 신적인 존재로 예배자를 환영하면서 동시에 그의 요불을 독려하는 것처럼 느껴질 것이다. 그 순간 예배자는 종교적으로 한껏 고양된 상태로 붓다와 자신의 세계와의 성스러운 일체감을 갖게 된다. 석가모니 둘레를 범천 · 제석천과 문수 · 보현보살과 함께 도는 의식을 반복하면서 그는 어엿한 석가모니의 제자로 시간과 공간을 뛰어넘는 초월적인 동질성을 갖게 된다(도 5-9).

앞에서 거론한 대로 야나기 무네요시는 벽면 부조의 제자상들이 관람자의 시선을 의식하고 조각되었다고 보았다. 그의 말은 틀리지 않는다. 다만 관람자가 아니라 우요하는 예배자를 위한 것일 뿐이다. 이들은 석가모니부처님께 한껏 공경을 표하며 요잡을 하는 신도들이 10대제자 · 보살들과 같은 세계에 있음을, 그들과 같은 곳에서, 같은 시간에 함께 우요를 하는 환상을 보여줌으로써 숭고한 종교적 체험을 고양시키는 역할을 한다. 이와 같은 측면에서 본다면 석굴암의 건립 배경이나 조성 이념, 소속된 종파, 사원의 성격이 소승인지, 대승인지, 혹은 화엄종인지, 법상종이었는지는 중요하지 않다. 독실한 신앙심을 가진 예배자의 성스런

[도 5-8] 석굴암 내부 구조를 보여주는 모형(사진: 필자).

[도 5-9] 석굴암에서 예불하는 승려 모형(사진: 필자).

체험을 종파나 소의 경전 등으로 규정하거나 의미를 부여할 수는 없다. 대승불교의 입장에서 이를 논의하는 것은 석굴암 건립 당시의 목적을 설명하는 한 방법이 될 수는 있으나, 그 이후 예배공간으로서 석굴암이 어떤 기능적 역할을 했는가까지 설명해주지는 않는다. 축조된 이후 거의 1200여 년 동안 석굴암은 나라를 상징하거나, 또는 조선을 표상하거나, 또는 어떤 의미 있는 기념비(monument)로서의 역할을 하지 않았다. 요불을 하고, 기도를 하고, 때로는 경전을 읽고 절을 하는 예배 공간으로서의 역할을 충실히 했을 뿐이다. 달리 무엇이 있었겠는가? 바로 이것이 근대 이전, 일본에 의해 조선미술사의 한 장을 차지하게 되기 전, 문화재로 복원 · 수리되어 보호되기 이전 석굴암의 원래 맥락이다. 일제강점기에 탈맥락화된 이후, 석굴암에서 아무도 주목하지 않았던 예배 공간으로서의 역할, 성스러운 종교의 현장이야말로 무엇보다도 중시되어야 할 석굴암의 원래 맥락(original context)이었다.

참고문헌

『大唐西域求法高僧傳』

『般泥洹經』

『法苑珠林』

『鼻奈耶』

『四分律』

『三國遺事』

『十誦律』

『右繞佛塔功德經』

『中阿含經』

『石窟庵と佛國寺: 朝鮮古美術大觀(1)』, 佛國寺, 1995 영인본(奈良: 飛鳥園, 1927)

가라타니 고진(柄谷行人), 「미술관으로서의 역사: 오카쿠라 텐신과 페놀로사」, 하루오 시라네 · 스즈키 토미 엮음, 왕숙영 옮김, 『창조된 고전: 일본문학의 정전 형성과 근대, 그리고 젠더』, 소명출판, 2002.

강우방, 「石窟庵 佛教彫刻의 圖像解釋」, 『미술자료』 57, 1996.

———, 『法空과 莊嚴: 韓國古代彫刻史의 原理 II』, 열화당, 2000.

姜仁旭, 「日帝强占期 咸鏡北道 先史時代 유적의 조사와 인식」, 『한국상고사학보』 제61호, 2008.

———, 「鳥居龍藏의 한국 선사시대 조사와 그 영향」, 『동북아시아문화학회 2009년 국제학술대회 논문집』, 2009.

姜熺靜, 「석굴암의 근대적 재발견」, 『정재 김리나 교수 정년퇴임기념논총: 시각문화의 전통과 해석』, 예경, 2007.

———, 「'석굴' 패러다임과 석굴암」, 『미술사학』 22, 2008.
———, 「일본미술사 성립기의 인도미술 인식」, 『人文論叢』 60, 2008.
———, 「식민지 조선의 표상: 석굴암의 '公論化'」, 『동악미술사학』 10, 2009.
開闢社, 「現實에 비쳐본 中等敎育 改良方針 問題」, 『別乾坤』 33, 1930.
高木博志, 「近代 日本의 文化財 保護와 古代美術」, 『미술사논단』 제11호, 2000.
———, 「일본미술사 · 조선미술사의 성립」, 『국사의 신화를 넘어서』, 휴머니스트, 2004.
고유섭, 「朝鮮古蹟에 빛나는 美術(下)」, 『新東亞』 1934년 11월, 1934.
———, 「신라의 조각미술」, 『韓國美術文化史論叢』, 通文館: 1966.
국립중앙박물관, 『구조선총독부 건물 시측 및 철거보고서』 상, 1997.
關野貞, 심우성 역, 『朝鮮美術史』, 東文選, 2003.
권덕규, 「경주행」, 『개벽』 12월호, 1921.
———, 「내가 자랑하고 싶은 조선 것」, 『별건곤』 12 · 13, 1929.
勸相老, 「新羅의 佛敎文化」, 『朝光』 1−1, 1935.
권영필, 「역자 해제: 한국미술을 세계미술로 본 최초의 저술」, 『에카르트의 朝鮮美術史: 朝鮮美術의 의미를 밝혀 알린 최초의 通史』, 열화당, 2003.
기노시타 나가히로, 「岡倉天心과 美術史」, 박미정 역, 『미술사논단』 제9호, 1999.
기타자와 노리아키, 「'美術' 개념의 형성과 리얼리즘의 轉位: 메이지 · 다이쇼期의 '미술' 인식에 대하여」, 『미술사논단』 제2호, 1995.
김건곤 · 안대회 · 이종묵 · 정민 編, 『한국 명승고적 기문 사전: 고려 · 조선 전기편』, 이회문화사, 2005.
김상현, 「石佛寺 및 佛國寺의 硏究: 그 創建과 思想的 背景」, 『佛敎硏究』 2, 1985.
———, 「石窟庵에 관한 文獻資料의 檢討」, 『石窟庵의 諸問題』, 한국정신문화연구원, 1991.
金英那, 「'동아시아의 근대' 특집 머리말」, 『미술사논단』 제12호, 2001.
김용철, 「일본미술사 연구에 나타난 동아시아적 관점에 대한 검토」, 『미술사와 시각문화』 제2호, 2003.
———, 「히시다 슌소(菱田春草)의 <염화미소>에 대한 시론」, 『미술사와 시각문화』 제4호, 2005.

———, 「오카쿠라 텐신의 중국 여행과 중국미술 인식」, 『안휘준 교수 정년퇴임기념논총: 미술사의 정립과 확산』, 사회평론, 2006.

김윤식, 『비도 눈도 내리지 않는 시나가와역』, 솔, 2005.

金太治, 「朝鮮佛教의 功過論」, 『開闢』 新刊號, 1934.

다카기 히로시, 「近代 日本의 文化財 保護와 古代美術」, 『미술사논단』 제11호, 2000 하반기.

———, 「일본미술사, 조선미술사의 성립」, 『국사의 신화를 넘어서』, 휴머니스트, 2004.

다카사키 소지, 「日本知識人의 朝鮮紀行」, 이병진 옮김, 『한국문학연구』 제27호, 경기대학교 한국문학연구소, 2004.

디트리히 제켈, 이주형 옮김, 『불교미술』, 예경, 2002.

睦秀炫, 「일제하 李王家博物館의 식민지적 성격」, 『미술사학연구』 227, 2000.

文化財管理局, 『石窟庵修理工事報告書』, 1967.

민족문화추진회 편, 『국역 신증동국여지승람』, 민족문화추진회, 1969.

류준필, 「특집 1: 동아시아 근대지식의 형성에서 문학과 매체의 역할과 성격: 1910~1920년대 초 한국에서 자국학 이념의 형성과정」, 『대동문화연구』 52, 2005.

睦秀炫, 「일제하 李王家博物館의 식민지적 성격」, 『미술사학연구』 227, 2000.

박계리, 「야나기 무네요시(柳宗悅)와 朝鮮民族美術館」, 『한국근대미술사학』 9, 한국근대미술사학회, 2001.

朴達成, 「回顧夏路七千里」, 『開闢』 제16호, 1921.

박소현, 「帝國의 취미: 李王家博物館과 일본의 박물관 정책에 대하여」, 『미술사논단』 18, 2004.

朴鍾鴻, 「讀書回想: 내가 哲學을 하기까지」, 『현실과 구상』, 박영사, 1963.

박진우, 「일본 근대국가 형성기의 '공론'」, 윤상인 · 박규태 엮음, 『'일본'의 발명과 근대』, 이산, 2006.

朴贊興, 「석굴암에 대한 연구사 검토」, 『石窟庵의 新研究』, 동국대학교 신라문화연구소, 2000.

배진달, 「石佛寺 석굴 건축구조의 원형과 연원」, 『石窟庵의 新研究』, 동국대학교 신라문화연구소, 2000.

배형일, 「신화 속 故土 복원을 위한 유적 탐색: 메이지시대 한반도에서의 고고학 · 미술사적 조사(1900~1916)」, 윤상인 · 박규태 엮음, 『'일본'의 발명과 근대』, 이산, 2006.

베네딕트 앤더슨, 윤형숙 역, 『상상의 공동체』, 나남, 2005(원저 Benedict Anderson, *Imagined Communities: Reflections on the Origin and Spread of Nationalism*, London: Verso, 1991).

벤자민 로울랜드, 이주형 옮김, 『인도미술사: 굽타시대까지』, 예경, 1996.

三千里社, 「半島의 物産과 문화: 13道 各道를 展望하며」, 『三千里』 12권 5호, 1940.

서기재, 「일본 근대 「여행안내서」를 통해서 본 조선과 조선 관광」, 『일본어문학』 13, 2002.

———, 「戰略으로서의 리얼리티: 일본 근대 「여행 안내서」를 통하여 본 '평양'」, 『비교문학』 34, 한국비교문학회, 2004.

서울대학교 규장각, 『海東地圖』(上), 서울대학교, 1995.

사토 도신, 「'近代 日本美術史'의 形成과 그 研究動向」, 『미술사논단』 제10호, 2000.

스테판 다나카, 「근대 일본과 '동양'의 창안」, 정문길 · 최원식 · 백영서 · 전형준 엮음, 『동아시아, 문제와 시각』, 문학과지성사, 1995.

———, 『일본 동양학의 구조』, 박영재 · 함동주 옮김, 문학과지성사, 2004.

신숙정, 「우리나라 신석기문화 연구 경향: 1945년까지」, 『한국상고사학보』 12, 1993.

안드레 에카르트, 권영필 옮김, 『에카르트의 朝鮮美術史: 朝鮮美術의 의미를 밝혀 알린 최초의 通史』, 열화당, 2003.

安廓, 「朝鮮美術」, 『學之光』 第五號, 東京: 學之光發行所, 1915.

야스카와 류노스케, 이향철 옮김, 『후쿠자와 유키치의 아시아 침략사상을 묻는다』, 역사비평, 2011.

嶺南大學校 博物館 編, 『嶺南大 博物館 소장 한국의 옛 지도(圖版篇)』, 영남대학교 박물관, 1998.

우동선, 「미술사가 고유섭의 건축연구와 역사관」, 『비주얼』 창간호, 2002.

유홍준, 『나의 문화유산답사기』 2, 창비, 1994.

윤상인, 「일본의 근대학문과 내셔널리즘」, 윤상인 · 박규태 엮음, 『'일본'의 발명과 근대』, 이산, 2006.

윤선태, 「통일신라의 발명과 근대 역사학의 성립」, 『신라의 발견』, 동국대학교 출판부, 2008.
윤세진, 「근대적 미술 담론의 형성과 미술가에 대한 인식: 1890년경부터 1910년대까지를 중심으로」, 『미술사논단』 제12호, 2001.
尹在信, 「석불사의 건축원형」, 『石窟庵의 新研究』, 동국대학교 신라문화연구소, 2000.
웨슬리 샤록 · 루퍼트 리드, 김해진 옮김, 『과학혁명의 사상가 토머스 쿤』, 사이언스북스, 2005.
이구열, 『한국문화재수난사』, 돌베개, 1996.
이기선, 「한국 금당의 평면구성과 예불공간」, 『文化史學』 27, 2006.
李東園, 「筆頭에 臨한 感」, 『開闢』 제1호, 1920, p. 69.
이성시, 「구로이타 가쓰미를 통해 본 식민지와 역사: 『조선사』 편수와 고적조사를 중심으로」, 박경희 옮김, 『만들어진 고대 :근대 국민국가의 동아시아 이야기』, 삼인, 2001.
이순자, 『일제강점기 고적 조사사업 연구』, 경인문화사, 2009.
이인범, 「柳宗悅의 초기 '民藝' 개념」, 『미학 · 예술학 연구』 제5집, 1995.
———, 「영원한 미, 조선의 線에서 발견되다」, 『한국의 美를 다시 읽는다』, 돌베개, 2005.
이주형, 「보드가야에서 쿠쿠테슈바라로: 석굴암과 인도의 유례」, 『한국과 인도의 문화 · 사상교류』 국제학술회의 자료집, 서울대학교 철학사상연구소 · 문화유산연구소, 2006.
———, 「인도 · 중앙아시아의 圓形堂과 석굴암」, 『중앙아시아연구』 11, 2006.
이즈미 지하루, 「야나기 무네요시의 韓國美論과 宗教哲學」, 이화여자대학교 석사학위논문, 1993.
李燦, 『韓國의 古地圖』, 범우사, 1991.
이한정, 「코바야시 히데오(小林秀雄)의 '아시아' 체험」, 『日語日文學研究』 32, 한국일어일문회, 1998.
정시한 지음, 신대현 번역 · 주석, 『산중일기』, 혜안, 2005.
정인성, 「關野貞의 낙랑 유적조사 · 연구 재검토: 일제강점기 「古蹟調査」의 기억

1」,『湖南考古學報』24집, 2006.
———,「일제강점기 '慶州古蹟保存會'와 모로가 히데오(諸鹿央雄)」,『大邱史學』 제95집, 2008.
조선미,「柳宗悅의 韓國美術觀」,『미술사학』1, 민음사, 1989.
趙喆濟,「慶州文集 解題(6)」,『경주문화』6, 2000.
진홍섭,「石窟庵 保存의 經緯」,『考古美術』제2권 제8호, 1961.
최남주 선생 탄생 100주년 기념사업회,『石堂 崔南柱 先生』석당 최남주 선생 100주년 기념자료집, 2005.
최열,『힘의 미학 김복진』, 재원, 1995.
최재석,「E. F. Fenollosa의 동양미술론 비판: 古代 한일관계사를 중심으로」,『미술사논단』제16·17호, 2003.
한영대 지음, 박경희 역,『조선미의 탐구자들』, 학고재, 1997.
현길언,『현진건 산문집』, 한양대학교 출판부, 2003.
홍선표,「"한국미술사" 인식틀의 비판과 새로운 모색」,『미술사논단』제10호, 2000.
黃壽永,「印度通信(二)「Patna」에서」,『考古美術』第4卷 第2號, 1963.
———,「石窟庵의 創建과 沿革」,『歷史教育』8, 1964.
———,「石佛寺創建과 重修」,『石窟庵修理工事報告書』, 文化財管理局, 1967.
———,「石窟庵本尊 阿彌陀如來坐像小考: 新羅 東海口遺蹟과 관련하여」,『考古美術』136·137 합집, 1978.
———,「石窟庵」,『石窟庵』, 예경산업사, 1989.
———,『黃壽永全集 2: 韓國의 佛像(下)』, 혜안, 1998.
黃義敦,「신라의 찬란한 문명과 신라민중의 영화: 그 서울 경주는 어떠하였나(1)」,『三千里』제1호, 1929.
후지와라 사다오,「東洋美術史學의 형성 과정에서 역사적·문화적 가치관: 분석방법을 둘러싼 일본과 구미의 경합에 대하여」,『미술사논단』제20호, 2005.
히라야마 케이지,「柳宗悅의 민예사상과 그 위치」,『미술사논단』제13호, 한국미술연구소, 2001.

岡田健,「龍門石窟への足跡: 岡倉天心と大村西崖」, 東京國立文化財硏究所 編,『語

る現在, 語られる過去|日本の美術史學100年』, 東京: 平凡社, 1999.
岡倉天心,「國華」發刊の辭」,『天心全集』3, 東京: 平凡社, 1979.
關野貞,『韓國建築調査報告』, 東京: 東京帝國大學工科大學學術報告, 1904.
———,「朝鮮藝術の變遷について」,『韓紅葉』, 1909.
———,「韓國慶州における新羅時代の遺蹟」,『東洋協會調査部學術報告』, 東京: 東洋協會, 1909.
———,『朝鮮藝術之研究』, 1910.
———,「新羅時代の建築」,『建築雜紙』302, 303, 305~307, 309호, 1912.
———,「天龍山石窟」,『國華』375, 1921.
廣瀨繁明,「明治期におげる <文化財> 保護政策と關野貞: 美術史から 建築史, そして考古學
への展開」,『日本におげる美術史學の成立と展開』, 平成九~十二年度科學研究費補助金基盤研究(A)(2)研究成果報告書, 2002.
高木博志,『近代天皇制の文化史的研究』, 校倉書房, 1995.
龜岡營吉,『四季の朝鮮』, 京城: 朝鮮拓植資料調査會, 1921.
九鬼隆一,「序文」,『眞美大觀』, 審美書院, 1899.
金史良,「朝鮮文化通信」(1940), 金台俊 · 安宇植 譯注,『朝鮮小說史』, 東京: 平凡社, 1975.
大岡昇平 · 中村光夫 外 編,『小林秀雄全集』第7卷, 新潮社, 1978.
大西純子,「關野貞と東京美術學校」,『東京大學コレクションXX: 關野貞アジア踏査』, 東京: 東京大學 出版會, 2005.
大坂金太郎,『趣味の慶州』, 慶州: 慶州古蹟保存會, 1931.
大坂六村,『趣味之慶州』, 慶州: 慶州古蹟保存會, 1939.
稻賀繁美,「岡倉天心 · 柳宗悅 · 魯迅: 東洋美術観をめぐって」,『비교문학』별권, 1998.
東京国立博物館 編,『アンコールワットとクメール美術の1000年展』, 東京: 朝日新聞社/NHK/NHKプロモーション, 1997.
東京大学 編,『精神のエクスペティシオン』, 東京: 東京大學出版會, 1997.
藤田亮策,「朝鮮に於げる古蹟の調査及び保存の沿革」,『朝鮮』, 1931.

木村靜雄,「朝鮮に考朽して」, 1924.
米田美代治,『朝鮮上代建築の硏究』, 大阪: 秋田屋, 1934.
肥田路美,「關野貞の中國彫刻史硏究と石窟調査」,『東京大學コレクションXX: 關野貞アジア踏査』, 東京: 東京大學 出版會, 2005.
濱田耕作,「天平彫刻と新羅彫刻: 其の代表として奈良三月堂と慶州石窟庵」,『日本美術史硏究』, 東京: 座右寶刊行會, 1940, pp. 79~94(원출:『佛教美術』제5책, 1925).
徐蘇斌,「關野貞と中國の古物古蹟保存事業」,『東京大學コレクションXX: 關野貞アジア踏査』, 東京: 東京大學 出版會, 2005.
釋尾春芿 編,『朝鮮美術大觀』, 朝鮮群書大系 3, 京城: 朝鮮古書刊行会, 1910.
小宮三保松,『李王家博物館所藏品寫眞帖』, 1912.
小西榮三郞,『朝鮮・滿洲・支那案內』, 東京: 信濃每日新聞社, 1930.
小野玄妙,『小野玄妙佛教芸術著作集』第五卷: 健駄邏の佛教藝術 "極東"の三大藝術, 東京: 開明書院, 1977.
勝木言一郞,「濫觴期における敦煌學の位相」,『日本における美術史學の成立と展開』, 東京: 東京國立文化財硏究所, 2002.
アルフレド・フシェ,『佛教美術硏究』, 東京: 大雄閣, 1928.
奧田悌,『新羅舊都 慶州誌』, 大邱: 玉村書店, 1920.
柳宗悅,「石佛寺の彫刻に就いて」,『藝術』2: 5, 1919.
———,「石佛寺の彫刻に就いて」,『朝鮮とその藝術』柳宗悅, 選集 4, 日本民藝協會, 1972.
伊東忠太,「支那山西雲岡の石窟寺」,『國華』197・198, 1906.
李秉鎭,「柳宗悅が發見した朝鮮の美と大正的言說空間」,『日本文化學報』17, 2003.
李進熙,「石窟庵と柳宗悅」,『韓國の古都を行く』, 東京: 學生社, 1988.
佐藤道信,『明治國家と近代美術』, 東京: 吉川弘文館, 1999.
朝鮮總督府 編,『朝鮮古蹟圖譜』, 京城: 朝鮮總督府, 1917.
中山正善,『鮮滿之素見』, 天理敎敎廳印刷所, 1927.
中村亮平,『增補 朝鮮慶州の美術』, 東京: 改造出版社, 1940.
鐵道院 編,『朝鮮・滿洲・支那案內』, 東京: 鐵道院, 1919.

靑井哲人, 「法隆寺と世界建築史: 伊東忠太「法隆寺建築論」の二重性とその歸趨」, 『日本における美術史學の成立と展開』, 東京: 東京國立文化財研究所, 2001.

Alfred, Foucher, 『佛敎美術硏究』, 東京: 大雄閣, 1928.

Brandt, Kim, "Objects of Desire: Japanese Collectors and Colonial Korea", *Positions,* 8: 3, Duke University Press, 2000.

Bhabha, Homi, *Nation and Narration,* London: Routledge, 1990.

Chandra, Pramod, *On the Study of Indian Art,* Cambridge: Harvard University Press, 1983.

Childs, Peter and William, Patrick, 김문환 옮김, 『탈식민주의 이론』, 문예출판사, 2004.

Dumarcay, Jacques, *Borobudur,* Oxford: Oxford University Press, 1978.

Fenollosa, Ernest F., *Epochs of Chinese and Japanese: An Outline History of East Asiatic Design Art,* Vol. 1, New York: Dover Publications, Inc., 1963(1913).

Garnier, Francis, et al., *Voyage d'exploration en Indochine*, Paris: La Découverte, 1985.

Kempers, Bernet, *Ageless Borobudur,* Servire: Wassenaar, 1976.

Gottsche, Bertha, "Sök−Kul−am, Das Steinhölen−kloster", *Ostasiatische Zeitschrift,* Vol. 7, 9, 1918~1919, 1922.

<대한매일신보>, 1907년 3월 19일자.

<동아일보>, 1923년 6월 3일자, 1926년 7월 1일자, 1926년 7월 20일자, 1934년 9월 11일자.

<시대일보>, 1925년 7월 1일자.

<조선일보>, 1920년 8월 3일자, 1923년 5월 7일자, 1923년 8월 15일, 18일 및 1924년 1월 5일, 5월 2일자, 1924년 7월 8일자, 1925년 10월 24일자, 1925년 10월 28일자, 1925년 11월 9일자, 1930년 9월 16일자.

<중외일보>, 1925년 12월 26일자.

<황성신문>, 1909년 4월 18일자부터 5월9일자.

「半島의 物産과 文化: 13道 各道를 展望하며」, 『三千里』 12권 5호, 1940.

「「半島山河」를 말하다」, 『三千里』 11권 4호, 1939.
「現實에 비쳐본 中等敎育 改良方針 問題」, 『별건곤』 33, 1930.

한국사데이터베이스, http://db.history.go.kr/url.jsp?ID=jw_1911_1064_0090

[도 3-8] 우협시보살까지 복원된 굴불사지 사면석불.

[도 3-9] 남산에 있었을 때의 미륵곡 석불좌상.

[도 3-10] 용장계 석불좌상의 수리 이전 모습.

[도 3-11] 삼릉계 석불좌상의 1차 복원 이후 모습.

[도 3-12] 복원 이전의 분황사 모전석탑.

[도 3-13] 복원된 분황사 모전석탑.

[도 3-14] 1909년 조사 당시 불국사 평면도.

[도 3-15] 불국사 사리탑. 1904년경.

[도 3-16] 복원을 위해 폐쇄된 석굴암.

[도 3-17] 『조선고적도보』, 1915.

[도 3-18-a] 석굴암 보수 이후와 보수 이전의 진입로(『고적도보』에 실린 순서).

[도 3-18-b] 석굴암 보수 이후와 보수 이전의 진입로(『고적도보』에 실린 순서).

[도 3-19] 이도영, <석굴암 십일면관음도> 사진. 1929년.

[도 3-20] 석굴암 십일면관음상, 8세기 중엽.

[도 3-21] 우현리대묘 북벽 현무 모사도, 『조선고적도보』 3.

[도 3-22] 칼리 석굴 평면도, 기원전 1세기경, 인도.

[도 3-23] 기와로 덮여진 복원공사 이전의 석굴암 돔 외부 지붕.

[도 3-24] 정선, <골굴 · 석굴도>, 1725년경(『석굴암수리공사보고서』).

[도 3-25] ≪해동지도≫ 경주부 부분, 18세기 후반.

[도 3-26] 「慶州府」, 『嶺南地圖』, 18세기 중엽.

[도 3-27] Louis Delaporte, Les Monuments du Cambodge, *Voyage d'exploration en Indochine*, 1873.

[도 3-28] 세키노가 그린 쌍영총 내부, 『조선고적도보』 3.

[도 3-29] 바자석굴, 기원전 1세기경, 인도(사진: 김용준).

[도 3-30] 용문석굴 원경, 중국(사진: 오세윤).

[도 3-31] 공현석굴, 6세기 전반, 북위, 중국(사진: 필자).

[도 3-32] 오타니 고즈이.

[도 3-33] 복원 이전의 보로부두르, 중부 자바, 인도네시아(사진: 필자).

[도 3-34] 복원 당시 수습된 원래 석재, 보로부두르, 중부 자바, 인도네시아(사진:

필자).

[도 3-35] 겐료 시마노, 앙코르 와트, 1623~1636년경, 1715년 필사본.

[도 3-36] 복원 당시 보로부두르에 설치된 배수관 평면도.

[도 3-37] 이토가 그린 운강석굴의 건축장식 문양(『國華』).

[도 3-38] 세키노가 발견했을 당시의 천룡산 석굴, 1930년대 후반 사진.

[도 3-39] 석굴암 실측도면, 『조선고적도보』 5.

[도 3-40] 인도의 살리훈담(salihundam) 사원 유적(사진: 필자).

[도 4-1] 야나기 무네요시, 조선민예관.

[도 4-2] 석굴암을 방문한 야나기 무네요시. 1916년 추정.

[도 4-3] 에카르트가 제시한 인도 크리슈나기리의 차이티야 석굴 평면도.

[도 4-4] 봉덕사종을 옮기는 모습.

[도 4-5] 복원 이전 석굴암 정면.

[도 4-6] 이왕가박물관 전경(『이왕가박물관 소장품 사진첩』).

[도 4-7] 평등원 봉황당, 1053년, 헤이안시대, 일본(사진: 필자).

[도 4-8] 석굴암 본존불.

[도 4-9] 고적조사 당시의 장군총, 5세기, 지안(集安).

[도 4-10] 도다이지 산가츠도(三月堂), 8세기, 나라, 일본(사진: 필자).

[도 4-11] 야나기가 파악한 관람자의 동선과 부조상의 시선.

[도 4-12] 야나기가 생각한 석굴암 존상배치도.

[도 4-13] 석굴암에서 바라본 동해(사진: 필자).

[도 4-14] 나라제실박물관(현재 독립법인 나라박물관) 전경(사진: 필자).

[도 4-15] 일반인들에게 개방된 이왕가박물관(『이왕가박물관 소장품 사진첩』).

[도 4-16] 보수 전후의 석굴암 사진.

[도 4-17] 석굴암을 방문한 소네 일행 추정, 1910년경.

[도 4-18] 관광 안내 자료에 실린 석굴암으로 향하는 길과 석굴암 입구 원경.

[도 4-19] 석굴암 앞에서 기념 촬영한 일본 황족들.

[도 4-20] 경주견학단 모집 광고.

[도 4-21] 이전되기 전의 봉덕사종.

[도 4-22] 첨성대, 휘문고등보통학교 4학년생들 수학여행 모습.

[도 4−23] 일제강점기의 다보탑.

[도 4−24] 첨성대, 633년경, 신라(사진: 필자).

[도 4−25] 불국사 사진엽서.

[도 4−26] 본존불 스케치, 김복진, 1925(<시대일보>).

[도 4−27] 석굴암 본존불 측면(사진: 김태식).

[도 4−28] 1930년대 여행안내서에 실린 석굴암 원경.

[도 5−1] 석굴암 제자상, 수리 이전.

[도 5−2] 용장사 장육상의 일제강점기 때 모습.

[도 5−3] 로마스 리쉬 석굴 평면도, 기원전 2세기, 인도.

[도 5−4] 본존 둘레의 권속 위치를 보여주는 석굴암 평면도(『조선고적도보』 5).

[도 5−5] 산치 스투파, 기원전 1세기, 쿠샨시대, 인도(사진: 김용준).

[도 5−6] 아잔타 제19굴, 5세기, 굽타시대, 인도(사진: 김용준).

[도 5−7] 운강석굴 제2굴 중심주. 5세기 후반, 북위, 중국(사진: 필자).

[도 5−8] 석굴암 내부 구조를 보여주는 모형(사진: 필자).

[도 5−9] 석굴암에서 예불하는 승려 모형(사진: 필자).

찾아보기

ㅇ

ㅈ

ㅊ

ㅋ

ㅌ

ㅍ

ㅎ

F

H

R